정역도서 / 저자: 하상역 외 ; 역주자: 양재학. -- [대전] : 상생출판, 2018
  p. ; cm

권말에 원문수록
한자를 한글로 번역
ISBN 979-11-86122-70-9 03140 : ₩30000

역학(주역)[易學]

141.2-KDC6
181.11-DDC23   CIP2018010024

정역도서

발행일 : 2018년 5월 7일 초판발행

발행처 : 상생출판

발행인 : 안경전

저 자 : 하상역 외

역주자 : 양재학

전 화 : 070-8644-3156

팩 스 : 0303-0799-1735

출판등록 : 2005년 3월 11일(제175호)

ISBN 979-11-86122-70-9
ⓒ 2018 상생출판

正易圖書
정역도서

- 저자—하상역 외
- 역주자—양재학

상생출판

역주자의 말-

조선조 말기의 극심하게 혼란했던 시절에 충청도 연산連山 땅에서 태어난 일부一夫 김항金恒(1826~1898)은 『주역周易』의 사유를 낱낱이 해체한 다음에 새로운 우주관과 시간관을 바탕으로 『정역正易』을 저술하였다. 그러나 정역사상을 바라보는 학자들의 시선은 김일부의 생존 당시부터 아직까지도 매우 싸늘하기 짝이 없다. 그 이유는 무엇일까? 『주역』만이 이 세상의 변화와 역사의 흥망성쇠를 읽어낼 수 가장 유익한 고전이라는 믿음이 마음 깊은 곳에 깔려 있기 때문일 것이다.

당시 성리학이 몸에 밴 학자들은 애당초 새로운 패러다임으로 이 세계의 구성을 비롯한 시간 흐름의 본질과 목적을 수리철학적으로 해석한 『정역』의 이념을 받아들이기에는 불가능하였다. 심지어 주역학에 중독된 학자들은 『정역』을 『주역』의 사생아 또는 이단이라고 몰아쳐 학술적 가치조차 인정하지 않았던 것이다.

이런 이유에서 『정역』은 19세기 후반에 형성된 후천개벽사상의 이론적 근거를 제공했다는 단편적인 평가만 있었을뿐, 정역사상 전반에 걸친 정밀한 분석과 합당한 비평이 제대로 이루어지지 않았다. 지금은 정역사상의 핵심에 대한 종교철학적 접근과 함께 미래 문명의 새로운 대안의 하나로 연구되어야 마땅하다고 판단한다.

김일부는『주역』에 숨겨진 메시지를 드러내어 과거의 다양한 학설을 비판적으로 극복함으로써 자연과 문명과 역사를 들여다보는 새로운 방법론과 코드를 발견하였고, 더 나아가 한국 역학을 넘어서 세계의 지성인들이 고민해야 할 과제와 목표를 제시하였다. 이미 130여년 전에 김일부는 전통의 복희역伏羲易과 문왕역文王易에 담긴 대립과 갈등과 모순을 극복할 수 있는 정역팔괘도를 창안하여 주역학의 새로운 지평을 열었다. 정역팔괘도의 출현은 중국 중심의 학술을 한국 중심으로 물꼬를 돌리는 결과를 가져 왔다. 그리고 학문의 담론을 도덕 형이상학에서 선후천관과 시간관으로 바꾸어 철학적 사유의 깊이를 한층 심화시킨 업적을 남겼다.

김일부에게서 직접 배웠던 제자들이 저술한『정역』해설서는 여러 종류가 있다. 십청十靑 이상룡李象龍(1850~?)의『정역원의正易原義』, 명천明泉 김황현金黃鉉(1856~?)의 「일부선생행장기一夫先生行狀記」, 원부元夫 김정현金貞鉉(1860~?)의『정역주의正易註義』와 「사도취지문斯道趣旨文」, 삼화三華 염명廉明(?~?)의『정역명의正易明義』 등이 있으며, 그리고 다수의 인물들이 지은『정역도서正易圖書』가 있다. 그 중에서『정역원의』를 비롯한『정역주의』와『정역명의』와『정역도서』 등은 모두 대종교大宗敎를 세운 계월桂月 하상역河相易(1859~1916)의 이름으로 발간되었다. 하지만 지은이들이 왜 하상역의 이름으로 책을 발간했는지에 대한 명확한 이유는 밝혀진 것이 거의 없다.

이 역주서의 원본은 『정역도서正易圖書』이다. 이 책은 하상역의 리더십 또는 인품을 흠모하여 스승으로 모시고 배웠던 내용을 엮어서 쓴 공동저술이다. 『정역도서』의 집필에 참여했던 사람들은 정역사상을 하도낙서 중심으로 연구하는 방법보다는 영가무도詠歌舞蹈에 능숙한 구도자이자 전통 윷의 논리에 숨겨진 법칙을 밝히고자 노력했던 선각자들이다. 특히 그들은 정역사상의 핵심을 윷의 원리로 풀어내었다.

이들을 소개하면 다음과 같다. 하상역 본인은 물론 하상역과 막역한 친구였던 청탄淸灘 김영곤金永坤(1863~?)과, 하상역이 세운 무극대종교의 운영에 참여했던 삼광三光 이영태李永泰(1875~?), 태충太忠 김원기金元基(?~?), 일충日忠[1] 김대제金大濟(1863~?), 금제今齊 이엽李曅(?~?), 전계심全桂心(?~?) 등이 그들이다. 이상의 일곱 분은 정역사상을 종교적 관점으로 접근했으며, 특히 윷의 원리는 이 세계의 구성을 둘러싼 비밀을 밝힐 수 있는 하도낙서를 반영한다고 인식하여 학자들과는 견해를 달리했다.

윷판이 과연 정역사상을 해석하는 하나의 방편이 될 수 있는가에 대한 정역계의 입장은 크게 둘로 나뉜다. 학자들은 윷판에 반영된 구조와 생성의 문제와 정역사상은 아무런 관련이 없다고 결론지었으나,[2]

---

1 이정호 박사는 김대제의 호를 '金火'라고 조사한 바 있다.(이정호, 『正易과 一夫』서울: 아세아문화사, 1985, 340쪽)

2 윷의 원리를 정역사상과 결부시키는 것을 부정한 사람은 이정호 박사였다. "村中의 朴氏 老處女가 30이 넘도록 시집을 못가다가 마침내 '누구나 뻘참에서 다섯 곳으로 넉동무니 구어 빼는 이가 있으면 그에게 시집가겠노라'고 宣言하자 血氣에 넘치는 淸灘(金永坤)이 돗밭에서 뒤로 돌려 꺼꾸로 뺀 桂月(河相易)의 등에 올라 '河圖龍馬 내가 탔으니 그 數 내

영가무도에 심취한 정역인들은 윷의 논리를 통해 선후천변화를 설명하는 경향이 많았다. 더욱이 학술파 중에서도 영가무도를 인정하는가의 여부에 따라 종교철학에 대한 접근 방식이 첨예하게 달라지는 경우가 최근까지의 현실이었다. 한마디로 정역사상을 바라보는 학술파와 영가무도파의 뚜렷한 시각차를 보인 것이 지난 100년의 세월이었다. 지금은 시시비비를 가리는 것도 중요하지만, 정역계에 종사했던 인물들의 업적들을 통합할 수 있는 지혜를 모으는 것이 최대의 현안이라고 할 수 있다. 학자들과 종교인과 수련인들 모두가 정역사상 아래서 하나로 단합하여 공동의 결실을 맺을 때, 비로소 정역사상의 전성기를 맞이할 수 있을 것이다.

이런 취지에서 이 책의 번역이 기획되었다. 이 역주본은 1912년 하상역河相易의 이름으로 대종교大倧教에서 발행한 것을 원본으로 삼았다. 역주자는 이 책을 처음 읽으면서 윷의 원리가 과연 정역사상과 직접 연관성이 있는가라는 의문이 가장 먼저 떠올랐다. 왜냐하면 『정

게 넘기라'고 떠들썩하니 先生이 門을 여시고 '무엇을 그러느냐' 하시매 그 事緣으로 여쭈니 先生이 빙그레 웃으시며 '꺼꾸로 뺏으니 그것도 后天이로구나' 한 것이 機緣이 되어 말판이 后天이라고 하였다고 後日 윷말판을 正易八卦圖의 바탕인 것처럼 宣傳하여 一部 良心之士까지도 眩惑되어 耳懸鼻懸의 無盡論理를 피어내어 그것으로 正易의 뜻을 푼 것처럼 여기는 사람도 생기게 되어 一波 萬波의 騷亂을 빚어내게 된 根本 動機를 이루게 되었으니, 따지고 보면 그것도 이 다오개 崔生員宅 사랑房에서 淸灘과 桂月이 옥신각신 相爭하여 서로 朴處女의 뜻에 投하려는 장난끼 어린 戲弄에서 빚어지고, 그 後 桂月이 安心寺에서 詠歌中에 벼룻돌을 짚은 것이 말판 二十九點이 되었다 하여 喧傳한 가운데 漸次 神秘化하여진데 起因한 것이다. 後日 一夫徒라 自稱하는 一部 人士들 中에 윷말판을 가지고 神聖視하여, 正易八卦圖가 河圖에서 나온 줄을 忘却하고 馬板圖에서 나온양 錯覺하여 이리지리 人心을 眩惑하게 한 것은 實로 遺憾스러운 일이라 아니할 수 없다. 이에 대하여 后天 君子는 깊이 警戒하여야 할 것이다."(이정호, 앞의 책, 336–339쪽)

역』원문에는 윷에 대한 언급이 한 번도 없을 뿐만 아니라, 역주자는 하도낙서 중심으로만『정역』을 배워왔기 때문이다. 젊어서 익힌 습관이 오래되면 될수록 몸에 밴다는 속언처럼, 역주 과정에서도 윷과 정역사상은 특별한 관련이 없다는 인상이 아직도 뇌리에 깊이 아로 박혀 있음을 새삼 절감했다.

그러나『정역도서』를 꼼꼼히 읽으면서부터 일곱 분 선배님들의 주장에는 설득력 있는 부분이 매우 많다는 사실을 발견하였다. 어떤 곳은 이해하기 힘든 내용도 있으나, 그것은 역주자로 하여금 잠시도 긴장의 끈을 놓지 못하게 하는 숙제로 남았다.『정역도서』의 역주를 마치면서 독자들에게 전할 소감이 있다. 윷에 대한 탐구는 정역사상의 외연을 넓힐 수 있는 좋은 기회이며, 더 나아가 윷의 원리는 천상의 세계를 바라보는 한국인의 고유한 우주관과 밀접성이 있다는 점이다. 특히『정역도서』의 저자들이『정역』을 윷의 논리로 해석한 것은 당시 정역계의 학문 분위기로는 감당하기 힘든 지적 모험심을 보여준 놀라운 용기였다.

역주자는『정역도서』가 천문학과 윷의 구조에 대한 접점을 찾은 것이 가장 큰 소득이라고 평가하고 싶다. 그것은 하도낙서 이외의 방법으로도 정역사상의 핵심에 접근하는 새로운 길의 개척인 것이다.『정역도서』는 정역사상에 대한 제자들의 인식을 비롯하여 인간관계를 들여다볼 수 있는 안테나에 해당된다고 하겠다. 한마디로『정역도서』한 글자 한 글자에서 선배들의 고결한 숨결을 느낄 수 있었다.

이 책을 역주하면서 많은 분들의 도움을 받았다. 안경전 증산도상생문화연구소 이사장님은 이 역주본의 번역 기획부터 발간되기까지 지대한 관심을 보여주셨다.

상생문화연구소 이재석 박사님은 번역 과정에서 흔히 나타날 수 있는 오역은 물론 자신의 경험을 바탕으로 많은 문제점을 지적해주었으며, 심지어 현토와 오탈자 교정에 큰 도움을 주었다. 또한 이 역주본이 나오기까지 온갖 정성과 함께, 때때로 날카로운 비판을 곁들여 한층 올바른 역주서가 나오도록 조언을 해준 전재우 자료실장님에게도 감사의 말을 전한다. 또한 매번 책이 나올때 마다 표지를 만들어 준 홍원태 팀장님에게 감사의 말을 전한다. 늘 생각나는 고마운 분들이다. 그리고 항상 격려를 아끼지 않으시는 송인창 교수님과, 역주 작업에 많은 아이디어를 제공해준 조기원 박사님의 도움을 잊을 수 없다. 이밖에도 감사의 말을 직접 전하지 못한 주위의 많은 분들에게도 보고 있어도 보고 싶다는 마음을 표한다.

모쪼록 이 역주서가 정역사상의 새로운 이해에 대한 디딤돌이 되기를 기대한다. 번역과 해석에 대한 책임은 오로지 역주자의 몫임을 밝혀둔다.

2018 . 3. 28.

正易圖書

9

목차

『정역도서正易圖書』 해제

조선의 지식층을 지배한 정신세계는 『주역周易』였다. 조선의 선비치고 『주역』을 읽지 않은 사람이 없을 정도로 『주역』 해설서는 넘쳤다. 그만큼 『주역』은 동양인의 원형 의식을 비롯하여 최고의 이념이 담긴 책으로 여겨졌다는 증거다.

그러나 『주역』의 세계관을 뛰어넘어 미래의 대안이 필요하다는 것을 절감하고 시대의 요청에 부응하여 떠오른 철학이 바로 김일부의 『정역』이다. 김일부는 자신이 꿈꾸었던 세상을 수리철학의 방식으로 해명하였다. 특히 지금이 왜 선천의 끝자락이고, 머지않아 후천이 온다는 이유와 목적과 과정을 『정역』에 담아냈던 것이다.

『정역』이 발표되기 이전부터 김일부는 허무맹랑한 논리로 세상을 어지럽히고, 심지어 혹세무민한다는 혹독한 비평이 뒤따랐다. 그것은 당시 지식인들이 『주역』의 세계에 중독되었거나, 성리학에 매몰된 채 과거의 학술만을 추종한 결과를 반영한다. 하지만 김일부는 하늘과 땅은 어디서 비롯되었는지에 대한 시공時空의 뿌리를 묻는 것으로부터 시작하여 앞으로 1년 360일의 정역正易 세상이 펼쳐진다는 희망의 사유를 전개시켰다.

김일부 생존 때부터 정역사상에 접근하는 두 가지 방법이 존재했다. 하나는 학자들이 주축이 되어 『정역』을 하도낙서 중심으로 이해하

정
역
도
서
正
易
圖
書
해
제

는 것이었다. 왜냐하면 정역사상은 하도낙서에서 연역되어 하도낙서로 귀결되는 체계를 갖추고 있기 때문이다. 다른 하나는 영가무도의 수련인들이 주축이 되어 윷판 중심으로 정역사상을 이해했던 경우가 있다. 대부분의 학자들은 영가무도를 도외시했고, 영가무도인들은 하도낙서보다는 윷판으로 정역사상을 풀이하는 경향이 많았다.

『정역』에는 영가무도 혹은 윷판에 대한 언급이 없다. 그런데 어느 날 스승인 김일부는 하상역河相易(1859~1916)과 김영곤金永坤(1863~1945)이 윷놀이 하는 현장을 목격했다. 그때 김일부는 윷에 대해 일체 입에 담지 않았다고 전한다. 당시 윷의 원리를 신봉하던 사람들은 스승이 윷을 부정하지 않은 사실에 고무되었던 것이다. 이 사건이 바로 윷파 출현의 기원이라고 볼 수 있을 것이다. 지금은 윷판에 대한 부정 또는 인정을 넘어서 이들을 하나로 묶는 작업이 시급하다. 이들은 『정역』을 정확하게 이해하는 척도인 동시에 그 외연을 넓힐 수 있는 소중한 자산이기 때문이다.

이『정역도서正易圖書』는 영가무도에 심취한 구도자들이 윷판 구성의 논리를 바탕으로『정역』을 해설한 책이다. 공동 저자들은 윷의 원리를 하도낙서와 동일한 차원으로 드높이려고 노력했다. 이제는 정역사상에 대한 심화된 이해를 위해서라도 윷판 자체에 대한 객관적 분석이 시급한 문제로 부각되고 있다. 이러한 과제가 수행되기도 전에 윷의 논리를 무조건 반대하는 것은 설득력이 없다. 따라서 윷에 대한 부정 또는 긍정 위주의 방법이 아니라, 윷판과 하도낙서의 공통점과 차이점에 대한 치열한 학술논쟁이 벌어지기를 기대한다.

『정역도서』는 일곱 사람이 공동으로 지은 저술이다. 그 중에서 하상역은 당시 영가무도파의 대표자였다. 그리고 하상역과 절친한 동료였던 김영곤을 제외한 나머지 다섯 사람은 하상역의 제자들이라고 볼 수 있다.

1. 하상역의 윷 세계

하상역은 정역사상의 신봉자이자 영가무도파의 리더이고, 무극대종교의 교주로 활약했다. 그는 젊어서 「만화만명만합역万化万明万合易」, 「하룡하귀연기설河龍河龜緣起說」, 「천지지천하룡하귀天地地天河龍河龜」, 「삼원삼극도三元三極圖」, 「태청태화太淸太和 오화원시五化元始 무기일월戊己日月 용화봉화龍華鳳華 무량역无量易」, 「사천양의四天兩儀 사상팔괘四象八卦 변오행變五行 변음양變陰陽」이라는 여섯 편의 글을 지었다.

* 「만화만명만합역」
하상역은 1887년 3월, 무극의 조화에 의해 새롭게 열리는 세상을 선포하였다. 그는 후천의 달 변화를 신비 체험으로 만끽하면서, 선천에는 갑자甲子로 시작하던 것이 후천은 기축己丑으로 시작될 것을 말하였다.

* 「하룡하귀연기설」
하상역이 김일부 선생 탄생지로부터 그리 멀지 않은 사찰(충청남도 논산시 양촌면과 전라북도 완주군 사이)에서 벼룻돌을 찍어 새겨진 윷판의 출

현이 곧 하도낙서에 버금가는 사건임을 밝히고 있다.

*「천지지천하룡하귀」

하늘이 하상역에게 내린 신비로운 보물의 실체가 바로 팔각형 윷판의 도형이라고 말한다.

*「삼원삼극도」

생명은 3원에서 비롯된다는 것을 도표로 시각화하여 우주에 대한 신비감과 함께 이성 능력으로 깨달을 것을 말하였다. 그리고 3원 조직에 뿌리를 두어 선천에는 유불선으로 갈라져 문명을 발전시켜 왔으나, 앞으로는 유불선이 하나로 통합된다는 것을 시사하였다.

*「태청태화 오화원시 무기일월 용화봉화 무량역」

6갑 질서의 근본적 변화를 통해 새로운 역법이 수립될 것을『정역』원문의 인용을 통해 예고하였다. 이것이 바로『주역』의 한계를 넘어서는 무량한『정역』이라는 것이다.

*「사천양의 사상팔괘 변오행 변음양」

1889년 2월에 토土 중심 사유의 패턴을 유지하고 있다. 눈에 보이지 않는 현상의 깊은 속살을 들여다보는 코드가 '수'라는 통찰에 입각하여 세계의 구성을 해명하고, 인간 본성의 근거를 천문에 찾았다.

2. 이태의 윷에 대한 인식

이태李泰[3]는 「삼극설三極說」, 「이십구점무량도서설二十九点无量圖書說」, 「후천무량대명도서后天无量大明圖書」, 「천지개벽도서설天地開闢圖書說」, 「선후천변역용정도先后天變易用政圖」 등을 지어 윷을 통해 정역사상을 이해하는 사다리를 놓은 공덕이 있다. 마지막 「선후천변역용정도」는 현재 우리나라에서 영가무도를 재현하는 사람들이 실질적인 스승으로 모시고 있는 김영곤과의 공동 저술 형태를 띠고 있다.

* 「삼극설」

이태가 『정역』의 무극, 태극, 황극 이론을 새롭게 구성한 형이상학이다. 이태는 김일부의 3극론을 계승함은 물론 지성인 갖추어야 할 도덕적 심성과 경건한 마음 자세를 촉구하였다.

* 「29점무량도서설」

이 글은 1908년 9월에 3극론의 정당성을 밝히고, 3극론의 핵심은 책력의 본질적 변화에 있다고 하였다. 하상역은 26세 때, 처음으로 김일부의 제자로 입문하였다가 30세에는 윷판으로 정역사상을 이해하는 신비체험을 겪는다. 윷판에 새겨진 도상은 율려도수와 연관이 있는 일종의 천문天文의 방정식이다. 선천 윤역閏曆은 천지의 몸통이 기울어져 있는 까닭에 일월이 타원궤도로 돌아 1년 365¼일이지만, 후천 정역正曆은 1년 360일이 형성된다. 김일부는 이를 하늘과 땅, 해와 달

---

3 호가 三光인 李泰의 고향이 어딘지, 그리고 생몰 년대에 대해 알려진 바가 없다. 이정호의 조사에도 드러나지 않은 인물이다. 다만 忠淸道 論山 옆 魯城人으로 호가 草蔭인 李永泰(1875~?)로 추정된다. 그는 全羅道 鎭安에 있던 무극대종교 木堂에 모셔져 있던 위패에도 등장한다. 역주자는 이영태가 성리학에 밝고 글씨를 잘 썼던 인물이라는 증언을 들었다.

이 태어나서 자라나는 과정으로 풀어내어 후천 '축회丑會'의 운수가 다가오고 있음을 밝혔다. 특히 이 글은 유학자들이 세상을 읽는 유판 儒板을 '윷판'으로 인식했다는 정보를 알려 주고 있다.

* 「후천무량대명도서」

하도낙서 이론을 윷판으로 바꾸려는 의도가 배어 있는 내용이다. 특별히 『정역』 원문을 인용하여 수리철학의 합리성을 얘기하면서도, 아직은 윷판으로 결론짓지 않고 그 시기를 저울질하고 있는 모습이 나타나 있다.

* 「천지개벽도서설」

윷판의 질서로 천지개벽을 헤아리고 있다. 특히 윷판에다 6갑의 체계를 도입했다. 그 논리적 근거를 『정역』 원문에서 찾고, 천지일월이 정상궤도로 진입하는 과정을 밝히고 있다.

* 「선후천변역용정도」

1907년에 이태와 김영곤이 공동으로 지은 글이다. 여기서 윷판의 중심에 있는 9점은 하도 55점과 낙서 45점을 비롯하여 낙서의 극한 분열수 81의 근거라고 밝히고 있다. 또한 윷판과 하도낙서를 동일 지평에서 논의하려는 의지를 읽을 수 있다. 더 나아가 윷판의 원리를 하도낙서와 연계시켜 '무극과 태극이 하나로 통일된다'는 말로 매듭짓는다. 그것이 바로 유불선이 꿈꾸던 후천의 신천지 세상이라는 것이다.

3. 김원기의 윷 세계와 『주역』의 결합

김원기金元基는 1906년에 「시생태극장始生太極章」, 「태극생양의장太極生兩儀章」, 「양의생삼재사상장兩儀生三才四象章」, 「사상생오행성팔괘장四象生五行成八卦章」, 「선후하도합성도서설先后河圖合成圖書說」, 「관부선생사릉연삼점도론貫夫先生四稜硯三點圖論」, 「육십사괘중합덕삼십육괘도六十四卦中合德三十六卦圖」, 「삼십육괘론三十六卦論」, 「삼십육괘성도가三十六卦成道歌」, 「일행적도日行赤圖」, 「일도론日圖論」, 「월행황도月行黃道」, 「월도론月圖論」 등을 지어 『주역』의 태극, 음양, 3재, 4상, 5행, 8괘를 윷판의 논리와 결부시키는 일에 힘을 쏟았다.

* 「시생태극장」

사변철학의 주제인 태극보다는 이 우주를 주재하는 조화옹을 먼저 설정한 점이 돋보인다. 이는 과거의 학술에서는 그 예증을 찾기 힘든 혁신적 발상이었다. 그것은 철학과 종교를 결합한 일종의 종교철학이라고 할 수 있다.

* 「태극생양의장」

태극음양의 이기론과 공간 위주의 설명 방식인 8괘를 수의 논리로 설명하였다. 「양의생삼재사상장」 역시 3재와 4상을 하도 낙서와 연관지어 설명한다. 특히 시간의 연속 흐름을 뜻하는 수數와, 위치 에너지를 뜻하는 위位를 결합시킨 수학 방정식으로 4상을 풀이하였다. 「사상생오행성팔괘장」은 천지가 '생장성生長成'의 세 단계로 변화하는데, 지금의 시간대는 자연의 운동법칙인 5행과 8괘의 원리를 바꿀 수 있는 힘이 아직 성숙되지 않은 단계라고 규정한다. 이 대목은 특별히 간

괘艮卦를 매우 중시여겼다. 아마도 간괘를 지구의 특정한 곳으로 지정하는 우리나라 풍수지리학의 영향을 받아 조선땅 한반도를 지구의 배꼽Axis이라고 표현하였다. 조선은 지금까지는 작은 나라에 불과했으나, 앞으로는 세계를 통일할 최고의 나라가 될 것을 예고하고, 그 증거를 김일부의 탄생에서 찾았던 것이다.

* 「선후하도합성도서설」

이 글은 김일부가 천지의 운행을 밝히고, 영가무도를 통해 인재 양성에 힘쓴 것은 하늘의 안배라고 말한다. 지금은 복희와 문왕 시대를 지나 문명이 하나로 통합되는 시기가 닥쳤다고 시사하였다. 그리고 윷판 내외부의 구성을 역법의 산출방식과 연결시키고 있는데, 이에 대한 깊은 논의가 필요하다.

* 「관부선생사릉연삼점도론」

하상역이 손가락으로 벼룻돌을 찍었던 흔적이 바로 윷판 조직과 똑같았다는 사건을 기점으로 윷으로 정역사상을 연구하는 학풍이 생겼다고 말한다. 그리고 하늘의 1과 땅의 2가 결합하여 생겨난 3에서부터 만물이 생성된다는 것이 상수론의 기초라고 말한다. 중국역학이 음양의 2를 기반으로 삼았다면, 한국역학의 정역사상은 무극과 태극과 황극의 3수 체계를 이룬다고 차별화하였다.

* 「육십사괘중합덕삼십육괘도」

64괘를 통해 천지의 내부와 외부 질서가 상호 반응하면서 생성변화한다는 것을 말하고 있다. 도표 내부는 동서남북을 중심으로 12방위로, 또한 외부는 내부 질서를 바탕으로 안에서 밖으로 분출하는 양상의 24방위로 전개된다는 것이다. 이들 내부 12괘와 외부 24괘를 합한 36괘가 64괘의 실질적 모체라고 결론 짓는다.

* 「삼십육괘론」

이 글은 2 → 4 → 8 → 64의 논리를 바탕으로 64괘가 형성된다고 말한다. 특히 비괘否卦(䷋)와 태괘泰卦(䷊)를 중심으로 선천과 후천의 운행방식을 설명하였다.

* 「삼십육괘성도가」

천지인의 목적이 올바르게 베풀어지는 율동을 64괘의 리듬에 맞추어 부른 노래다. 자연의 몸짓을 읊은 64괘는 위대한 찬송가라는 뜻이다. 「일행적도」는 정역사상의 배후에 천문학이 있음을 말했다. 「일도론」은 태양과 태음은 상호 요청의 관계로 존재하며, 태양의 구성 요소를 5행 논리로 설명한 것이다.

* 「월행황도」

6갑에서 똑같은 지지를 5번 사용한 점이 돋보인다. 지지가 똑같고 천간이 다른 형식으로, 즉 하나의 지지에 다섯 개의 다른 천간을 붙였던 것이다. 한마디로 후천은 지지가 고정이고, 천간이 변화하는 구도를 뜻한다. 선천이 천간 중심으로 돌아가는 반면에, 후천은 지지 중심으로 돌아가기 때문이다. 「월도론」은 태양과 태음이 서로의 존재 근거가 분명하지만, 왜 해와 달의 운행이 약간씩 차이가 벌어져 꼭 들어맞지 않는 이유를 묻는다. 그 까닭은 음양의 불균형으로 인해 일월이 타원궤도를 걷기 때문이다. 지은이는 달의 움직임에 대한 깊은 통찰을 통해서 달 변화의 질서가 바뀔 가능성을 제시하고 있다. 태음

(달)은 28일 무진戊辰에서 움터 30일 경오庚午에서 포태하고 초3일 임신壬申에서 생한다고 말한다.

4. 김대제의 윷에 대한 철학적 세계관

* 「정역도서설」

이 글은 1911년에 김대제金大濟가 지은 아주 긴 문장의 논문이다. 매우 절제되고 정제된 언어로 『주역』의 음양론을 비롯한 형이상학과 하도낙서를 설명한 다음에, 마지막을 윷판 원리로 매듭지었다. 이 글은 철학적 사유가 뛰어날 뿐만 아니라, 당시 윷판파에 참여했던 인물들의 활약상과 함께 윷의 합리성을 들여다볼 수 있는 소중한 내용이라고 할 수 있다.

5. 이엽, 윷의 이치와 역법을 결합하다

이엽李曅은 「하귀하룡설河龜河龍說」, 「무기일월정명역설戊己日月正明易說」, 「무황무기도성도无皇戊己度成圖」, 「삼오착종삼원수三五錯綜三元數」, 「구이착종오원수九二錯綜五元數」, 「오원삼원변역수五元三元變易數」, 「십간도수운두十干度數運頭」, 「후선천자회상원일월생왕행도后先天子會上元日月生旺行度」 등의 글을 지어 윷판의 합당성을 주장하였다.

* 「하귀하룡설」

먼저 하상역이 벼룻돌에 새긴 윷판은 하늘이 내린 신비로운 보물이라고 감탄하는 것으로부터 시작한다. 『정역』의 3극설을 도입하여 윷판 29점의 구성을 설명하였고, 더 나아가 윷의 법칙은 천지의 뜻을 그대로 본받은 것이라고 강조하였다. 「무기일월정명역설」은 소강절의 원회운세설을 역법의 구성 시스템과 결부시켰다. 그리고 『정역』의 토土 중심 사유를 철저히 계승하여 선천을 지배했던 '무토戊土'가 후천에는 '기토己土'로 바뀔 것을 얘기한다.

* 「무황무기도성도」

이 도표는 먼저 인오술寅午戌에 각각 100수를 배당하고, 지지에다 무토와 기토을 결합한 다음에, 가장 바깥은 동서남북에 '진술축미辰戌丑未'의 토를 배합함으로써 지축의 정립을 암시하였다. 특히 『정역』의 꽃인 하늘과 땅의 사주四柱 형식이자 시공의 뿌리에 해당하는 '무극체위도수'와 '황극체위도수'를 거론하면서 선천은 갑자甲子에서 시작하고 후천은 경자庚子에서 새롭게 시작한다고 강조하였다.

* 「삼오착종삼원수」와 「구이착종오원수」, 「오원삼원변역수」

이 글은 먼저 선천 역법이 생기는 이치를 밝힌 다음에, 「구이착종오원수」는 후천 역법이 생기는 이치에 대해 『정역』 원문을 그대로 실었다. 정역사상에서 말하는 5원은 후천이고, 3원은 선천이다. 「오원삼원변역수」는 한마디로 선후천 변화는 역법 질서의 전환을 통해 이루어진다는 뜻이다.

정역사상에서 말하는 5원은 후천이고, 3원은 선천이다. 「오원삼원변역수」는 아마도 5원이 다시 3원으로 바뀔 것을 예고한 것이다. 이는 과연 선후천 변화가 주기적으로 반복되는가? 아니면 일회적인 사건인가라는 문제와 직결되기 때문에 더 많은 연구가 필요하다.

* 「십간도수운두」

「십간도수운두」는 '십간원도수十干原度數'를 응용하여 세수歲首를 밝힌 이론이라고 짐작할 수 있으나, 그 내용이 쉽지 않아 더 많은 논의가 요구된다.

* 「후선천자회상원일월생왕행도」

이 글은 1909년에 발표되었다. 지은이는 '경자庚子'를 중심으로 『정역』「십오일언」 "월극체위도수"와 "일극체위도수"에 등장하는 도수를 모두 실어 해와 달이 정상궤도에 들어서는 과정에 대한 이치를 설명하였다.

6. 전계심의 깨달음

* 「감봉결」

정역사상은 김일부의 창안을 넘어 조화옹의 가르침에서 비롯되었다고 말한다. 그것은 조화옹의 가르침에 근거하여 정역사상이 정립되었다는 사실을 종교 차원으로 승격시킨 것이다. 그 핵심을 '금화교역'에 의해 광명한 천지가 새롭게 펼쳐진다는 것으로 압축하였다.

■■ 일러두기 ■■

1. 이 책은 1912년 조선총독부朝鮮總督府 경무총감부警務總監部에서 출판을 허가받아 대종교大宗敎에서 발행한 『정역도서正易圖書』를 원본으로 삼았다.

2. 『정역도서』에 대한 이해도를 높이기 위해 역주자의 '要旨'와 '譯註'를 덧붙였다.

3. 원문과 번역문에 나오는 어려운 개념 및 술어는 독자들이 알기 쉽도록 각주를 달았다.

4. 번역문에서 반드시 한자가 필요한 경우는 한글과 한자를 병기했으나, 각주 부분은 본문과 중첩되는 까닭에 한자로만 표기했다.

5. 역주자는 문단을 끊어 읽는 편집방식을 취하여 원문 밑에 번역문을 실었다.

<h1>万化万明万合易</h1>

만 화 만 명 만 합 역

- 정역사상은 유형 무형의 온갖 사물과 사건이 조화되어[万化] 모든
것이 환하게 밝혀지고[万明], 만물이 소통하여 화합되는[万合] 역학
을 뜻한다.

要旨 1년이 시작되는 세수歲首의 근본적 변화가 곧 선후천 전환의 핵
심이며, 그것을 밝힌 김일부의 공덕을 찬양한 글이다.

> 무 극 일 월 　 용 화 무 량
> 无極日月, 龍華无量。
>
> 무 극 화 　 무 극 무 위
> 无極化, 无極无位,
>
> 토 인 십 　 무 량 아 성 　 명 명 일 월 광 화
> 土人十, 无量我聖, 明明日月光華,
>
> 기 축 무 량 　 막 무 량
> 己丑无量, 莫无量。

무극일월无極日月[4]과 용화무량龍華无量[5]

---

4 정역사상은 새로운 형이상학을 제창했는데, 그것은 바로 무극과 황극과 태극의 3극론이
다. 3극론은 10무극과 5황극과 1태극의 위상과 역할에 대한 존재론적 규명이다. 따라서 '무
극일월'에서 무극은 후천에 펼쳐질 10 무극대도를 의미하기 때문에 일월 역시 후천에 새롭
게 솟아 올라 1년 360일을 이루는 태양과 달이라는 뜻이다.

5 『正易圖書』의 실질적 저자로 알려진 三華 廉明은 스님 출신으로서 河相易의 제자로 정
역계에 입문하였다. 염명은 절에 거주하면서 정역 공부에 심취했던 까닭에 '용화무량'이란
불교 용어를 책의 첫머리에 둔 것으로 보인다. 물론 '好好无量'과 '龍華歲月'이 『正易』에 등
장하기도 한다.

무극은 스스로 조화[6]를 일으키지만, 무극은 일정한 자리가 없다. 토가 10임을 주체적으로 깨달은 사람[7]인 무량한 우리 성인께서[8] 훤히 빛나는 일월의 운행도수를 밝게 밝히셨으니, 기축己丑으로 시작하는 새로운 책력[9]에 담긴 무량한 세상은 헤아릴 수 없는 무량이로다.

譯註 무극의 조화에 의해 새롭게 열리는 세상을 선포하고 있다. 선천이 갑자甲子에서 시작했다면, 후천은 기축己丑으로 열린다는 것을 밝혔다. 갑자는 천간지지 모두 양陽이고, 기축은 모두 음陰이다. 후천은 음 위주의 세상이라는 뜻이다.

무 극 명 명　용 화 서 봉
无極明明, 龍華瑞鳳,
무 량 삼 재 오 행 팔 괘　일 월 태 극 양 음
无量三才五行八卦, 日月太極陽陰,
일 이 삼 사 오 육 칠 팔 구 십
一二三四五六七八九十

---

6 여기서의 '化'는 변화라기보다는 오히려 창조적 변화를 뜻하는 造化(creative change)로 이해해야 옳다. 김일부가 말하는 조화는 역사와 현실의 배후에서 변화를 일으키게 하는 불변의 본질이 아니라 선천을 후천으로 바꾸는 세상의 본질적 변화를 가리킨다.

7 土에는 5토와 10토가 있다. 5토가 선천을 지배하는 戊土라면, 10토는 후천을 이끌어갈 己土를 뜻한다.

8 김일부를 가리킨다.

9 선천은 천간의 甲과 지지의 子가 만나는 甲子로부터 시작한다. 선천의 천간지지에 담긴 논리는 천간(陽, 남성, 하늘 중심의 사유 등)이 앞에 가면 지지(陰, 여성, 땅)가 뒤따라가는 것이 특징이다. 하지만 새로운 천지가 수립되는 후천에는 음이 앞서 가고 양이 뒤따르는 사유의 코페르니쿠스적 전회가 이루어지는 것을 '己丑'으로 표현한 것이다. 수지도수의 입장에서 보면 천간인 己는 음의 10土요, 지지인 丑 역시 10土이다. 한마디로 천간이 甲(陽)에서 출발한 선천은 물러나 己(陰)로 시작하고, 지지로는 子에서 시작하던 것이 丑으로 바뀐다는 것이다. 이러한 시간관은 동서양 어느 철학에서 찾을 수 없는 김일부 철학의 독창성이다.

십 일 십 이 십 삼 십 사 십 오
十一十二十三十四十五

십 육 십 칠 십 팔 십 구 이 십
十六十七十八十九二十

이 십 일 이 십 이 이 십 삼 이 십 사 이 십 오
二十一二十二二十三二十四二十五

이 십 육 이 십 칠 이 십 팔 이 십 구 삼 십
二十六二十七二十八二十九三十

삼 십 일 삼 십 이 삼 십 삼 삼 십 사 삼 십 오
三十一三十二三十三三十四三十五

삽 십 육 궁 도 수 곡
三十六宮度數曲,

법 수 성 도　　무 량 전
ㄱㄴㄷㄹㅁㅂㅅㅣ○⊙ 法數成度, 无量傳,[10]

북 극 도 인 용 화 월　　일 이 삼 욱 계 월 수
北極道人龍華月, ㅣㅣㅣㅣㅣ旭桂月數,

삼 인 모 인 인 인 월
三人母人人人月,

삼 재 오 행 팔 괘 수　　무 량 욱 계 태 극 월
三才五行八卦數, 无量旭桂太極月。

무극의 밝은 세상을 밝혀주고 용화세상의 도래를 알리는 상서로운 봉황이여! 무량한 3재와 5행과 8괘, 일월과 태극과 음양이여! 1, 2, 3, 4, 5, 6, 7, 8, 9, 10, 11, 12, 13, 14, 15, 16, 17, 18, 19, 20, 21, 22, 23, 24, 25, 26, 27, 28, 29, 30, 31, 32, 33, 34, 35, 36궁의 도수를 읊은 노래[度數曲]여! ㄱㄴㄷㄹㅁㅂㅅㅣ○⊙[11]의 (선천이 후천으로 전환되는) 도수가 이루어지는 수의 법칙[法數成度]을 무량토록 전달한 북극도인이신

---

10 '法數成度, 无量傳'은 아래 구절의 문맥에 비추어 볼 때, '法數成度无量傳'으로 붙여 써야 옳다.

11 우연하게도 10개의 부호로 이루어져 있다.

万化万明万合易
도수곡
법수성도

용화월龍華月이여! ㅣ ㅣㅣ ㅣㅣㅣ[12]으로 계수나무가 있는 달이 운행하는 수를 밝힌 삼인모인三人母人이신 인인월人人月이여! 3재와 5행과 8괘의 수가 계수나무에 무량토록 있는 듯직하신[旭] 태극월太極月이여![13]

譯註 이 세상은 무극에서 비롯되어 3재5행8괘로 전개된다고 말한다. 태양이 성숙하는 도수인 36개의 숫자와, 10개로 이루어진 한글과 도형을 제시하여 10수 무극의 세상이 펼쳐질 것을 확신하고 있다.

갑 자 인 월 일 시　기 사 기 축 일 월 묘　무 기 갑 자
甲子寅月日時, 己巳己丑日月卯, 戊己甲子,

도 수 례　무 량 태 극　양 음 일 월　기 축 명 무 량 전
度數例, 无量太極, 陽陰日月, 己丑明无量傳。

갑자로 시작하는 (선천) 인월세수[14]의 날과 시간이 무극의 집인 기사

---

12 一二三을 수직으로 세워 ㅣ ㅣㅣ ㅣㅣㅣ 형태의 글자로 바꾼 것은 天地의 紀綱이 새롭게 수립되는 것을 상징하는 것으로 보인다.

13 이 대목의 번역이 매끄럽지 못하다. 그 이유는 旭桂(月)가 무엇인지 확실하지 않기 때문이다. 만일 河相易과 廉明 등이 지은 직간접의 자료가 나타난다면 명확한 번역이 가능할 수 있을 것이다. 참고로 하상역의 호는 桂月이다. 문법상 北極道人, 三人母人, 无量旭桂가 대귀로 사용되었고, 여기에 맞추어 龍華月, 人人月, 太極月 역시 대귀로 사용되었다. 龍華月은 무극, 人人月은 황극, 太極月은 태극으로 이해하면 논리의 비약일까?

14 동양의 정치사는 역법 변천의 역사라도 불러도 틀리지 않는다. 왕조가 새롭게 들어설 때마다 정권의 정당성을 보장받기 위해 가장 먼저 역법과 복식의 교체부터 실행했다. 하나라는 寅月歲首, 은나라는 丑月歲首, 주나라는 子月歲首로 삼는 전통이 있었다. 이는 『論語』「衛靈公」에 안연과 공자의 대화에 근거한 것이다. "안연이 나라를 위한 일을 여쭈었는데, 공자 말씀하시기를 "(책력으로는) 하나라의 역법을 쓰며, (교통수단으로는) 은나라의 수레를 타며, (관복으로는) 주나라의 면류관을 쓰며, 음악은 곧 소무(순임금의 음악)를 쓰고, 정나라 노래를 내치며 아첨하는 사람을 멀리 할 것이다. 정나라 노래는 음탕하고, 아첨하는 사람은 위태로우니라.[顏淵이 問爲邦한대 子曰 行夏之時하며 乘殷之輅하며 服周之冕하며 樂則韶舞요 放鄭聲하며 遠佞人이니 鄭聲은 淫하고 佞人은 殆니라]" 공자가 하나라의 역법을 따른다는 발언으로부터 지금까지 '인월세수'의 전통을 따르고 있다.

궁에서 비롯되어 기축일로 시작하는 (후천) 묘월세수로 바뀜이여! 무기와 갑자로 시작하는 도수의 배열이 무량한 태극에서 비롯되어 양음일월陽陰日月[15]이 기축에서 시작하는 것으로 밝혀지는 무량한 소식이로구나.

譯註 선천의 6갑 질서가 후천이 오면 근본적으로 바뀌는 것을 알리고 있다. 갑자甲子로 시작했던 선천이 무극[己巳^{기사}]의 조화에 의해 기축己丑으로부터 후천이 시작될 것을 말한다.

^{세 재 광 서 십 삼 년 정 해 삼 월 십 일 일 재 청 양 청 수 동}
歲在光緒十三年丁亥三月十一日在青陽清水洞,
^{봉 서}
奉書。

광서 13 정해년(1887년) 3월 11일에 청양 땅 청수동에서 받들어 쓰다.[16]

---

15 '陰陽日月'이 아닌 '陽陰日月'로 표현한 이유는 앞의 양이 태양력을, 뒤의 음은 태음력을 가리키기 때문이다. 정역사상은 陽曆 중심으로 陰曆이 통합된다는 체계인 까닭에 '양음일월'로 쓴 것으로 보인다.

16 김일부선생이 『정역』을 간행한 것이 을유년(1885)이므로 2년 뒤에 『정역도서』가 쓰여지기 시작한 것을 보면, 이전부터 제자들을 중심으로 정역사상에 대한 담론이 활발하게 전개된 것으로 짐작할 수 있다.

河龍河龜緣起說

– 황하[17]에서 나온 하도낙서의 연기설

要旨 황하와 낙수에서 나온 하도와 낙서 대신에 벼루에 새겨진 윷의 구조가 천문에서 기원했다는 주장이다. 특히 윷판의 질서가 하늘의 천문에서 비롯되었다는 당위성을 불교의 연기설에 결부시키고 있다.

태 청 태 화 오 화 원 시 무 기 일 월 개 벽 원 년 무 자
太淸太和五化元始戊己日月開闢元年戊子

삼 월 병 진 십 삼 일 갑 자
三月丙辰十三日甲子,

재 전 라 북 도 고 산 군   선 야 동
在全羅北道高山郡, 仙冶洞,

설 고 천 축 회 상   이 이 우 수   좌 우 호 환   일 월 지 정
設古天竺會上, 以二盂水, 左右互換, 日月之政,

우 수 지 휘 타   팔 릉 연 이 연 저 현 혈   이 십 구 점
右手指揮打, 八稜硯而硯底現穴, 二十九点,

여 동 유 판   좌 수 지   휘 타 사 릉 연 이 현 혈 삼 점
如同儒板, 左手指, 揮打四稜硯而現穴三点,

여 삼 각 형   명 명 왈 차 삼 십 삼 천   이 십 팔 수
如三角形, 命名曰此三十三天, 二十八宿,

주 천 열 요   도 수 도 수   삼 십 육 천 야   내 인 정 각
周天列曜, 度數都數, 三十六天也, 來人正覺。

---

17 전통적으로 하도는 黃河에서 나왔다고 하고, 낙서는 洛水에서 나온 것으로 알려져 있다. 아마도 지은이는 하도와 낙서가 역사적 기원은 다를지라도, 동일한 원리의 다른 측면을 설명한 것이라는 의도에서 황하에서 나온 하도 龍馬와 낙수에서 나온 거북이 등껍질에 새겨진 낙서[龜書]를 동일 지평에서 다룬 것으로 추정할 수 있다.

태청태화 오화원시 무기일월개벽[18] 원년인 무자년(1888년) 3월 13일, 전라북도 고산군 선야동[19]에서 열린 옛 불교 강론장에서[20] 쓰던 두 그릇의 발우 물[二盂水]^{이우수}[21]을 서로 좌우를 바꾼 것은 일월의 정사를 상징하는데, 오른손을 8각 벼루를 지휘하듯이 휘두르자 벼루에 구멍이 생겼는데, 마치 윷판[儒板]^{유판}과 똑같이 29개의 점이었다.[22] 왼손을 휘두

---

18 '太淸太和 五化元始'의 전거는 『正易』「十五一言」"先后天周回度數"에 나오는 "盤古五化元始元年壬寅으로 至大淸光緖十年甲申이 十一萬八千六百四十三年이니라"에 있다. '太淸太和'는 시공간이 최초로 생겨난 경계를 상징한다. 하늘과 땅이 처음으로 생성되는 순간은 터럭만큼의 불순물이 없는 맑고 깨끗한 상태가 '太淸'이고, 거기에는 이미 온갖 調和의 질서가 내재된 상태가 곧 '太和'를 뜻한다. 만물 형성의 시초를 상징하는 盤古는 선천을 존재하게 하는 의인화된 인물을 가리킨다. 己丑에서 시작하여 庚寅, 辛卯, 壬辰, 癸巳, 甲午, 乙未, 丙申, 丁酉를 거쳐 戊戌에 이르기까지가 '盤古化'라면, '盤古五化'는 己丑에서 戊戌까지의 10과, 戊戌에서 己亥, 庚子, 辛丑을 거쳐 壬寅에 이르는 다섯 단계를 '五化'라 한다. 한마디로 壬寅을 우주가 처음 생긴 태초의 元年으로 삼았다는 뜻이다. 이 壬寅年으로부터 청나라 光緖帝 10년(1884년)까지가 118,643년이라는 것이다. 그런데 태초의 壬寅年에서 1884년 甲申年까지는 21년이 더 많게 계산되어 있다. 실제로는 壬寅年이 아니라 壬戌年(왜냐하면 壬寅을 포함한 壬戌까지는 21년이기 때문이다)이라야 옳다. 그래서 조선조 후기 개벽사상가들은 '壬戌開闢'을 외치기도 했던 것이다.

19 삼국시대의 명칭은 難等量縣였으나 통일신라와 고려시대에는 高山縣으로 불렸다가, 조선시대에는 運梯縣과 통합되어 高山郡이 되었다. 대한제국 때는 高山郡으로 바뀌었으며, 지금은 完州郡 高山面이다.

20 영취산靈鷲山(영서산鷲栖山)은 석가모니가 『법화경』을 설법한 인도 왕사성 근방에 있는 산을 가리킨다. 불교에서는 『법화경』을 설법할 때의 모임을 일컬어 靈山會 또는 靈山會上이라 한다. 이러한 모임의 장면을 그린 그림을 '영산회상도'라고 하며 흔히 법당의 後佛撑畵로 많이 사용된다.

21 또는 幷華水라 부른다.

22 이 대목에서 『正易圖書』의 성격이 극명하게 드러난다. 정역사상의 밑바탕인 우주관과 천문학의 근거를 윷판에서 찾는다는 점이다. 지금까지 정역사상의 핵심에 접근하는 것은 주로 하도낙서를 통해 선천이 후천으로 어떻게 전환되는 과정을 이해하는 것이 주요 방법론이었다. 하지만 『正易圖書』는 윷판 중심으로 해석하는 특징을 지닌다는 점에서 김일부 생전 또는 사후의 연구 방법론을 엿볼 수 있다. 특히 「河龍河龜緣起說」에 나타나 있듯이, '하도낙서'와 '윷'을 결합해 인식하려는 의도를 통해 앞으로 정역사상을 새롭게 조명할 필요가 있는 자료로 보인다. 대체로 하도낙서 중심으로 정역사상을 이해하는 학자들은 詠歌舞蹈를 인정하지 않으려는 경향이 많았으나, 윷판을 중심으로 정역사상을 이해하는 사람들은 대부분 영가무도에 심취했다는 점에서 보면 이들은 두 가지 양태로 나뉜다. 전자를 지지하는 학자들은 정역사상을 학술로만 접근하려 했다면, 후자의 입장을 지지한 부류들은 영가무도를 중심으로 정역사상을 종교로 인식하고 그것을 대중화하려고 노력한 사람들이라고 할 수 있다.

르자 4각 벼루에 마치 삼각형처럼 3개의 구멍이 생겼는데, 이름붙여 말하기를 "이것은 33천 하늘에 28수를 둘러싸고 늘어선 별들이 나타내는 도수를 모두 셈하니 36천이다." 참석한 사람 모두가 똑바로 깨달았다.

譯註 불교 행사에 참여했던 하상역이 벼룻돌을 손가락으로 찍은 신비로운 사건에서 윷판의 근본 법칙이 진실로 드러났다는 것이다. 8각형 벼루에 나타난 29점 도형은 윷판이고, 4각형 벼루에 나타난 33점은 천문 현상과 일치한다고 말한다.

天地地天河龍河龜

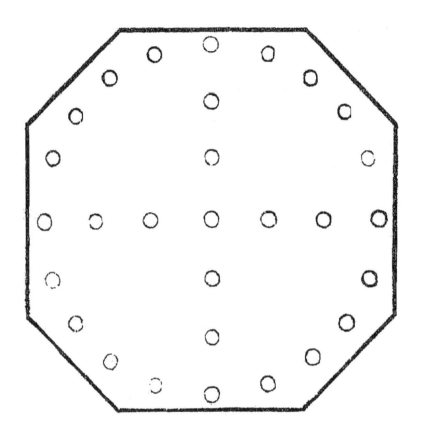

正易，日元降聖人，示之神物，乃圖
乃書，又曰包五含六，十退一進位，正
謂此圖而言也。

天地地天河龍河龜

— 천지가 지천으로 바뀌는 이치를 윷의 논리로 설명하다.

要旨 하도와 낙서— 이 그림과 『周易本義』 첫머리에 있는 하도낙서는 다르다. 이 그림은 8각형 벼루에 나타난 28수宿 별자리와 아주 흡사한 윷판의 형태와 똑같다. 그러나 설명의 도입 부분에는 『정역』 원문을 실었다. 원래 3극론의 콘텐츠를 압축하면 하도낙서인데, 김일부는 어두운 한 밤 중에 제자인 덕당德堂 김홍현金洪鉉(1863~?)에게 정역사상을 비롯한 『주역』 「계사전」의 핵심을 손가락에 직접 꼽아주면서 수지도수手指度數의 셈법을 가르쳐주었다. 이는 훗날 『정역』을 공부하는 제자들에게 전승되는 계기가 되어 오늘에 이른다.[23]

정 역　왈 원 강 성 인　시 지 신 물　내 도 내 서
正易, 曰元降聖人, 示之神物, 乃圖乃書,
우 왈 포 오 함 육　십 퇴 일 진 위　정 위 차 도 이 언 야
又曰包五舍六, 十退一進位, 正謂此圖而言也。

『정역』은 다음과 같이 말한다. "으뜸가는 3원에서 성인을 내려 보내시고 신물로 나타내 보이시니 곧 하도와 낙서다."[24] 또한 "5를 내포하고

---

23 天地가 地天으로 바뀐다는 논리적 추론을 하도낙서로 설명하지 않고, 윷판으로 설정하고 있다.
24 『正易』 「十五一言」 "天地之理는 三元이니라 元降聖人하시고 示之神物하시니 乃圖乃書니라"

6을 함축하여 10은 물러나고 1은 나아가는 자리"²⁵라는 것은 곧 이 그림을 가리켜 말한 것이다.²⁶

譯註 『정역』 원문은 하도와 낙서라고 했는데도 불구하고, 이 글의 지은이는 8각형 벼루에 새겨진 윷판 도형을 『정역』의 근거로 인식하였다. 하도낙서와 윷판은 선후천 변화의 원리를 담지했다는 것이다.

---

25 『正易』 「十一一言」 "中은 十十一一之空이니라 堯舜之厥中之中이니라 孔子之時中之中이니라 一夫所謂包五含六 十退一進之位니라 小子아 明聽吾一言하라 小子아"
26 유학을 배운 선비들이 지배하는 세상, 또는 후천의 학문은 유학 중심으로 통일된다는 뜻의 '윷판[儒板]'이라고 부른 것에서 알 수 있듯이, 『正易圖書』는 윷판과 하도낙서의 도상과 정역팔괘도를 세팅하여 후천이 다가오는 원리를 설명한 것이 독특하다.

三元三極圖

明天上之三光、化人間之五福、大明天地別乾坤。

造化無量蓮華世。

万化万成無量德、與天地而無窮化、三清三界一大成。

普濟眾生万國寧。

三元三極圖

삼 원 삼 극 도

- 우주의 으뜸은 3원과 3극으로 구성되었다는 것을 읊은 시[27]이다. 이 세상을 빚어내는 근원적 존재는 3원성三元性의 구조를 갖고, 삼위일체三位一體의 형태로 무극·태극·황극이 존재한다는 것을 형상화한 도표다.

要旨 3극의 빛에 의해 장수長壽 문명이 열리는 것이 곧 불교와 도교에서 말하는 용화세상과 삼청세계라는 것이다. 이것은 『주역』에서 말하는 음양의 이원론과 달리, 한국인은 고대로부터 세계와 역사와 문명의 발전을 일으키는 것은 3수 원리라고 인식한 것을 반영하고 있다. 3극은 빛나는 생명의 불꽃으로 만물을 빚어내면서 인간사를 주관한다. 또한 그것은 도교와 불교가 지향하는 이상세계로서 만물이 꿈꾸는 지락至樂의 세상이다.

명 천 상 지 삼 광

明天上之三光,

화 인 간 지 오 복

化人間之五福,

대 명 천 지 별 건 곤

大明天地別乾坤。

조 화 무 량 연 화 세

造化無量蓮華世。

---

27 이는 일종의 비밀스런 방법 혹은 아무도 모르는 비법을 뜻하는 訣에 가깝다.

천상의 3광[28]이 밝게 빛나 인간의 5복[29]을 변화시키고,[30] (선천의) 건곤
과 다른 대명한 천지는 조화가 무량한 연꽃이 만발한 세상이어라![31]

譯註 밤하늘을 아름답게 수놓는 별들이 인간의 행복과 불행을 주관
한다는 별자리 신앙을 믿음의 차원에서 얘기했다. 더 나아가 후천은
연꽃처럼 조화가 무궁한 세상이라는 것이다.

만 화 만 성 무 량 덕
万化万成無量德,

여 천 지 이 무 궁 화
與天地而無窮化,

삼 청 삼 계 일 대 성
三淸三界一大成。

보 제 중 생 만 국 녕
普濟衆生万國寧。

---

28 三光은 해[日]과 달[月]과 별[星]을 뜻한다. 여기서 말하는 별은 28宿를 가리킨다. 비슷한
말로 三辰과 三精이 있다.

29 사람이 살아가면서 누구든지 꿈꾸는 희망 또는 욕망은 오래 사는 것[壽], 부유를 누리
는 것[富], 아프지 않고 건강하게 사는 삶[康寧], 훌륭한 덕을 닦는 것[攸好德], 편안한 죽음
을 맞이하는 임종[考終命] 등의 다섯 가지 복이 바로 그것이다. 5복이 처음 문헌상에 나타
난 것은 『書經』「洪範篇」이다. 이러한 5복과는 반대로 사람이 가장 꺼리는 것은 여섯 가지
[六極]가 있다. 橫死 또는 夭折하는 것[凶短折], 날마다 질병에 시달리는 것[疾], 근심과 걱
정에 찌든 삶[憂], 가난[貧], 악에 빠진 삶[惡], 심신이 허약한 것[弱] 등이다.

30 漢代에는 특히 별자리가 인간의 운명을 지배한다는 별자리 신앙 또는 넓은 의미의 天
文을 역사와 문명[人文]의 발전과 연관시키는 天人感應의 철학적 사유가 있었다. 지금도
별자리 운행이 인간의 길흉화복에 영향을 끼친다는 종교적 믿음도 있다. 그런데 정역사상
은 28宿 구조 자체가 변하는 것을 제시함으로써 자연계 뿐만 아니라 인간의 心身에도 올
바른 영향이 끼칠 것을 예고하고 있다.

31 원문에서 明과 大明, 化와 造化가 대비되면서 강조 용법으로 쓰였다. 불교가 지향하는
蓮華世는 『華嚴經』을 비롯한 대부분의 경전에 등장한다. 더러운 물에서도 끈질긴 생명력
을 보여주는 연꽃은 부처님의 신성한 덕성과 진리를 상징한다. 특히 연꽃이 활짝 핀 세상
[蓮華世]은 阿彌陀佛의 極樂淨土를 뜻한다.

만물의 온갖 변화와 완성을 머금은 무량한 덕이 천지와 더불어 무궁
토록 조화하는구나. 삼청삼계[32]가 하나로 위대하게 이룩되어 중생이
두루 구제되고 만국이 평안해지도다![33]

譯註 앞 대목이 별자리 신앙을 통한 불교의 가르침을 강조했다면, 여
기서는 유교의 목표가 도교의 가르침과 하나로 통일되는 경지를 말
하였다.

---

32 三淸은 도교의 최고 이상향으로 玉淸, 上淸, 太淸을 가리킨다. 三界는 불교의 세계관으
로 欲界, 色界, 無色界(불교의 구극처인 순수 禪定의 세계를 뜻하는 空無邊處天, 識無邊處
天, 無所有處天, 非想非非想處天)을 가리킨다.
33 앞 단락처럼 이 문맥도 "万化万成無量德, 與天地而無窮化. 三淸世界大一成, 普濟衆生
万國寧."으로 띄어 읽어야 옳다. 그리고 마지막에 나오는 내용은 『周易』乾卦 「彖傳」의 "首
出庶物에 萬國이 咸寧하나니라"에서 비롯된 말이다.

太^태淸^청太^태和^화, 五^오化^화元^원始^시,

戊^무己^기日^일月^월, 龍^용華^화鳳^봉華^화, 无^무量^량易^역

- 우주의 시초로부터 잉태한 생명의 씨앗이 무기 토의 주재를 통해 물불[龍鳳]^{용봉}[34]의 운동으로 후천에 도달한다는 것을 밝히고 있다. 무량한 역이 펼쳐지는 정역세상은 만물이 참으로 숨쉴 수 있는 맑고 맑은 세상이고, 온갖 갈등과 대립이 해소되는 조화로운 세상이라는 것이다.

要旨 자연의 시간은 조양율음調陽律陰을 과정을 겪으면서, 1년 12달 360일이 수립되는 것이 바로 후천임을 밝히고 있다.

調^조陽^양律^율陰^음, 時^시侯^후節^절氣^기, 進^진退^퇴盈^영虛^허, 屈^굴伸^신消^소長^장,

弦^현望^망晦^회朔^삭, 度^도數^수不^불紊^문, 萬^만國^국咸^함寧^녕, 丁^정寧^녕分^분付^부,

當^당皇^황世^세, 日^일月^월度^도數^수, 分^분明^명起^기。

양을 고르게 하고 음을 조절하는 운동에 의해 시간이 뿜어내는 기후

---

34 "'日月 聖神의 상징 – 龍鳳'; 천지를 대행하여 만유 생명을 낳고 다스리는 광명의 주체가 해와 달 즉 일월日月이다. 그 일월의 조화를 다스리는 자연신이 바로 용과 봉황이다. 달의 광명을 상징하는 용은 물의 조화를 짓고, 태양의 광명을 상징하는 봉은 불의 조화를 다스린다."(안경전,『증산도의 진리』, 상생출판, 2014, 296쪽)

와 절기가 나아가고 물러나고 가득 차고 비움과, 굽히고 펴고 줄어들고 자라남과, 8일(23일)과 보름과 그믐과 초하루의 도수가 어지럽지 않아 만국이 모두 평안해지는 것은 정녕코 (상제께서) 분부하심이다. 황심皇心의 세상[35]에 도달하여 일월의 (올바른) 도수가 분명히 출현할 것이다.[36]

譯註 이 대목은 음양 논리 대신에 율려의 작동으로 인해 새로운 도수의 세계가 절기의 변화를 가져 온다고 말한다.

을 병 정 무 기 지 천　경 신 임 계 갑 천 지
乙丙丁戊己地天, 庚辛壬癸甲天地,

합 십 일 천 지 지 천　일 월 월 일 력　정 정 방 방
合十一天地地天, 日月月日曆, 正正方方。

천간의 을·병·정·무·기는 지천地天[37]이고, 경·신·임·계·갑은 천지天地다.[38] (오운五運을) 결합한 11은 (선천의) '천지' 중심이 (후천의) '지천' 중

---

35 초하루에 달이 떠서 15일에 보름달 되는 것이 天心이라면, 선후천이 전환되면 15일 보름 뒤인 16일이 후천 초하루가 되므로[皇中] 선천의 30일(후천 15일의 보름달)이 후천 15일로 되는 것을 일컬어 皇心이라 한다.

36 '調陽律陰', '時候節氣', '進退盈虛', '屈伸消長', '晦朔弦望', '丁寧分付' 등은 『정역』 본문에 나온다.

37 선천은 하늘 중심의 세상이므로 땅이 뒤따라간다면, 후천은 땅 중심의 세상이므로 하늘이 뒤따라간다. 그러므로 선천은 천간이 앞서면 지지가 뒤따랐지만, 후천은 오히려 지지가 앞서고 천간이 뒤따라간다는 것이다. 이처럼 천지를 형성하는 패러다임이 완전히 전환된다는 논리가 정역사상의 핵심이다.

38 이 대목은 왜 乙·丙·丁·戊·己와 庚·辛·壬·癸·甲의 형식으로 나누었을까? 천간의 乙·丙·丁·戊·己와 庚·辛·壬·癸·甲을 나누어 그들의 합을 11로 규정한 것은 五運論으로 이해해야 옳다. 한동석의 『우주변화의 원리』(서울: 대원출판, 2001), 126쪽에 나오는 '五運의 對化圖'를 참조하면 좋다. 도표에 나타나 있듯이, 그것은 邵康節의 '三十六宮都是春'의 세상을 읊은 것이다.

심으로 바뀌고, 일월日月 중심의 달력이 월일月日 중심의 달력으로 완
성되어 온 누리가 옳고 방정한[正正方方] 세상이 된다.

譯註 천간天干의 메카니즘에 본질적인 구조 변화가 일어나 천지가
지천으로 바뀌는 자연의 혁명을 통해 올바른 가치가 수립된다고
말한다.

임계갑 삼기삼천 을병양지 정무기삼보삼지
壬癸甲, 三奇三天, 乙丙両地, 丁戊己三寶三地,

경신양천 선후천 을병정무기일
庚辛両天, 先后天, 乙丙丁戊己日,

경신임계갑월
庚辛壬癸甲月,

일월합천 십지십천 십천십지
日月合天, 十地十天, 十天十地,

경선위주 인일 을사월 십 궁중
庚先爲主, 寅日, 乙巳月, 十六五宮中,

병후위주 오월신유일 십 궁중
丙后爲主, 午月辛酉日, 十五六宮中,

오육합궁 오운육기 절후분명
五六合宮, 五運六氣, 節候分明。

임·계·갑은 세 홀수로서 3천三天이고 을·병이 양지兩地라면, 정·무·
기는 세 보물로서 삼지三地이고 경·신은 양천兩天으로 이들은 선후
천을 이룬다. 을·병·정·무·기는 태양[日]이고, 경·신·임·계·갑은 달
[月]로서 일월은 하늘과 합하여 십지十地는 십천十天이 되고, 십천十天
은 십지十地가 된다.. 천간 경庚 앞을 위주로 하면 인일寅日 을사월乙巳

月에 10이 5와 6의 궁宮 중심에 닿는다. 천간 병丙 뒤를 위주로 하면 오월午月 신유일辛酉日에 10이 6과 5의 궁宮 중심에 닿는다.[39] 5와 6의 합궁은 5운이 6기로 변화하여 절후가 분명해지는 것을 뜻한다.

譯註 김일부에 의하면, 선천은 양이 셋이고 음은 둘로서 그만큼 양에너지가 넘치는 세상이다. 반면에 후천은 음이 셋이고, 양은 둘이다. 후천은 형식적으로는 음 에너지가 넘치는 세상이지만, 실제로는 음양의 균형이 이루어진다는 것이다.

일 원 수   일 월 역 정 위   삼 십 일 일 월
一元數, 日月易正位, 三十日一月,

합 십 이 월   삼 백 육 십 일
合十二月, 三百六十日。

일원수(100)의 작동에 의해[40] 일월이 올바른 위치에 자리 잡으면[正位^{정위}], 한 달 30이 12달 360일에 부합한다.

譯註 하도와 낙서의 통합에 의해 해와 달이 정상 궤도에 진입하면 한 달은 30일, 1년은 12달 360일이 된다고 주장한다.

---

39 5와 6 또는 6과 5는 합하면 똑같이 11이다. 11의 산술적 계산을 수지도수로 봤을 때는 전자가 선천 낙서의 극한을 넘어서 하도 10수가 될 때의 中, 후자는 후천 하도가 낙서로 전개될 때의 中이므로 선천 중심인가 아니면 후천 중심인가의 여부에 따라 갈린다.

40 100의 산출근거는 하도수 55 + 낙서수 45 = 100이 있다. 또 180(十乾五坤에서 15를 옛날 시간으로 따지면 180) − 낙서의 극한수 81(9 × 9) = 99가 나온다. 다시 99 + 1 = 100이 이루어지는데, 1은 무엇인가? 1은 선후천을 통틀어 만물형성의 모체인 태극이므로 99에 반드시 1을 보태야 한다.

상 화 하 목　남 충 여 절　국 태 민 안　가 급 인 족
上和下睦, 男忠如節, 國泰民安, 家給人足,

태 평 무 량　도 수 곡　영 창 영 가　대 도 덕
太平无量, 度數曲, 詠昌詠歌, 大道德,

아 라 리 아 라 타
哦羅哩哦羅陀。

상하가 화목하고, 남자는 충성하고 여자는 절개를 지켜[41] 나라는 태평하고 백성은 평안해져 집집마다 넉넉하고 백성들은 풍족해진다. 태평한 무량세상을 도수度數로 노래부르고, 대도덕을 영가詠歌[42]로 읊도다! 아라리 아라타 ~ ~

譯註 후천은 윤리도덕이 제대로 지켜지고, 실제로 국태민안國泰民安이 이루어지는 세상이라는 것이다.

태 청 태 화 오 화 원 시 무 기 일 월 개 벽 이 년 기 축 구 월
太淸太和五化元始戊己日月開闢二年己丑九月
십 육 일
十六日

재 청 련 사 봉 서
在靑蓮寺 奉書。

---

41 같을 如가 아니라, 계집 女로 읽는 것이 문맥의 흐름에 좋다.

42 詠歌라는 단어는 『正易』에 직접 등장하지 않는다. 다만 「十五一言」 "九九吟"에 나오는 "수많은 도도한 선비들아, 나의 한 곡조 방랑음을 들어보시게나[凡百滔滔儒雅士야 聽我一曲放浪吟하라]"의 '放浪吟'을 詠歌라 추정하기도 한다. 詠歌舞跳는 김일부가 평소 몸과 마음을 닦았다는 일종의 心身修練法이다. 詠歌는 '음吟, 아哦, 어唹, 이咿, 우吁'라는 발성법을 통하여 內臟器官을 튼튼하게 만드는 효과와 함께 맑은 정신이 생기는 장점이 있다. 이것이 점차 무르익기 시작하면 곧이어 춤사위가 자연스럽게 나오는 무도舞蹈로 연결된다.

태청태화 오화원시 무기일월개벽 2년 기축년(1889년) 9월 16일, 청련사
에서 받들어 쓰다.

선 천 삼 천 양 지   후 천 삼 지 양 천
先天三天兩地, 后天三地兩天,

천 개 어 무 자   지 벽 어 기 축
天開於戊子, 地闢於己丑,

천 사 지 육   천 오 지 오   지 사 천 육   합 십 지 십 천
天四地六, 天五地五, 地四天六, 合十地十天。

선천은 삼천양지三天兩地요 후천은 삼지양천三地兩天이다.[43] 하늘은
무자戊子에서 열리고, 땅은 기축己丑에서 열린다.[44] 하늘이 4이면 땅은
6이고, 하늘이 5이면 땅도 5이며, 땅이 4이면 하늘은 6으로서[45] 이들
을 모두 합하면 땅도 10, 하늘도 10이다.

譯註 선천은 5토의 무戊가 주도하는 세상이고, 후천은 10토의 기己가
주재하는 세상이다. 간지가 모두 음陰인 기축己丑을 으뜸으로 삼는
후천은 실제로 음양의 균형과 조화가 이루어진다는 것이다.

---

43 이는 『正易』「十五一言」 “日極體位度數”에 ‘先天은 三天兩地니라 后天은 三地兩天이니
라’고 나온다. 『주역』「계사전」상편 10장에 “參伍以變하며 錯綜其數하여”라고 나오는데,
‘參伍’를 선후천론의 입장에서 보면 각각 3과 5라고 할 수 있다.
44 이는 『正易』「十一一言」에 “天政은 開子하고 地政은 闢丑이니라”고 나온다. 邵康節이
말하는 “天開於子, 地闢於丑, 人起於寅”은 정역사상의 주장과는 현저하게 다르다. 소강절
은 태초에 우주가 만들어진 이후에 시간의 자연적 흐름에 따라 하늘은 子에서 열리고, 땅
은 丑에서 열리고 인간이 펼치는 문명은 寅에서 열린다고 보았다. 그러나 김일부는 시공이
최초로 열리는 선천은 子에서 시작했다면, 시공간의 틀이 바뀌는 후천은 丑에서 열린다고
확신한다. 그런데 후천이 언제 열리는가의 시점에 관심을 가진 김일부의 제자들은 戊子年
己丑年에 열린다고 인식하여 자신들 저술의 발간 년도로 사용하는 관습을 가졌던 것이다.
45 이는 『正易』「十五一言」에 나온다. “天四면 地六이요 天五면 地五요 天六이면 地四니라.”

무 태 황 삼 극　　일 합 연 후　　방 가 위 지 인 의
无太皇三極, 一合然后, 方可爲之人矣。

무극과 태극과 황극의 3극이 하나로 통합된 뒤에야 바야흐로 인간다운 인간이 될 수 있다.[46]

譯註 3극이 존재의 궁극적 차원에서 하나로 일치될 때, 비로소 현실에서 진정한 소통과 화합이 가능하다고 강조한다.

무 계 일 육 기 갑 이 칠　　경 을 삼 팔 신 병 사 구
戊癸一六己甲二七, 庚乙三八辛丙四九,
정 임 오 십
丁壬五十。

十九八七六五四三二一
무 기 경 신 임 계 갑 을 병 정　　토 금 수 목 화 금 수 목 화 토
戊己庚辛壬癸甲乙丙丁　土金水木火金水木火土。[47]
一二三四五六七八九十

六七八九　[48]　사 오 구 궁 사 건 오 곤 사 오 이 십 천 십 지 십
三二一十　四五九宮四乾五坤四五二十天十地十。

---

46 이 대목은 후천이 오면 인간의 본성이 善해질 수 있는 가능성을 얘기한 것으로 보인다. 孟子는 性善說의 학술적 근거를 설명했다면, 김일부는 실제로 性善의 세계가 이루어질 것을 예고한 것이라 할 수 있다.

47 본문 위의 10, 9, 8, 7, 6, 5, 4, 3, 2, 1과 아래의 1, 2, 3, 4, 5, 6, 7, 8, 9, 10은 생명과 시간의 질서를 뜻하는 順과 逆의 논리이고, 천간의 戊己庚辛壬癸甲乙丙丁은 五運의 공간적 배열을 뜻하고, 土金水木火에서 앞의 무와 기는 土이고, 경과 신은 金이고, 임과 계는 水이고, 갑과 을은 木이고, 병과 정은 火를 가리키는데, 각각 5행의 성격을 뜻한다. (특각주 참조)

48 상하를 보면 6+3=9, 7+2=9, 8+1=9, 9+10=19가 형성되는 논리에서 이들의 공통점은 모두 9로 끝난다는 점이다.

土火　　　　　　　　　　土火
무 기 금 경 수 신 목 임 화 계 갑 금 을 수 병 목 정 화
戊己金庚水辛木壬火癸甲金乙水丙木丁火。
火土　　　　　　　　　　火土

후 천 선 천
后天先天

갑 토 　을 금 　병 수 　정 목 　무 화
甲土, 乙金, 丙水, 丁木, 戊火

기 토 　경 금 　신 수 　임 목 　계 화
己土, 庚金, 辛水, 壬木, 癸火。[49]

선 천 후 천
先天后天

무 토 　기 금 　경 수 　신 목 　임 화
戊土, 己金, 庚水, 辛木, 壬火

계 토 　갑 금 　을 수 　병 목 　정 화
癸土, 甲金, 乙水, 丙木, 丁火。[50]

무계는 1과 6이요, 기갑은 2와 7이요, 경을은 3과 8이요, 신병은 4와 9
요, 정임은 5와 10이다. '무기경신임계갑을병정'을 중심으로 (위는) 10,
9, 8, 7, 6, 5, 4, 3, 2, 1의 순順 방향으로 진행하고, (아래는) 1, 2, 3, 4, 5, 7, 8,
9, 10의 역逆 방향으로 진행하는데, 특별히 5행으로는 '토금수목화'와
'금수목화토'라는 두 가지 방식으로 운행한다. (상하로는) 6과 3, 7과 2,

---

49 한동석, 앞의 책, 119쪽의 '五運圖' 도표 참조. 위 아래를 결합시키면 갑기토, 을경금, 병
신수, 정임목, 무계화를 이룬다.
50 한동석, 앞의 책, 126쪽의 '五運의 對化圖' 참조. 이들도 결국은 '토금수목화'의 방식으
로 움직인다.

8과 1, 9와 10의 형태를 이룬다. (종횡으로는) 4와 5의 9궁宮과, 4건乾과 5 곤坤은 4 × 5 = 20이 되는데, 이는 하늘도 10이요 땅도 10을 상징한다. (위로) 토화土火인 동시에 (아래로) 화토火土인 무기戊己, 금金은 경庚, 수水는 신辛, 목木의 임壬은 화火다. (위로) 토화土火인 동시에 (아래로) 화토火土인 계갑癸甲, 금金은 을乙, 수水는 병丙, 목木의 정丁은 화火다.

후천과 선천; 갑토, 을금, 병수, 정목, 무화

　　　기토, 경금, 신수, 임목, 계화

선천과 후천; 무토, 기금, 경수, 신목, 임화

　　　계토, 갑금, 을수, 병목, 정화

譯註 하도와 낙서의 순역順逆 원리와 '토' 중심 논리를 결합시키고, 다시 5행의 상생론相生論을 도입하여 선후천 변화를 설명하였다.

土金水木火金水木火土에 대하여

‘무기경신임계갑을병정’ 위에 있는 10, 9, 8, 7, 6, 5, 4, 3, 2, 1과 아래에 있는 1, 2, 3, 4, 5, 6, 7, 8, 9, 10은 생명과 시간의 질서를 뜻하는 순順과 역逆의 논리이다. 천간의 무기경신임계갑을병정戊己庚辛壬癸甲乙丙丁은 오운五運의 공간적 배열을 가리킨다. 토금수목화土金水木火앞의 무戊와 기己는 토土, 경庚과 신辛은 금金, 임壬과 계癸는 수水, 갑甲과 을乙은 목木, 병丙과 정丁은 화火를 뜻한다. 그러면 왜 5행의 생성에 ‘토금수목화土金水木化’와 ‘금수목화토金水木火土’라는 두 가지 방식이 나타나는가? "5運은 갑기토운甲己土運에서부터 발생한다. 그러나 5行의 경우는 갑을목甲乙木, 병정화丙丁火, 무기토戊己土, 경신금庚辛金, 임계수壬癸水의 순서로 좌선左旋하면서 상생相生한다. … 5運은 토土에서부터 시작하여 좌선하면서 토금수목화土金水木火의 순으로 상생하는 것이다. 즉 갑기토甲己土가 생을경금生乙庚金하고 을경금乙庚金이 생병신수生丙辛水하고 병신수丙辛水가 생정임목生丁壬木하고 정임목丁壬木이 생무계화生戊癸火하고 무계화戊癸火가 다시 갑기토甲己土를 생하면서 순환하는 것이다."(한동석, 『우주변화의 원리』 서울: 대원출판, 2001, 119쪽 도표에 대한 설명 참조) 이밖에도 무극無極의 집[己巳宮]과 황극皇極의 집[戊戌宮]이 각각 정령政令과 율려律呂를 낳는 방식이 곧 ‘토금수목화土金水木火’와 ‘금수목화토金水木火土’이다. 무극의 작동방식이 정령政令이라면, 황극의 작동방식은 율려律呂다. 이는 『정역』「십오일언」 "月極體位度數" · "日極體位度數"에 원문이 나온다.

己巳宮은 先天而后天이니라

地十己土는 生天九辛金하고

天九辛金은 生地六癸水하고

地六癸水는 生天三乙木하고

天三乙木은 生地二丁火하고

地二丁火는 生天五戊土니라

戊戌宮은 后天而先天이니라

天五戊土는 生地四庚金하고

地四庚金은 生天一壬水하고

天一壬水는 生地八甲木하고

地八甲木은 生天七丙火하고

天七丙火는 生地十己土니라

地十己土는 生天九庚金하고

天九庚金은 生地六癸水하고

地六癸水는 生天三甲木하고

天三甲木은 生地二丙火하고

地二丙火는 生天五戊土니라

天五戊土는 生地四辛金하고

地四辛金은 生天一壬水하고

天一壬水는 生地八乙木하고

地八乙木은 生天七丁火하고

天七丁火는 生地十己土니라

四天兩儀, 四象八卦,
變五行, 變陰陽

— 사천양의四天兩儀와 4상8괘가 5행으로 변하고 음양으로 변하다.

要旨 선천을 지배하던 천간의 무토戊土가 후천을 주재하는 기토己土로 바뀌는(시간의 본질적 변화) 체용體用의 전환은 지지의 변화(공간의 본질적 변화)로 직결되어 나타난다는 '십일귀체'의 공덕을 찬양하고 있다. 유불선 삼교의 통합과 미래에 수립될 무극대도에 대한 심법을 강조하고 있다.

合十五地大法, 日月合宮象,

三十三天, 二十八宿,

生成度數, 戊己合天, 子丑合地,

戊十己一, 子一丑十,

十一合土, 一十合土,

天地戊己, 子丑合宮, 土土, 正土宮中,

天干十數, 天地合德, 八卦用政,

지 지 십 이 수　　일 월 합 덕　　십 수 용 정
地支十二數, 日月合德, 十數用政,

십 수 즉　　천 오 지 오 지 십 즉 일　　용 사
十數則, 天五地五止十則一, 用事,

십 일 귀 체　　무 량 공 덕
十一歸軆, 无量功德。

(선천에 9와 6으로 운행하는 건乾의 용구用九와 곤坤의 용육用六의 운동 방식이 정역

팔괘도에는 건乾 10으로 바뀌어 북쪽에 있고, 곤坤 5로 바뀌어 남쪽에 자리 잡는다)

10과 5가 결합하여 하늘보다 땅이 더 위대해지는 법칙[地大法]^{지 대 법}[51] 은

일월이 정원궤도로 돌아가는 모습[合宮]^{합 궁}으로 나타나는데, 33천과 28

수가 생성하는 도수에서 무와 기는 하늘과 결합하고, 자와 축은 땅

과 결합한다.[52] 무는 10이고 기는 1이며, 자는 1이고 축은 10이다.[53] (문

---

51 선천이 하늘 중심의 세상이었다면, 후천은 땅 중심의 세상이기 때문에 '땅이 하늘보다 더
크고 위대한 법칙[地大法]'이라고 규정한 것이다. 『周易』乾卦 「象傳」에 "(건괘가) 9를 쓴다
는 것은 하늘의 덕이 으뜸이 되어서는 안 된다.[用九는 天德은 不可爲首也라]"라는 내용이
있다. 건괘는 9를, 곤괘는 6을 사용하는 것이 『주역』의 대원칙이다. 왜 건괘에서 비롯된 하
늘의 덕[天德]은 머리(으뜸)가 되어서는 안 된다고 강조했는가? 혹시 땅의 덕[地德]이 머리
되어야 한다는 것은 아닐까? 건괘로 시작하는 선천보다는 곤괘로 시작하는 후천을 겨냥
한 표현으로 보인다.
52 이는 수지도수의 방법을 풀어야 할 문제다. 선천은 甲을 왼손 엄지손가락에서부터 시작
하여 새끼손가락에는 戊(甲에서 癸까지의 中)가 닿는다. 이 戊를 펴면 己가 되는데, 선후천
전환에 의해 이 己가 엄지손가락으로 이동하는(時中 - 선천의 皇中이 皇心으로 바뀌는 현
상) 것을 가리킨다. 그러니까 새끼손가락을 굽히면 戊, 펴면 己이던 것이 엄지손가락으로
옮길 경우에 거꾸로 펴면 戊요 굽히면 己가 되는 것이다. 한마디로 엄지손가락에 戊와 己
가 함께 공존하는 셈이다. 천간이 바뀌면 지지 역시 바뀌므로 子와 丑도 戊와 己가 이동하
는 이치와 똑같다.
53 수지도수에서 엄지손가락부터 굽히기 시작하여 새끼손가락에 선천의 중심축을 뜻하
는 5戊土가 닿는다. 이때 후천의 시작을 상징하는 새끼손가락을 편 상태의 6己[皇中]가 곧
바로 엄지손가락으로 이동하는 현상이 시공의 본질적 전환을 일으키는 造化의 극치이기
때문에 6己는 곧 10己[皇心]로 바뀌는 것이다. 후천은 己에서 시작하므로(이때의 己는 손가
락을 굽힌다) 열 번째 닿은 수는 손가락이 펴진 상태의 10戊가 된다. 이러한 현상은 地支에
도 적용된다. 후천은 천간이 己에서 시작되는 까닭에 지지는 선천에 子 1에서 시작하던 것
이 丑 10으로 바뀌는 것이다. 한마디로 후천은 己丑에서부터 출발한다.

자의 조합에서) 십十과 일一을 결합하면 토土이며, 또한 일一과 십十을 결합해도 토土다.[54] 천지는 (5토와 10토의) 무기의 조화에 의해 자와 축이 합궁하므로 이 둘의 토土는[55] (나머지 목화금수를 주재하는) 정중正中을 지키는 집이다. 천간 10수는 천지가 합덕하는 모습으로 8괘의 정사를 운용하며, 지지 12수는 일월이 합덕하는 모습으로 10수의 정사를 운용한다. 10수는 하늘도 다섯이고 땅도 다섯이므로 (수의 운용이 균형을 이루는) 10에 이르면(도달하면) 1이 작용하여[56] 10과 1이 본체로 돌아가는 무량한 공덕이로다.

譯註 이 대목에서 『정역』의 토土 중심 사유의 극치를 볼 수 있다. 그러나 숫자 중심의 설명보다는 의미에 대한 정확한 풀이가 적어 매우

---

54 문자의 구성도 '一' + '十' = 土가 형성된다. 10과 1의 결합은 후천 10무극 세상에서 1 태극이 작동하는 방식이며, 1과 10의 결합은 선천 1태극에서 시작하여 후천의 10무극 세상을 지향한다는 뜻이 배어 있다. 수지도수에서 엄지손가락에 닿는 10무극도 土이고, 1태극 역시 土이다. 엄지손가락을 굽혔는가, 아니면 폈는가에 따라 무극 또는 태극의 성격이 다르게 표현될 뿐이다.

55 천간의 戊己가 왼손 엄지손가락에 닿는 土이고, 지지의 子(선천의 시작)와 丑(후천의 시작)도 역시 엄지손가락에 닿는 土이다. 陰으로 시작하는 己와 丑이 결합한 己丑이 곧 후천의 시작점인 것이다.

56 "우주의 본체인 태극은 戊에서 이루어지는 것인즉 戊는 태극의 정신이며, 또한 무극의 眞, 즉 空인 것이다. 그러므로 우주창조의 본체를 태극이라고 하는 것은 신실로 태극의 핵심을 이룬 戊五空 때문이다."(한동석, 앞의 책, 389쪽) 한마디로 戊五空의 목적은 새로운 태극의 창조에 있다고 하겠다. 선천에 陽으로 시작하는 地支는 子1, 寅3, 午7, 辰5, 申9, (戊5)로 진행하는 水→木→火→土→金의 5행 순서에서 戊은 11번 째이고, 후천에 陰으로 시작하는 地支는 丑10, 酉4, 亥6, 未8, 巳2, (卯8)로 진행하는 土→金→水→木→火의 5행 순서에서 卯 역시 11번 째에 닿는다. 즉 낙서에서는 戊五空이, 하도에서는 卯八空이 형성된다. 선천 낙서는 子1로 시작하는 水 중심의 세계라면, 후천은 丑10으로 시작하는 土 중심의 새로운 세계라 할 수 있다. 이때 5가 土라면, 戊은 水에 해당하므로 戊은 水와 土의 양면성을 띤다고 할 수 있다. 이를 한동석은 五運論으로 풀이한다. 그는 五行이 자연 자체의 기본법칙이라면, 五運은 五行이 실현하는 자연현상의 변화 자체의 법칙과 모습이라고 전제하면서 "五運은 土에서부터 시작하여서 좌선하면서 土金水木火의 순으로 상생하는 것이다."(한동석, 앞의 책, 118~119쪽 참조) 5행이 목화토금수로 순환한다면, 5운은 토금수목화의 상생 방식으로 순환한다.

아쉽다.

천 지 인 삼 재   일 월 합 기 덕 오 원   오 원 삼 원 팔 원
天地人三才, 日月合其德五元, 五元三元八元,
팔 괘   응 천 삼 광   비 인 오 행   오 행 즉 오 륜
八卦, 應天三光, 備人五行, 五行則五倫,
삼 광 즉 삼 강   삼 강 즉 천 지 일 월 성 신 고
三光則三綱, 三綱則天地日月星辰故,
인 즉 인 의 예 지   원 원 정 정 방 방
人則仁義禮智, 元元正正方方,

천지인 3재가 일월과 덕을 합하여 5원[五元]이 되고, 5원과 3원이 합
하여 8원이 된다. 8괘는 하늘의 삼광三光에 부응하고, 인간의 오행五行
을 갖춘 것이다. 5행은 5륜五倫[57]이요, 3광은 3강三綱[58]이다. 삼강은 천
지 일월성신인 까닭에 인간에게는 인의예지가 되어 우주의 궁극적인
근원[元元]은 올바르고 곧은 것이다[正正方方].

譯註 세상의 신비를 들여다보는 코드가 '수'라는 인식 아래 3재와 일
월 및 8괘를 조합하여 세계의 구성을 설명한다. 또한 인간 본성의 근
거를 천문에 찾았다.

---

57 五倫은 『맹자』「등문공편」상에 나온다. 임금과 신하 사이는 의리가 있고[君臣有義], 아
버지와 아들 사이는 친함이 있고[父子有親], 남편과 아내 사이는 분별이 있고[夫婦有別],
어른과 어린이 사이는 차례가 있고[長幼有序], 벗과 벗 사이는 믿음이 있다[朋友有信]가 바
로 그것이다.

58 三綱은 漢의 董仲舒(BCE170~BCE120)에 의해 제창되었는데, 사람이 반드시 지켜할 덕
목을 뜻한다. 동중서는 인간이 가장 중시 여겨야 할 세 가지 규범을 꼽았다. 임금은 신하의
벼리[君爲臣綱]이고, 어버이는 자식의 벼리[父爲子綱]이며, 남편은 부인의 벼리[夫爲婦綱]
라는 것이다. 三綱은 특히 主從 혹은 上下 관계를 바탕으로 봉건사회를 뒷받침하는 강력
한 도덕적 구속력을 갖는 덕목으로 작동하였다.

유 가 대 성　공 자 연 원 행 도
儒家大聖, 孔子淵源行道,

후 생 불 초 불 행　각 병 기 솔
后生不肖不行, 各幷起率,

불 가 대 성　석 가 모 니 불
佛家大聖, 釋迦牟尼佛,

일 월 연 등 광 명　증 명 불 조 사
日月燃燈光明, 證明佛祖師,

아 여 수 기 분 명　선 지 식
我與授記分明, 善知識,

행 선 물 악　개 시 성 현 보 살 중
行善勿惡, 皆是聖賢菩薩衆,

선 즉 인　소 천 지 지 법 일 월 지 정
仙則人, 小天地之法日月之政,

오 행 용 사 지 문　지
五行用事之文, 知,

수 덕 연 후　방 가 위 지 인 의 고
修德然后, 方可謂之仁義故,

선 노 자　지 혜 법 왕 자　제 차 자
仙老子, 智慧法王子, 第次子,

무 불 삼 교 지 법 행　일 절 일 합 상　용 심
无不三敎之法行, 一切一合相, 用心。

유가의 위대한 성인이신 공자께서는 근원을 밝혀 도를 실천했으나,
뒤에 태어난 불초자들이[59] 실천하지 못하여 각각의 학설들이 일어났
던 것이다. 불가의 위대한 성인이신 석가모니불은 일월연등日月燃燈처

---

[59] 아들이 부모를 상대하여 자기를 낮추어 이르는 일인칭 대명사로 쓰인다. 不肖子는 부모
앞에 자신을 일컬을 때 쓰는 표현이다. 不肖의 肖는 닮았다는 글자다. 이를테면 실제 모습
과 꼭 닮게 그린 그림을 초상화라 부르듯이, 不肖는 부모를 닮지 못해 부모의 이름을 욕되
게 한다는 뜻이기도 하다.

럼 온 세상을 밝게 비추는 광명으로 불교의 조사[佛祖師]⁶⁰를 증명하고, 내가 분명하게 수기授記⁶¹를 내려줄 것이니, 선지식善知識⁶²아! 선을 행하고 악을 저지르지 말라"고 한 것은 모두 성현보살중聖賢菩薩衆인 까닭이다. 선仙은 곧 소천지인 사람이 일월의 정사를 본받고, 5행이 맡아 일하는 하늘땅의 율동상[文]을 알아서 덕을 쌓은 연후에 바야흐로 인의仁義라 할 수 있다. 그러므로 노자老子를 따르는 선仙과 지혜智慧의 왕자⁶³를 본받는 불교도와, (유교의 가르침을 따르는) 제자들[第次子]은 유불선 3교의 법도와 실천 강령 등이 모두 통합될 수 있도록 마음을 써야 할 것이다.

譯註 유불선의 일치를 목표로 삼고, 인류문명을 일구었던 성인들의

---

60 후세 사람에게 존경받을 만한 승려이거나, 어느 하나의 종파 혹은 학파를 세운 승려에게 붙여지는 칭호다. 禪教 兩宗 중, 특히 선종에서 조사라는 명칭을 많이 사용했으며, 넓은 의미로 절을 창건한 스님까지 포함시키기도 한다. 우리나라 禪宗에서는 종파를 초월하여 인도의 27조사와 중국의 6조사를 합한 33조사를 근본으로 삼는 전통이 있으며, 그 중에서도 達磨와 六祖 慧能을 가장 신봉하고 있다. 우리나라의 대표적인 선종의 조사로는 신라 말기의 道義를 비롯한 九山禪門의 개창주, 고려시대의 普照國師, 普愚, 懶翁 등과 조선시대의 休靜이 꼽힌다. 教宗에서는 慈藏, 元曉, 義湘, 義天 등이 유명한 조사로 인정되고 있다. 또한 사찰에서는 祖師堂을 건립하여 이들 조사의 영정 등을 봉안하고 있다. 이상은 네이버 지식백과에 나오는『한국민족문화대백과』'祖師' 條에 근거했다.
61 문답형식의 이루어진 석가모니의 설법 혹은 부처가 되는 방법을 가르친 석가모니의 설법을 일컬어 '授記'라 한다.
62 본래 박학다식하면서도 덕이 높은 현자를 이르는 말이다. 좋은 친구를 뜻하는 산스크리트 칼랴나-미트라(Kalyana-Mitra)에서 유래하여 대단한 친구, 은혜를 베푸는 친구라고 번역한다.『大般涅槃經』「고위덕왕보살품」에 따르면 중생에게 나쁜 업을 버리고 선한 업을 쌓게 하는 이를 가리키며, 진실한 선지식은 부처와 보살이다.『華嚴經』에서는 "사람들을 인도하여 一切知로 가게 하는 문이며 수레이며 배이며 횃불이며 길이며 다리다"라고 하였다.(네이버 지식백과, 두산백과)
63 석가모니釋迦牟尼(Śakyamuni; BCE 563년 경~BCE 483년 경)는 불교를 세운 고대 인도(지금의 네팔) 사람으로 姓은 고타마Gautama이고, 이름은 싯다르타Siddhārtha이다. 석가모니란 釋迦族에서 나온 聖者라는 뜻이다. 불타佛陀(Buddha: 깨달은 사람이란 뜻), 여래如來, 세존世尊 등의 尊號가 있다. 왕족의 태자로 출생하여 결혼하고 아들까지 있었지만, 인생문제에 깊이 괴로워하다가 29세에 출가하였다. 35세 때 크게 깨달음을 얻고[大悟成道], 각지에서 가르침을 베풀다가 80세 때 入寂하였다.

가르침에 귀기울여 실천하라고 강조하였다.

약 차 당 래 지 세　창 선 위 주
若此當來之世, 昌善爲主,

충 효 절 의　인 지 혜　정 각 성
忠孝節義, 仁智慧, 正覺成,

호 호 무 극 무 위 지 설　법 행 자　소 자 명 청 오　일 언
好好无極无位之說, 法行者, 小子明聽吾, 一言。

이처럼 앞으로 다가올 미래 세상에는 선을 드높이는 것을 위주로 삼아 충효와 절의, 인仁과 지혜知慧로 올바른 깨달음을 성취해야 할 것이다. 최상의 무극无極과 무위无位[64]에 대한 이념과 법도의 실천강령에 대해, "소자들이여! 나의 말 한마디를 밝게 들어라!"[65]

譯註 유교의 덕목들을 미래 세상의 대안으로 제시하고, 더 나아가 『정역』의 무극설无極說에 관심가질 것을 권고하였다.

태 청 태 화 오 화 원 시 무 기 일 월 개 벽 이 년 기 축 구 월
太淸太和五化元始戊己日月開闢二年己丑九月

이 십 일　재 청 련 사 대 중 회 상　봉 서
二十日 在靑蓮寺大衆會上 奉書。

---

64 『正易』「十五一言」"日極體位度數"에는 "化翁은 无位시고 原天火시니 生地十己土니라 己巳宮은 先天而后天이니라"는 내용이 있다. 우주를 주재하는 造化翁은 특정한 공간을 차지하지 않는다[无位]는 것이다. 하지만 조화옹이 거주하는 모습을 천간지지로 표현하면 己巳宮이다. 즉 己는 10土이고, 巳는 불덩어리로서 己巳는 영원히 꺼지지 않는 생명의 불덩어리[光明]로 존재하는 조화의 뿌리를 뜻한다. 原天은 선천과 후천의 궁극적 원인이자 통합체로서 그것의 실체는 곧 신성하고 거룩한 불꽃[火]이라 할 수 있다. 이러한 원래의 하늘[原天]이 地十土를 낳는다는 것이다.

65 이는 『正易』「十一一言」"十一歸體詩"의 "小子明聽吾一言"에 나오는 말이다. 『正易圖書』는 "小子明聽吾, 一言"으로 띄어 읽었다.

태청태화 오화원시 무기일월개벽 2년(기축년, 1889년) 9월 20일 청련사[66]
대중법회에서 삼가 글을 쓰다.

무 무극 기 태극 경 삼재 신 사상
戊, 无極, 己, 太極, 庚, 三才, 辛, 四象,
임 오행 오천
壬, 五行, 五天。
계 무극 갑 태극 을 삼재 병 사상
癸, 无極, 甲, 太極, 乙, 三才, 丙, 四象,
정 오행 오지
丁, 五行, 五地。

무는 무극,[67] 기는 태극, 경은 3재, 신은 4상, 임은 5행으로 하늘이 다섯이
다.[68] 계는 무극, 갑은 태극, 을은 3재, 병은 4상, 정은 5행으로 땅이 다
섯이다.[69]

---

66 청련사는 현재 경기도 양주의 태고종 청련사, 인천광역시 강화군 강화읍의 청련사, 서
울특별시 종로구의 청련사, 대구광역시 동구 팔공로의 청련사, 충남 서산시 지석로의 청련
사가 있다. 여기에 등장하는 청련사가 어딘지는 연구자들이 앞으로 밝혀야 할 것이다.

67 우선 이 대목은 1→2→3→4→5의 논리가 전제되어 있다. 戊와 癸, 己와 甲는 각각 對化
를 이룬다. 선천은 甲에서, 후천은 己에서 시작하는 것이 정역사상의 핵심이다. 그럼에도
왜 戊와 癸가 무극이고, 己와 甲이 태극인가? 첫째 己와 甲을 후천의 새로운 출발점으로 삼
고, 둘째 戊를 무극으로 규정한 것은 왼손을 차례로 甲, 乙, 丙, 丁, 戊 모두 굽힌 것이 정역
팔괘도에서 二天을 상징한다면 己, 庚, 辛, 壬, 癸를 차례로 펼치면 七地가 된다. 그러니까
二天七地를 각각 戊와 癸로 겨냥한 것으로 보인다.

68 '하늘이 다섯'이란 말은 왼손 손가락을 모두 굽힌 상태를 형용하는 陽을, 아래의 '땅이
다섯'이란 말은 왼손 손가락을 모두 편 상태를 형용하는 陰을 상징한다.

69 이들의 관계 역시 對化論으로 풀어야 옳다. 즉 상하의 戊와 癸를 결합하여 戊癸火가 이
루어지는 것처럼 己甲土, 庚乙金, 辛丙水, 壬丁木의 관계가 형성된다. "5운은 5행이 우주나
神機에서 발전하는 변화의 파동인 것이다. 그것이 운동하는 바의 상태는 절대적이 아니라
상대적이기 때문에 5운의 對化작용이라 한다. 甲에서 己에 이르는 운을 甲土運이라고 한
다. 甲에서부터 乙丙丁戊에 이르는 사이는 甲土運의 지배하에 있으므로 모든 변화는 甲運
이 주재한다. 그러나 甲이 다하게 될 무렵에는 己運이 계승한다. 그러므로 甲에서 己에 이

譯註 시공은 무극의 경계에서 '문득' 열려 태극에 이르러 실질적인 생성이 이루어지고, 3재와 4상과 5행 법칙에 의해 만물이 전개된다고 말한다.

오 십 곤 십 오 건
五十坤十五乾,

건 곤 배 합   삼 십 수
乾坤配合, 三十數,

일 월 정 명   삼 십 일
日月正明, 三十日,

일 월 시 각 분   적 상 십 이 기
日月時刻分, 積上十二朞,

정 오 부 자 당 기 삼 백 육 십 일
正吾夫子當朞三百六十日,

천 상 일 일   인 간 일 년   주 회 도 수
天上一日, 人間一年, 周回度數。

5에서 10의 방향을 지향하는 곤坤과 10에서 5의 방향을 지향하는 건乾이 있다.[70] 건곤을 배합한 30수는 일월 운행이 올바르게 밝혀지는 것을 상징한다. 일월 운행이 빚어내는 시각분時刻分[71]이 쌓여 이루어

르는 運을 甲運이라 하는 것인데 이것을 알기 쉽게 甲己運이라고 한다. 그런즉 己에서 甲 사이에 일어나는 運을 (이것과는 반대로) 己甲運이라 하는 것이다."(한동석, 앞의 책, 125-126쪽)

70 5에서 10의 방향으로 진행하여 나타나는 坤은 후천의 地道를, 10에서 5의 방향으로 진행하는 乾은 河圖 후천을 상징한다. 정역팔괘도의 10乾5坤(北南)은 地天泰(䷊)의 세상을 뜻한다.

71 『正易』「十五一言」"金火五頌", "分을 積十五하면 刻이요 刻을 積八하면 時요 時를 積十二하면 日이요 日을 積三十하면 月이요 月을 積十二하면 朞니라" 즉 김일부는 태양과 달의 운행이 빚어내는 시간에 대해 한 달은 30日, 하루는 12時, 1時는 8刻, 1각은 15分으로 정리했다.

진 12달 1년은 "우리 공부자께서 밝힌 1년 360일"[72]로서 천상의 하루 또는 인간세상이 1년 동안 한 바퀴 도는 도수이다.

譯註 『정역』은 10(건, 무극, 토)과 5(곤, 황극, 토)를 중심으로 역법 질서의 근본적 변화 문제를 풀어냈다. 공자孔子가 이미 1년 360일의 논리를 바탕으로 『주역』을 설명했다면, 이에 대해 김일부는 후천의 일월이 빚어내는 발자국은 시간으로는 1년 360일, 공간으로는 정원궤도 360°라는 것으로 밝혔다.

인 묘 진 사 오 미 신 유 술 해 자 축
寅卯辰巳午未申酉戌亥子丑,
일 체 도 수 일 월 지 정
一切度數日月之政,
천 양 지 음 지 양 천 음
天陽地陰地陽天陰。

'인묘진사오미신유술해자축'[73]의 일체 도수와 일월의 정사는 하늘이 양이면 땅은 음이고, 땅이 양이면 하늘은 음인 것이다.

譯註 '인묘진사오미신유술해자축'은 원형이정元亨利貞과 동서남북으로 돌아가는 자연계의 시공간 활동을 가리킨다.

---

72 김일부선생은 『正易』 「十五一言」 "金火五頌"에서 "正吾夫子之朞 當朞三百六十日이니라"이라고 했다.
73 이 대목에서 '寅''으로 시작하는 것은 寅月歲首를, 또한 '亥子丑'으로 끝나는 丑은 후천의 시작을 알리는 신호탄으로서 寅과 丑의 바톤터치라 할 수 있다.

거 자 도 량　　상 천 축　　인 하 천
去子度量, 上天丑, 寅下天,

신 묘 천 중 천 고　　태 양 궁 중
辛卯天中天故, 太陽宮中,

정 사 신 묘 년 신 묘 월 신 묘 일 신 묘 시
政事辛卯年辛卯月辛卯日辛卯時,

일 월 정　　육 십 사 각 팔 시
日月政, 六十四刻八時,

월 일 정　　삼 십 이 각 사 시
月日政, 三十二刻四時,

장 단 주 야　　시 각 분 명
長短晝夜, 時刻分明,

합 구 십 육 각　　정 십 이 시
合九十六刻, 正十二時,

자子로 시작하는 것을 벗어나 계산할 경우에 상천上天이 축丑이라면 인寅은 하천下天이고, 신묘의 하늘은 중천中天[74]인 까닭에 태양궁에서 '신묘년 신묘월 신묘일 신묘시'[75]에 정사가 베풀어진다. 일월日月 정사는 '64각 즉 8시'이고, 월일月日 정사는 '32각 즉 4시'로서 밤낮의 길이와 시각이 분명해진다.[76] 이를 합하면 96에 부합하고 정확히 하루 12

---

74 상천, 중천, 하천은 원래 불교의 세계관에서 비롯되었는데, 조선조 말기에 흥성한 민족종교에서도 우주는 상천, 중천, 하천 등 삼천으로 이루어졌다고 주장한다. 하늘(법계)은 크게 하천, 중천, 상천으로 나눌 수 있다. 보편적 의지를 펼치는 하늘이 상천이며, 주변의 조건에 따라 변화무쌍한 하늘이 하천이다. 때로는 사후세계의 구조를 상천, 중천, 하천으로 나누기도 한다. 종교가 지향하는 곳은 중천이며, 현생에서 특별히 수행을 잘 한 사람은 상천에 갈 수 있다는 믿음이다. 이밖에도 하천은 온갖 동식물이 사는 세계, 중천은 인간이 사는 세계, 상천은 불타처럼 깨달은 이들이 사는 세계를 뜻하기도 한다.

75 년월일시가 왜 辛卯로 통일되었는지의 문제는 더 연구할 과제다. 분명한 사실은 '갑자년 갑자월 갑자일 갑자시'가 萬歲曆에 포착되듯이, '신묘년 신묘월 신묘시 신묘일'의 구조 역시 만세력에서 찾을 수 있다.

76 日月과 月日의 논리적 근거는 『정역』의 無極體位度數[己位]와 皇極體位度數[戊位]에서 찾을 수 있다. 전자는 무극에서 출발하여 61도를 돌아 제자리로 다시 돌아오고, 후자는

시가 되는 것이다.

譯註 이 대목은 정역사상을 응용한 이론이다. 하루를 구성하는 12시 96각의 구성비를 2 : 1로 설정한 것은 매우 흥미롭다.

선 천　　갑 자 을 축 병 인　　삼 재 수　　용 정
先天, 甲子乙丑丙寅, 三才數, 用政,
무 술 궁　　일 월 합 궁　　정 묘 무 진 오 원
戊戌宮, 日月合宮, 丁卯戊辰五元。
선 후 천　　삼 오 궁　　일 입 술　　십 일 귀 체 고
先后天, 三五宮, 日入戌, 十一歸體故,
지 천 해 시
地天亥時,

선천은 갑자, 을축, 병인의 3재 수로 정사를 행하여[77] 무술궁에서 일월이 합궁하므로[78] 정묘, 무진이 5원이 되는 것이다.[79] 선천의 3원과 후천 5원의 집에서 태양이 술戌에 들어가[80] 십일귀체十一歸體가 이루어

황극에서 출발하여 32도(실제로는 30도) 반 바퀴를 돌아 무극으로 귀향한다. 무극 자체는 충족이유의 조건을 갖춘 순수 태양이라면, 황극은 그 역할이 무극의 절반에 해당되는 순수 태음을 가리킨다.

77 ① 선천에서 甲年 甲日과 己年 己日의 한 밤중에 각각 甲子月과 甲子時가 생겨나고, 甲子와 乙丑을 거쳐 丙寅에 이르는 것이 3도인 까닭에 三元頭라 일컫는다.(『正易』 「十一一言」 "三五錯綜五元數", '甲己夜半生甲子 丙寅頭') ② 『天機大要』 「屯月法」, "甲己年丙寅頭, 乙庚年戊寅頭, 丙辛年庚寅頭, 丁壬年壬寅頭, 戊癸年甲寅頭."

78 己巳宮은 무극의 집이고, 戊戌宮은 황극의 집이다.

79 무극이 열 단계를 거친다면, 황극은 다섯 단계를 거치기 때문에 갑자, 을축, 병인, 정묘, 무진까지를 5원이라 표현한 것이다.

80 地支로 戌은 11번 째에 닿고, 또한 5土의 자격으로서 時空의 모체로 회귀하는 과정을 통해 본체로 자리잡는 것을 가리킨다. 낙서(선천)에서는 戌五空이, 하도(후천)에서는 卯八空이 형성된다. 『正易』 「十一一言」 "洛書九宮生成數"에는 "天一生壬水하고 地一成子水니

지는 까닭에[81] (후천의) 지천[82] 세상은 해시亥時[83]에서 시작한다.

譯註 선천의 역법이 3원 질서였다면, 후천 역법은 5원 질서로 바뀐다는 것이 내용이다. 무술궁(황극의 집)에서 일월 운행이 정상화됨으로써 하늘의 원리가 땅에서 완수되는 것을 말했다.

후천　기축경인신묘　삼재수용정
后天, 己丑庚寅辛卯, 三才數用政,

기사궁일월합궁　임진계사후오
己巳宮日月合宮, 壬辰癸巳後五,

선삼　일입술십수용정
先三, 日入戌十數用政,

라 天三生甲木하고 地三成寅木이니라 天七生丙火하고 地七成午火니라 天五生戊土하고 地五成辰土하니 戊五는 空이니라 天九生庚金하고 地九成申金이니라"는 말이 나온다.

81 이 문제는 手指度數로 헤아리면 쉽다. 왼쪽 엄지손가락을 구부려 子에서부터 차례로 구부리기 시작하여 새끼손가락을 굽히면 辰에 닿고, 다시 巳로 펴기 시작하여 巳, 午, 未, 申을 거쳐 酉에서 엄지손가락이 모두 펴지는 모습이 10무극 형상이다. 이처럼 엄지손가락을 펴는 것에서(엄지손가락에 닿자마자) 다시 엄지손가락을 굽히면 戌에 닿은 형상이 1태극과 같다는 뜻이다. 이것이 곧 10무극과 1태극이 같은 손가락에서(엄지손가락이 굽혀진 모습) 만나는 이치를 '십일귀체'라 한다.

82 천지는 선천이고 지천은 후천이라는 것이 정역사상의 기본이다. 즉 천지가 지천으로 바뀌는 사건이 바로 선천을 마감하고 후천으로 진입한다는 뜻이다. 『正易』「十一一言」에 "천지가 지천으로 바뀌니 후천이요 선천이다[天地地天하니 后天先天이니라]"는 말이 나온다. 선천은 天地否(䷋)의 세상이요, 이것이 본질적 변화를 거쳐 후천 地天泰(䷊)의 세상이 온다는 뜻이다.

83 『正易』「十一一言」 "三五錯綜 三元數"에는 선천 역법의 원칙을 설명하는 대목이 있다. "선천에는 甲年 甲日과 己年 己日 사이의 한 밤중에는 각각 甲子月과 甲子時가 생긴다. (갑자에서 을축을 거쳐) 병인을 으뜸으로 삼는다.(3원두)[甲己夜半에 生甲子하니 丙寅頭니라]" 즉 선천은 천간의 甲과 지지의 子가 만나는 甲子로부터 시공간이 시작한다는 뜻이다. 반면에 『正易』「十一一言」 "九二錯綜 五元數"에는 후천 역법의 원칙을 설명하는 대목이 있다. "己年 己日과 甲年 甲日 사이의 한 밤중에는 각각 癸亥月과 癸亥時가 생긴다. (계해에서 갑자와 을축과 병인을 거친 다음) 정묘를 으뜸으로 삼는다.(5원두)[己甲夜半에 生癸亥하니 丁卯頭니라]" 후천은 癸亥時로부터 출발한다는 것이다.

기 해 경 자 신 축 임 인 사 지 천
己亥庚子辛丑壬寅四地天,

계 묘 갑 진 을 사 병 오 정 미 무 신 기 유 칠 천
癸卯甲辰乙巳丙午丁未戊申己酉七天,

주 야 십 일 천
晝夜十一天,

경 술 신 해 임 자 계 축 갑 인 오 지 천
庚戌辛亥壬子癸丑甲寅五地天,

을 묘 병 진 정 사 무 오 기 미 경 신 신 유 임 술 팔 천
乙卯丙辰丁巳戊午己未庚申辛酉壬戌八天,

합 십 삼 천 고　계 해 시 지 천 용 정　후 일 시 분　을 해
合十三天故, 癸亥時地天用政, 后日時分, 乙亥,

후천은 기축·경인·신묘의 3재 수로 정사를 실행하는데, 기사궁[84]에서 일월이 서로 만나므로[合宮] 임진·계사는 뒤로 다섯 번째에 닿고,[85] 앞의 세 단계는 태양이 '술'에 들어가는 10수로 정사를 행하므로[86] 기해·경자·신축·임인은 네 지천[四地天]이고, 계묘·갑진·을사·병오·정미·무신·기유는 7천天으로 이 둘을 합하면[87] 11천天이다. 경술·신해·임자·계축·갑인은 다섯 지천地天이고, 을묘·병진·정사·무오·기미·경신·신유·임술은 8천天이다. 이 둘을 합하면 13천이기 때문에 계해를 으뜸으로 삼는 시간은 지천의 정사를 행하므로 뒷날 시분時分은 을해乙亥에 닿는 것이다.[88]

84 己巳宮은 무극이요, 戊戌宮은 황극이라는 것이 정역사상의 대전제다.
85 후천이 己丑으로 시작하면 기축부터 경인, 신묘, 임진, 계사까지가 다섯 번째에 닿는다.
86 己와 丑은 모두 陰이기 때문에 己丑으로 시작하는 후천은 地道 세상이라는 뜻이다. 기축으로부터 戊戌에서의 '戌'은 열 번 째에 닿는다. 즉 己丑으로부터 戊戌까지가 10이다.
87 원문 晝夜는 밤낮이 이어진 것처럼, '쉬지 않고 계속한다'는 뜻이다. 결국 낮과 밤이 아니라, '합하다'로 풀어야 옳다.
88 癸亥, 甲子, 乙丑, 丙寅, 丁卯, 戊辰, 己巳, 庚午, 辛未, 壬申, 癸酉, 甲戌 다음의 乙亥가 13번 째에 닿는다. 앞 단락의 내용을 이해하기 위한 역법 干支表를 만들면 다음과 같다.

66

譯註 무극의 집인 기사궁은 선천과 후천 시공의 원천이다. 특히 후천의 시공은 기축己丑에 출발하여 무술까지가 10수다. 무술 다음의 기해로부터 임술까지가 바로 24절후(4+7+5+8)의 절도를 상징하는 24도이다.

선 천 자 궁 정　후 천 해 궁 정
先天子宮政, 后天亥宮政,

천 지 친 정　일 월 용 사
天地親政, 日月用事,

축 일 정　인 일 정　묘 시 묘 사 정 각
丑日政, 寅日政, 卯時卯事正覺,

삼 묘 즉 오 묘　십 묘 삼 십 삼 묘　건 곤 궁 야
三卯則五卯, 十卯三十三卯, 乾坤宮也,

건　묘 진 사　곤　오 미 신
乾, 卯辰巳, 坤, 午未申,

일　유 술 해　자 축 인
日, 酉戌亥, 子丑寅,

월　일 시 위 서　사 상 변　팔 괘
月, 日時爲序, 四象變, 八卦,

선천 자궁의 정사가 후천 해궁의 정사로 바뀔 때는 천지가 직접 정사를 베푸는데, 일월이 그 일을 맡는다. 축일丑日 정사와 인일寅日 정사가 묘시卯時의 묘사卯事로 일어나므로 올바르게 깨달아야 할 것이다. 3

己丑	庚寅	辛卯	壬辰	癸巳	甲午	乙未	丙申	丁酉	戊戌
己亥	庚子	辛丑	壬寅	癸卯	甲辰	乙巳	丙午	丁未	戊申
己酉	庚戌	辛亥	壬子	癸丑	甲寅	乙卯	丙辰	丁巳	戊午
己未	庚申	辛酉	壬戌	癸亥	甲子	乙丑	丙寅	丁卯	戊辰
己巳	庚午	辛未	壬申	癸酉	甲戌	乙亥	丙子	丁丑	戊寅
己卯	庚辰	辛巳	壬午	癸未	甲申	乙酉	丙戌	丁亥	戊子

묘가 5묘로 되고, 10묘가 33묘 되는 것은 건곤궁이다. 건乾은 묘·진· 사로 운행하고, 곤坤은 오·미·신으로 운행한다.[89] 하루[日]는 유·술· 해와 자·축·인이다. 한 달[月]은 하루 12시간을 순서로 삼아 4상이 변하여 8괘로 되는 것을 상징한다.

譯註 이 대목 역시 정역사상을 응용한 이론이라 할 수 있다.

건 곤 일 월　월 일 곤 건　수 륙 변 화　만 인 생
乾坤日月, 月日坤乾, 水陸變化, 万人生,

천 궁 지 궁　일 궁 월 궁　삼 십 삼 천　도 솔 천 궁
天宮地宮, 日宮月宮, 三十三天, 兜率天宮,

이 십 팔 수　성 신 공 덕　이 십 팔 일　이 일 존 공
二十八宿, 星辰功德, 二十八日, 二日尊空,

선 일 일　일 월 궁　후 일 일　무 기 궁
先一日, 日月宮, 后一日, 戊己宮,

합 정 품 사　일 일 정　불 가 사 의 공 덕
合政稟事, 一日政, 不可思議功德。

건곤일월乾坤日月이 월일곤건月日坤乾[90]으로 바뀌면 육지에 변동이 생 겨 모든 인류가 살 수 있는 세상이 된다. 천궁과 지궁,[91] 일궁과 월궁,[92]

---

89 건의 묘·진·사는 하루[日]의 유·술·해와 대응하고, 곤의 오·미·신은 하루[日]의 자· 축·인과 대응한다.

90 乾坤日月에서 月日坤乾으로의 전환은 乾坤 선천이 坤乾 후천으로 바뀌는 것이고, 이는 한 달이 30일[月]이 되어 1년 12달 360일로 정립되는 것을 뜻한다.

91 天宮은 无極體位度數를, 地宮은 皇極體位度數를 뜻한다.

92 日宮은 日極體位度數를, 月宮은 月極體位度數를 뜻한다.

33천[93]과 도솔천궁,[94] 28수와 성신들의 공덕이 빚어낸 28일에서 2일이 존공尊空되는데, (2일 가운데) 앞날은 일월궁日月宮이요 뒷날은 무기궁戊己宮이다. 이들이 정사를 결합하여 일을 맡으면 (새로운) 초하루가 생기는데, 참으로 불가사의한 공덕이다.

譯註 선천의 건곤이 후천의 곤건으로 바뀌면 지구에 엄청난 변화가 올 것을 예고하였다. 선천에서 음력은 28인데, 후천은 한달이 꼭 30일이 된다. 이 30일 중에서 '이틀'이 28일에서 30일로 전환되도록 하는 열쇠라고 주장한다.

태 청 태 화 오 화 원 시 무 기 일 월 개 벽 이 년 기 축 구 월
太淸太和五化元始戊己日月開闢二年己丑九月
이 십 일
二十日

계 월 하 욱   봉 서
桂月河旭 奉書。

태청태화 오화원시 무기일월개벽 2년(기축년, 1889년) 9월 20일 계월 하욱[95]은 삼가 받들어 쓰다.

三極說

삼 극 설

– 정역사상의 존재론에 해당하는 무극과 황극과 태극에 대한 이론

要旨 김일부는 주역학에서 말하는 태극음양론을 대체할 논리로서 3극의 존재론을 수립하여 선후천 전환의 기틀을 마련한 다음에 오행생성의 금화교역金火交易 이론을 정립하였다. 그는 새로운 3극론과 음양오행론을 정립하여 존재론과 생성론의 실질적 통합을 외쳐 한국철학의 지평을 새롭게 열어 제쳤다. 여기서는 천명과 도덕의 연관성을 중심으로 풀었다. 그러나 무극과 황극, 황극과 무극, 무극과 태극, 태극과 무극의 관계성에 주의하면서 성리학의 관점과는 확실하게 차별화시켰으나, 선후천 전환의 요지를 분명히 밝히지는 못하였다.

정 역　　　 왈　 황 극 이 무 극 　　 오 십
正易, 曰[96] 皇極而无極, 五十,

무 극 이 태 극 　　 십 일
无極而太極, 十一,

학 지 대 　 막 대 호 도 　 도 지 귀 　 막 귀 호 성 명 야
學之大, 莫大乎道, 道之貴, 莫貴乎性命也,

무 극 이 황 극 자 　 성 명 대 대 지 체
无極而皇極者, 性命對待之體,

황 극 이 무 극 자 　 성 명 변 화 지 도
皇極而无極者, 性命變化之道,[97]

月, 心夫, 貫夫다.

96 '正易曰,' 형식으로 읽어야 옳다. 현대 중국어 문법에서는 '正易曰: '로 표기한다.

97 비록 河相易의 이름으로 출간되었지만, 1909년에 실제 저자인 金貞鉉(1860~?)이 지은 것으로 추정되는 『正易註義』 「十五一言」에 "蓋十五者, 命性待對之體; 十一者, 命性流行之

무 극 이 태 극 자 성 명 유 행 지 리
无極而太極者, 性命流行之理,
태 극 이 무 극 자 성 명 귀 숙 처 야
太極而无極者, 性命歸宿處也,

『정역』은 "황극이면서 무극이니 5이며 10이다. 무극이면서 태극이니 10이며 1이다"[98]라고 말하였다. 학문의 위대함은 도보다 큰 것이 없고, 도의 귀중함은 만물의 본성과 하늘의 명령[性命]보다 귀중한 것이 없다. '무극이면서 황극'이란 것은 만물의 본성과 하늘의 명령이 서로 짝을 이루면서 기다리는 본체요,[99] '황극이면서 무극'은 만물의 본성과 하늘의 명령이 변화하는 도요,[100] '무극이면서 태극'은 만물의 본성과 하늘의 명령이 유행하는 원리요,[101] '태극이면서 무극'은 만물의 본성과 하늘의 명령이 원래의 고향으로 돌아가는 것을 뜻한다.

用; 一言者, 亦聖人謙德之辭."라는 말이 있다.

98 『正易』「十一一言」 "雷風正位用政數", "无極而太極이니 十一이니라 十一은 地德而天道니라 皇極而无極이니 五十이니라 五十은 天度而地數니라" 이정호박사는 '而'를 '이로되'로 번역했다. '무극이로되 태극이다'라는 말이 무극과 태극의 차별성에 초점을 맞춘 번역이라면, '무극이면서 태극이다'라는 말은 무극과 태극의 동일성에 초점을 맞춘 번역이다. 최상의 번역은 이 양자를 함축한 것이지만, 표현이 불가능하므로 어느 한쪽을 선택할 수밖에 없다. 하지만 '无極而太極' 혹은 '皇極而无極'이라는 명제의 결론은 '무극과 태극과 황극' 3자의 진정한 통합을 겨냥한 것이다. 이것이 곧 존재론과 생성론이 하나로 통일되는 논리를 지향한 정역사상의 핵심이라고 할 수 있다.

99 무극은 하늘이요, 황극은 땅이라는 것이 정역사상의 대전제다. 하늘이 땅 위의 생명체에게 각각의 본성[性]을 내려주는 형식이자 내용이 곧 천명[命]이다. 하늘과 땅은 원래부터 서로 영향을 주며 존재하는 관계[待對]라는 것이다.

100 땅(황극)의 존재방식은 생명을 완성하여 하늘(무극)로 되돌리는 것이 목적이기 때문에 변화의 이치[道]라 표현했다.

101 무극과 태극은 자동차의 엔진과 플러그의 역할과 유사하다. 엔진이 없으면 자동차가 움직일 수 없고, 플러그가 없으면 자동차 엔진은 쓸모없기 때문에 무극과 태극은 본체와 작용 관계로 설정되기도 한다. 한동석은 선후천론의 입장에서 무극은 우주창조의 본원, 태극은 우주창조의 본체, 황극은 우주운동의 본체로 규정하였다.

◉三極說 ——

譯註 정역사상의 존재론에 해당하는 3극의 성격을 말하고 있다. 특히 천명天命과, 그 천명이 인간 본질로 주체화된 성명性命의 문제를 각각 변화, 유행과 귀향처로 나누어 설명하였다.

하 위 지 성　원 시 진 여 일 령 경 철　시 야
何謂之性, 元始眞如一靈烱澈, 是也,

하 위 지 명　선 천 지 정 일 기　인 온 유 행　시 야
何謂之命, 先天至精一氣, 氤氳流行, 是也,

연　유 성　변 유 명　유 명　변 유 성
然, 有性, 便有命, 有命, 便有性,

유 무 명　불 립　명 무 성　부 존
性無命, 不立, 命無性, 不存,

성 명 지 리 혼 연 합 일　원 불 가 분 야
性命之理渾然合一, 原不可分也,

본성[性]이란 무엇인가? 생명이 원래부터 진실로 변하지 않으면서 그대로 유지하는 하나의 신령스럽게 지극히 밝고 맑은 것[元始眞如一靈烱澈]이 바로 그것이다. 하늘의 명령[命]이란 무엇인가? 선천의 지극히 정순한 하나의 기운이 왕성하게 유행하는 모습[先天至精一氣氤氳流行]이 그것이다. 그런데 본성이 있으면 곧 천명이 있으며, 천명이 있으면 곧 본성이 있는 것이다. 본성은 천명이 아니면 존립할 수 없고, 천명은 본성이 아니면 인식할(마음에 둘) 수 없기 때문에 성명의 이치는 혼연한 가운데 합일하여 원래부터 나뉠 수 없는 것이다.

譯註 유학의 근본 명제인 천명과 인간 본성의 불가분성을 얘기한다. 천명으로 인해 본성이 생기지만, 본성을 통해 천명을 인식할 수 있다

는 것이다.

<ruby>何<rt>하</rt></ruby>, <ruby>謂<rt>위</rt></ruby><ruby>之<rt>지</rt></ruby><ruby>无<rt>무</rt></ruby><ruby>極<rt>극</rt></ruby>,[102] <ruby>天<rt>천</rt></ruby><ruby>地<rt>지</rt></ruby><ruby>无<rt>무</rt></ruby><ruby>形<rt>형</rt></ruby><ruby>之<rt>지</rt></ruby><ruby>始<rt>시</rt></ruby>, <ruby>渾<rt>혼</rt></ruby><ruby>然<rt>연</rt></ruby><ruby>一<rt>일</rt></ruby><ruby>理<rt>리</rt></ruby>,

何, 謂之无極,[102] 天地无形之始, 渾然一理,

包含万象而冲漠, 無睽是也,

何謂之太極, 天地有形之初, 至精一氣,

包含万理而, 藹然始生, 是也,

何謂之皇極, 五行質具而調和天地陰陽變化之

極功, 是也,

무극이란 무엇인가? 천지가 형체 없던 혼돈의 시초에 하나의 이치가 존재하여 모든 현상을 포함하면서도 깊은 곳에서 움직이지 않아 (이치에) 어그러짐이 없는 것을 가리킨다. 태극이란 무엇인가? 천지는 형체가 생기기 시작하는 시초에 지극히 정순한 하나의 기氣가 모든 이치를 함축하여 한순간도 쉼이 없이 최초로 생명을 낳는 것을 가리킨다. 황극이란 무엇인가? 5행이 바탕을 갖추어 천지음양 변화의 지극한 공능에 조화하는 것을 가리킨다.

太極, 無无極, 無體,

---

102 何, 謂之无極은 何謂之无極으로 붙여 써야 옳다.

무극 무태극 무용
无極, 無太極, 無用,

무극 태극 무 황극 불성
无極太極, 無, 皇極, 不成,[103]

황극 무 무극 태극 불립
皇極, 無无極太極, 不立,

삼극 지 리 역 혼 연 합 일 원 불 가 분 야
三極之理, 亦渾然合一, 原不可分也,

강 이 명 분 왈 삼 극 야
強而名分曰三極也,

태극은 무극이 없으면 본체가 없는 것이요, 무극은 태극이 없으면 작용이 없게 되는 것이다. 무극과 태극은 황극이 없으면 그 목적이 완수될 수 없고, 황극은 무극과 태극이 없으면 존재할 수 없기 때문에 3극 원리는 혼연한 가운데 하나로 합일하여 존재하므로 원래부터 나뉠 수 없는 것을 억지로 이름 붙여 3극이라 하는 것이다.

譯註 무극은 혼돈 이전에 존재하는 시공의 모체이며, 태극은 만물이 형체로 나타나도록 하는 에너지의 근원이며, 황극은 음양오행에 조화를 불어넣는 운동과 힘을 뜻한다. 무극과 태극은 본체와 작용관계로 존재한다. 만일 무극과 태극이 없다면 황극도 존재할 수 없으며, 무극과 태극은 황극에 의해 그 존재 의미가 완수된다는 것이다. 그리고 무극과 태극과 황극은 원래부터 하나로 존재하며, 다만 그 위격에 따른 역할이 다른 까닭에 3극이라 부른다. 주역사상이 괘 구성을 천지인 3재로 설명했다면, 정역사상은 이 3극을 바탕으로 괘 구성 뿐만 아니라 선후천 변화의 형이상학적 근거까지도 밝히고 있다.

---

103 '無皇極'으로 붙여 써야 옳다.

어 기 인 즉 심 성 정　　어 기 덕 즉 지 인 용
語其人則心性情, 語其德則智仁勇,

어 기 행 즉 성 경 신　　어 기 수 즉 십 오 일 야
語其行則誠敬信, 語其數則十五一也,

삼 재 지 리　　삼 도 지 교　　유 차 이 분 언　　유 차 이 합 언
三才之理, 三道之敎, 由此而分焉, 由此而合焉,

만 수 지 상　　역 유 차 이 성 언
万殊之象, 亦由此而成焉,

연　　기 본　　일 무 극 야　　통 자 즉 위 성　　시 차 즉 위 현
然, 其本, 一无極也, 通此則爲聖, 知此則爲賢,

불 통 부 지　　유 미 면 향 인　　내 지 군 자 잠 심 완 색 언
不通不知, 猶未免鄕人, 來之君子潛心玩索焉。

인간의 입장으로 말하면 심성정心性情이요, 덕으로 말하면 지인용智仁勇이요, 행위로 말하면 성경신誠敬信이요, 수로 말하면 10과 5와 1이다. 3재 원리와 3도의 가르침은 이로 말미암아 나뉘고 합해지는 것이고, 만물이 서로 달라지는 현상 역시 이로 말미암아 이루어지는 것이다. 그러나 그 근본은 하나의 무극일 따름이다. 이것을 훤히 꿰뚫으면 성인이 될 수 있고, 이것을 알면 현인이 될 수 있다. 훤히 꿰뚫지 못하거나 알지 못하면 오히려 동네사람도 면치 못할 것이므로 미래의 군자는 마음을 가라앉혀 깊이 새겨야 할 것이다.

譯註 이 대목은 인간의 마음과 연관된 인식의 문제[心性情], 선천적인 인지 능력[智仁勇], 실천의 궁극적 경계에서 획득되는 인간 주체성[誠敬信], 우주질서의 수학적 구조[十五一]를 비롯하여 천지인 3재의 이치와 유불선의 가르침 모두가 무극과 태극과 황극에 근거했고, 심지어 수많은 자연현상도 3극에 뿌리를 두고 있다. 한마디로 태극과

황극이 무극으로 통합된다는 무극대도를 겨냥하고 있다. 미래의 지성인은 3재론을 넘어 김일부가 제시한 3극론에 관심을 가질 것을 권고하고 있다.

二十九点无量圖書說

이 십 구 점 무 량 도 서 설

– 29점으로 이루어진 무량한 하도낙서 이론

要旨 정역사상의 핵심은 선후천 전환의 문제를 얘기한 하도낙서에 압축되어 있다고 말하면서, 하도낙서와 8괘의 논리가 서로 관통하고 있음을 밝히고 있다. 하지만 마지막 부분에서는 김일부의 제자인 하상역이 수도 중에 깨달은 윷판의 원리가 곧 정역사상의 핵심이라는 주장을 펼치고 있다.[104]

정 역 왈　거 변 무 극　십　십 변 시 태 극　일
正易曰, 擧便无極, 十, 十便是太極, 一,

거 중　오　황 극
居中, 五, 皇極,

우 왈 천 포 지 이 원 환　영　지 재 천 이 방 정　체
又曰天包地而圓環, 影, 地載天而方正, 體,

대 재　삼 극 지 도　천 지 위 이 체 영 분
大哉, 三極之道, 天地位而體影分,

일 월　궁 이 역 력 성
日月, 宮而易曆成,

리 기 유 이 만 물 번　신 명　췌 이 정 위 출
理氣囿而万物繁, 神明, 萃而情僞出,

---

104 하도낙서에서 시작하여 하도낙서로 귀결하는 것이 정역사상인데도 불구하고 윷판이 곧 하도낙서의 결론이라고 매듭짓고 있어 당혹스럽다. 제자가 스승인 하상역의 뛰어난 점을 존경한 것은 인정할 수 있다. 그러나 윷의 논리가 하도낙서와 일치하는지의 여부를 검토하지 않고, 하도낙서가 바로 윷이라고 단정하는 태도는 옳지 않다. 이 둘의 관계를 학술적으로 검증하는 것이 우선 과제이기 때문에 전공자들의 천착이 매우 시급하다.

二十九点无量圖書說

상 수 비 이 만 서
象數備而万緒,

기　고 신 이 명 지
起, 故神以明之,

이 정 천 하 지 길 흉　이 통 천 하 지 지 변
以定天下之吉凶, 以通天下之至變,

획 이 도 지　이 정 천 하 지 상 수　이 통 천 하 지 지 리
劃以圖之, 以定天下之象數, 以通天下之至理,

『정역』에 "손을 모두 들어 올리면 곧 무극이니 10이다. 10은 곧 태극
이므로 1이다. (10과 1의) 중앙에 존재하는 5는 황극이다"라 하였고, 또
한 "하늘은 물샐틈없이 땅을 감싸 안고 둥그렇게 도니 그림자다. 땅
은 하늘을 싣고서도 방정하므로 본체이다"[105]라고 하였다. 위대하도
다. 3극의 도여! 천지가 제자리를 잡고 본체와 그림자가 나뉘고, 일월
역시 각자의 집을 지어 새로운 변화의 책력을 이룬다. 리기理氣를 포
괄하여 만물이 번성하고, 신명이 모여들어 옳고 그름이 생겨나고, 상
수가 갖추어져 수 만가지 실마리가 일어나는 까닭에 신령스러움으로
밝혀 천하의 길흉을 정하여 천하의 지극한 변화에 통한다. 획을 긋고
그림을 그려 천하의 상수를 정하고 천하의 지극한 이치에 통한다.

譯註 『정역』 원문을 인용하여 3극론의 정당성을 밝히고, 3극론의 핵
심은 책력의 본질적 변화에 있다고 하였다. 그리고 3극론은 리기理氣
와 상수象數의 문제를 내포하고 있다고 강조한다.

---

105 『正易』 「十五一言」, "擧便无極이시니 十이니라 十便是太極이시니 一이니라 一이 无十
이면 无體요 十이 无一이면 无用이니 合하면 土라 居中이 五니 皇極이시니라 地는 載天而
方正하니 體니라 天은 包地而圓環하니 影이니라 理氣囿焉하고 神明萃焉이니라"

부 도 서　　천 지 지 도　　비 이 만 물 지 리　　현
夫圖書, 天地之道, 備而万物之理, 現,

만 사 지 능　　필 의
万事之能, 畢矣,

천 지 미 판 지 초
天地未判之初,

전 일 기 이 혼 돈　　구 중 리 이 함 만 상
全一氣而混沌, 具衆理而含万象,

대저 도서圖書란 천지의 도를 갖추어 만물의 이치가 드러나 있고, 만
사의 일에 능통하여 끝마칠 수 있다. 천지가 아직 나뉘어지기 이전에
　　　　　　　　　　　　　　　　　　일기
이미 혼돈한 상태의 온전한 하나의 기[一氣]가 온갖 이치와 수많은
형상을 함축하고 있었다.

譯註 하도낙서에는 천지가 어떻게 구성되어 생성되는가의 원리가 함
축되어 있으며, 심지어 천지가 만들어지기 이전인 혼돈상태에 이미 만
물의 보편적 이치가 질서화되어 내재되어 있다는 것을 말하고 있다.

연　　미 상 유 수 이 불 가 이 명 명 천 하 지 상 의
然, 未嘗有數而不可以命名天下之象矣,

지 어 도 출 연 후　　가 득 이 언 천 하 고 금 지 리 야
至於圖出然後, 可得以言天下古今之理也,

고 성 인　　관 천 지 지 문　　찰 인 물 지 정
故聖人, 觀天地之文, 察人物之情,

통 신 명 지 화　　획 이 상 지
統神明之化, 劃而象之,

선 천 하 이 개 기 물　　후 천 하 이 성 기 무
先天下而開其物, 後天下而成其務,

이 명 천 지 일 월 성 신 지 도　　이 정 제 왕 신 민 지 법
以明天地日月星辰之道, 以正帝王臣民之法,

소 이 천 강 성 인 이 시 지 신 물　　내 도 내 서
所以天降聖人而示之神物, 乃圖乃書,

도 서 지 리　　후 천 선 천
圖書之理, 后天先天,

천 지 지 도 기 제 미 제　　수 시 변 역　　이 종 도 야
天地之道旣濟未濟, 隨時變易, 以從道也,

그러나 일찍이 수의 질서조차 없었으므로 천하의 현상에 이름 붙일 수 없었다. 그림[圖]이 출현한 뒤에야 비로소 고금의 이치를 말할 수 있게 되었다. 그러므로 성인께서 천지의 율동상[文]을 통관하고 인간과 사물의 실정을 살펴서 신명의 조화를 통합하여 획을 그어 상징화했으며, 천하 사람보다 앞서서 사물의 이치를 열고 천하 사람보다 뒤에 일을 완수하여 천지와 일월성신의 도를 밝히고 제왕과 신하의 법도를 올바르게 하였다. 이런 까닭에 하늘이 성인을 내리셔서 신물神物을 보여주시니 하도와 낙서가 바로 그것이다. 도서圖書의 원리는 후천과 선천이요,[106] 천지의 도는 기제괘와 미제괘[107]로서 시간의 흐름에 따라 변화하고 도의 움직임에 따르는 것이다.[108]

譯註 전통 주역학은 복희팔괘와 문왕팔괘로 세상의 구성과 전개를 설명해 왔다. 하지만 정역사상은 하도낙서에서 출발하여 하도낙서로

---

106 하도는 후천이 오는 것을, 낙서는 선천이 굴러가는 원리를 알려준다는 뜻이다. 김일부는 기제괘와 미제괘를 통한 괘의 논리로 천지가 둥글어가는 이치를 밝힌 것이라는 의미에서 하도낙서가 선후천 전환을 얘기한 것이라면, 괘(기제괘와 미제괘)의 논리는 현재의 세상을 설명하는 방법이라고 차별화했다.

107 『正易』「十五一言」, "天地之理는 三元이니라 元降聖人하시고 示之神物하시니 乃圖乃書니라 圖書之理는 后天先天이요 天地之道는 旣濟未濟니라"

108 "隨時變易, 以從道也"는 程伊川의 『易程傳』에 나오는 글이다.

귀결되는 까닭에 도서상수론圖書象數論으로 불린다. 일반 상수론은 이 세상이 합리적 방식으로 생성 발전하는 과정에 있다는 것을 입증한 체계라면, 정역사상의 하도낙서학은 선후천 변화에 초점이 맞추어진 체계이다. 특히 하도낙서는 하늘이 성인에게 내려준 최고의 선물[神物]로서 선후천 변화가 일어나는 이유와 과정과 목적을 밝히는 유효한 수단이라고 말한다. 이를 밝힌 성인의 학문이 곧 역학이라는 것이다.

伏羲之德, 上達于天而天降其祥,

通於天者河而龍之化, 至神至變,

故神龍, 負圖而出河,

夏禹之德, 下配于地而中於地者,

洛而龜之德, 至靈至明, 故, 靈龜負書而出洛,

복희의 덕은 위로는 하늘에 닿아 하늘이 상서로움을 내려 보낸 것이다. 하늘의 뜻에 통하여 황하에서 나온 용의 조화가 지극히 신령스럽고 변화에 극진하기 때문에 신룡神龍이 그림[圖 = 하도]을 등에 지고 황하에서 출현한 것이다. 하나라 우임금의 덕은 아래로 땅에 짝하고 땅의 원리를 꿰뚫어 낙수에 나온 거북이가 지극히 신령하고 밝고 밝기 때문에 신령한 거북이가 글[書 = 낙서]을 등에 짊어지고 낙수에 출현한 것이다.

譯註 하늘은 복희에게 하도를 내려주었고, 땅의 이치를 깨달은 우임금에게는 낙서를 베풀었다. 그리고 천지가 존재하는 목적을 알 수 있는 최상의 방법은 하도낙서 만큼 좋은 것은 없다고 얘기한다.

복 희 견 도 이 괘 지 계 지 　 이 대 결 승 지 정
伏羲見圖而卦之契之, 以代結繩之政,
대 우 견 서 이 주 지 정 지 　 이 정 홍 범 지 도
大禹見書而州之井之, 以正洪範之度,
문 왕 　 변 역 이 구 궁 　 공 자 　 만 희 이 십 익
文王, 變易而九宮, 孔子, 晚喜而十翼,
소 자 　 정 자 　 주 자 　 연 이 설 지
邵子, 程子, 朱子, 演而說之,
극 발 선 성 지 지 이 통 명 선 후 천 지 리 의
克發先聖之旨而統明先后天之理矣,

복희는 하도를 보고 깨달아 괘의 논리로 합치시켜 결승結繩의 정치로 대신했으며, 우임금은 낙서를 보고서 우물 정井 자의 형태로 행정구역을 나누어 홍범洪範의 도수를 올바르게 하였다. 문왕은 변화를 바탕으로 9궁九宮을 지었고, 공자는 만년에 역을 즐겨 십익十翼[109]을 지었고, 소강절邵康節(1011~1077)과 정이천程伊川(1033~1107)과 주자朱子(1130~1200)는 이를 부연 설명하여 앞선 시대의 성인들의 뜻을 극진히 발현시키고 선후천 원리를 통합하여 밝혔다.

---

109 열 개의 날개라는 뜻의 '十翼'은 易經 본문의 핵심을 해석한 글이다. 「彖傳」上下, 「象傳」上下, 「文言傳」, 「繫辭傳」上下, 「說卦傳」, 「序卦傳」, 「雜卦傳」 등으로 흔히 易傳으로 불린다.

正易圖書

譯註 이 대목은 성인의 계보를 제시하고 있다. 복희는 하도에 근거하여 괘도를 긋고, 우임금은 낙서에 근거한 정전법井田法으로 홍범의 도수를 밝혔고, 문왕은 변화를 설명하기에 편리한 9궁도를, 공자는 십익을 지었고, 소강절과 정이천과 주자는 선배들의 업적을 바탕으로 선후천의 이치를 밝혔다.

당 아 무 기 개 벽 무 량 축 회 지 운
當我戊己開闢无量丑會之運,

천 지 지 대 도　근 아 대 동 이 덕 아 양 악
天地之大道, 根我大東而德我良嶽,

고 유 오 부 자 김 일 부　수 출 어 축 회 지 상 원
故惟吾夫子金一夫, 首出於丑會之上元,

조 술 천 지　헌 장 성 신
祖述天地, 憲章聖神,

계 희 문 지 통 이 정 역 성 괘　시 용 십 수
繼義文之統而正易成卦, 始用十數,

이 명 천 시　통 합 삼 극　통 행 삼 도　입 언 저 서
以明天時, 統合三極, 通行三道, 立言著書,

이 조 후 세　진 아 무 량 옹 지 무 량 화 부
以詔後世, 儘我无量翁之无量化夫,

우리는 무기戊己[110]로 시작하는 개벽의 무량한 축회丑會의 운도에 이

---

110 정역사상은 선후천의 교체를 천간지지의 변화로 설명한다. 천간이 甲에서 己로 바뀌면 지지도 바뀌는 것이 당연하다. 지지는 子丑寅卯辰巳午未申酉戌亥로 끝난다. 지지는 땅의 원리인 만큼 終始原理가 적용되기 때문에 5元 운동을 하는 후천은 亥子丑寅卯의 중심인 丑이 후천의 시작점이 되는 것이다. 한마디로 천간의 己와 지지의 丑이 결합한 己丑이 후천의 시작이며, 후천은 지지 중심의 세상이므로 '丑會之運'은 己丑年의 '丑'을 강조한 것이다. 그런데 김일부의 제자들은 戊子年(1888)과 己丑年(1889)을 후천이 시작하는 실제 햇수로 삼았다.

르렀다. 천지의 위대한 도가 우리나라[大東]에 뿌리를 두고, 덕은 우리나라 큰 산에 있기 때문에 우리 김일부 선생께서 축회의 상원上元에 가장 먼저 출현하시어 천지의 뜻을 밝히시고 신령스런 성인들의 깨우침을 빛내셨다. 복희와 문왕의 도통을 계승하여 처음으로 10수를 사용하는 정역팔괘를 완성하여 하늘이 만물을 주관하는 시간의 비밀[天時]을 밝히고, 3극을 통합하여 (유불선) 3도를 소통시켜 논리를 세우고 저서를 지어 후세를 기다린 것은 진실로 우리의 한없는 조화옹의 무량한 조화로다.

譯註 천지는 김일부로 하여금 후천이 오는 이치를 밝히도록 하는 사명을 내렸고, 특히 조선땅 한반도를 천지의 꿈이 달성되는 지구의 배꼽으로 삼았다는 사실이 그 증거라고 표현했다. 따라서 김일부가 시간의 근원적 질서를 헤아려 후세에 전달한 것은 하나님의 축복이라고 강조하였다.

관 부 하 선 생　을 유 춘
貫夫河先生, 乙酉春,

시 지 우 부 자 지 문 정 이 월 삼 년 무 자 삼 월 병 진
始贊于夫子之門庭而越三年戊子三月丙辰

건 십 삼 일 갑 자 수 도 우 고 산 선 야 동
建十三日甲子修道于高山仙冶洞,

시 적 정 개 벽 지 회
時適丁開闢之會,

천 지 역 위 이 정 후 천
天地易位而正后天,

일 월　교 궁 이 광 화　신 명 췌 이 존 화
日月, 交宮而光華, 神明萃而存化,

<ruby>河<rt>하</rt></ruby> <ruby>先<rt>선</rt></ruby> <ruby>生<rt>생</rt></ruby> <ruby>忽<rt>홀</rt></ruby> <ruby>然<rt>연</rt></ruby> <ruby>感<rt>감</rt></ruby> <ruby>應<rt>응</rt></ruby>, <ruby>以<rt>이</rt></ruby> <ruby>二<rt>이</rt></ruby> <ruby>盂<rt>우</rt></ruby> <ruby>水<rt>수</rt></ruby>,

河先生忽然感應, 以二盂水,

互換天地日月變易之政,

左手指, 三合而揮打四稜硯,

三点成圖, 以應三極之度,

右手指五合而揮打八稜硯,

二十九点成圖, 以應天地之度也,

二十九者, 天度也, 除以四象則二十五,

地度成位而三十三天,

三十六宮, 二十八宿, 周天列曜,

律呂度數, 造化功用, 立矣,

관부貫夫 하선생[111]이 을유년(1885년)에 처음으로 김일부 선생님의 문하
생이 되었고, 3년이 지난 무자년(1888년) 병진월(3월) 갑자일(13일)에 고산
선야동[112]에 수도장을 세웠다. 때마침 개벽 모임에서 천지가 (지천으로)
바뀌어 후천이 올바르게 되고, 일월이 서로 집을 교환하여 빛이 빛나
고, 신명이 모여 조화가 존속하는 것을 깨달았다. 하상역선생이 홀연
히 감응하여 두 개의 발우에 담긴 물을 천지일월이 변화하는 정사로

---

111 河相易을 가리킨다.
112 고산 선야동은 지금의 전라북도 완주군에 있다. 완주군의 옛 지명이 高山郡이다.

비유하였다. 왼손 손가락으로 세 번에 걸쳐 사각형 벼룻돌을 휘둘러 치니 3극의 도수에 부합하는 세 개의 점으로 된 그림이 생겼다. 오른손 손가락으로 다섯 번에 걸쳐 휘둘러 치자 8각형 벼루에 천지의 도수에 부합하는 29개의 점으로 된 그림이 생겼다.[113] 29는 하늘의 도수[天度]로서 거기서 4상[四象]을 제외하면 25인데, 땅의 도수[地度]는 그 공간적 위치를 이루어 33천, 36궁, 28수가 하늘을 둘러싸 빛내면서 율려도수와 조화의 공용이 수립되는 것[114]이다.

譯註 하상역은 26세 때 처음으로 김일부의 제자로 입문하였다가 30세에는 윷판으로 정역사상을 이해하는 신비체험을 겪는다. 윷판에 새겨진 도상은 율려도수와 연관이 있는 일종의 천문天文의 방정식이라고 결론지었다.

<ruby>故<rt>고</rt></ruby> <ruby>兩儀<rt>양 의</rt></ruby>, <ruby>四象五行<rt>사 상 오 행</rt></ruby>, <ruby>八卦<rt>팔 괘</rt></ruby>, <ruby>九宮<rt>구 궁</rt></ruby>, <ruby>十數干支之度<rt>십 수 간 지 지 도</rt></ruby>,
故兩儀, 四象五行, 八卦, 九宮, 十數干支之度,

<ruby>元亨利貞<rt>원 형 이 정</rt></ruby>, <ruby>春夏秋冬之運<rt>춘 하 추 동 지 운</rt></ruby>, <ruby>成位以行先后天<rt>성 위 이 행 선 후 천</rt></ruby>,
元亨利貞, 春夏秋冬之運, 成位以行先后天,

<ruby>甲乙會<rt>갑 을 회</rt></ruby>, <ruby>易曆之道<rt>역 력 지 도</rt></ruby>,
甲乙會, 易曆之道,

---

113 임채우, 「윷문화 계승의 당위성과 윷학의 필요성」 『2013 전통문화계승 학술대회』, 한국윷문화연구소, 17쪽. "하상역이 고천축회에서 일월을 상징하는 정안수를 떠놓고 팔각벼루를 치자 윷판과 같은 29점이 나타났고, 사각벼루에서는 삼각형의 3점이 출현했다는 것이다. 河相易과 金永坤은 윷판의 원리를 제창하면서 대종교를 창립 포교하였다. 윷말판의 배열은 외부의 원형에 20점, 내부 십자형에 9점으로 모두 29점으로 구성되어 있는데, 이 윷말판 29점의 배열이 一夫 正易의 기본원리이다." 하상역은 윷판을 통해 하도낙서를 대체하는 새로운 철학을 제시했다는 것이다.

114 『正易』「十五一言」 "金火五頌", "嗚呼, 金火互易, 不易正易, 晦朔弦望 進退屈伸 律呂度數 造化功用, 立. 聖人所不言, 豈一夫敢言, 時命."

제 요 지 기　삼 백 유 육 순　육 일 지 정
帝堯之朞, 三百有六旬, 六日之政,

제 순 지 기　삼 백 육 십 오 도　사 분 도 지 일 지 정
帝舜之朞, 三百六十五度, 四分度之一之政,

중 위 이 영 야
中位而影也,

부 자 지 기　삼 백 칠 십 오 이 대 명
夫子之朞, 三百七十五而大明,

사 상 분 체 도 삼 백　일 원 추 연 수 칠 십 오
四象分體度三百, 一元推衍數七十五,

합 도 이 십 오　존 공　삼 백 육 십 당 기 이 정
合度而十五, 尊空, 三百六十當朞而正,

이 십 사 절　당 일 이 복
二十四節, 當日而復,

후 천 축 회 지 력　무 량 정 명 의
后天丑會之曆, 无量正明矣,

그러므로 양의, 4상과 5행, 8괘, 9궁, 10수의 간지도수와 원형이정, 춘하추동의 운행이 각각의 자리를 이루어 선후천을 운행시킨다. 갑을회甲乙會에 사용하는 역과 역법의 원칙에서 요임금의 1년 날수[朞기]는 366일의 정사이고, 순임금의 1년 날수는 365¼도의 정사를 중앙의 위치에서 그림자[影영]로 작용한다. 그러나 일부선생[115]의 1년 날수 375도度는 4상분체도四象分體度 300과 일원추연수一元推衍數[116] 75의 도수를

---

115 동양사회에서 夫子는 오직 孔子였으나, 김일부의 제자들은 스승을 공자와 어깨를 겨누거나 혹은 능가하는 존재로 추앙하여 夫子로 일컬었다.

116 『正易』「十五一言」에는 "四象分體度는 一百五十九니라 一元推衍數는 二百一十六이니라"는 내용이 나온다. 4상이란 천지와 일월을 뜻하는 己位와 戊位, 太陽과 太陰을 가리킨다. 이들이 각각 한 바퀴 운행하는 도수는 61, 32, 36, 30이다. 그것은 생명이 태어나서 점차 익어가는 과정을 뜻하는 胞, 胎, 養, 生, 成의 순서를 갖고 본체가 자리 잡는 도수[分體度]의 총합이 곧 61+32+36+30=159라는 것이다. 三元(天皇, 地皇, 人皇)이 하나로 통합된 一元이 '乾卦의 用九' 법칙에 의해 최대로 성장하는 과정은 9×7=63, 9×8=72, 9×9=81의 3

더한 것으로 크게 밝혀졌으며, 여기서 15를 존공尊空[117]하면 1년은 언제나 360일로 올바르게 되어 24절기가 날짜에 맞도록 회복함으로써 후천 축회丑會의 달력이 무량토록 옳게 밝아질 것이다.

譯註 선천 윤역閏曆은 천지의 몸통이 기울어져 있는 까닭에 일월이 타원궤도로 돌아 1년 365¼일이지만, 후천 정역正曆은 1년 360일이 형성된다. 김일부는 이를 하늘과 땅, 태양과 태음이 태어나서 자라나는 과정으로 풀어내어 후천 '축회丑會'의 운수가 다가오고 있음을 밝혔다.

차 부 겸 포 하 락 도 서 지 리 수 이 능 진
且夫兼包河洛圖書之理數而能盡,
천 지 생 성 변 화 지 도
天地生成變化之道,
기 하 일 점　천 일 지 상 야　기 상 일 점　지 이 지 상 야
其下一点, 天一之象也, 其上一点, 地二之象也,
기 좌 일 점　천 삼 지 상 야　기 우 일 점　지 사 지 상 야
其左一点, 天三之象也, 其右一点, 地四之象也,
기 중 일 점　천 오 지 상 야　하 도 생 생 좌 선 지 도 야
其中一点, 天五之象也, 河圖生生左旋之度也,
기 하 일 점　역 천 일 지 상 야
其下一点, 亦天一之象也,

단계로 전개되어 63+72+81=216의 등식이 이루어진다. 이들의 합은 159+216=375인데, 여기서 15는 10무극과 5황극의 본체인 까닭에 375−15=360이 성립되어 1년 360일이 만들어지는 것이다.

117 '空의 位格으로 높인다[尊空]'는 것은 본체의 자리로 환원시킨다[歸體]는 말과 동일하다. 전체 도수 375에서 천지 아버지와 어머니에 해당하는 15를 존귀한 본체의 자리로 모셔 실제 운행에는 사용하지 않는다는 뜻이므로 결국 375−15=360의 등식이 성립하는 것이다.

기 좌 일 점　　　역 천 삼 지 상 야
其左一点, 亦天三之象也,

기 중 일 점　　　역 천 오 지 상 야
其中一点, 亦天五之象也,

기 우 일 점　　　역 천 칠 지 상 야
其右一点, 亦天七之象也,

기 상 일 점　　　역 천 구 지 상 야
其上一点, 亦天九之象也,

낙 서 성 성 우 선 지 도 야
洛書成成右旋之度也,

그리고 (윷판은) 하도낙서의 수리[理數]를 함축하여 능히 천지 생성변화의 도를 다 표현할 수 있다. 아래의 한 점은 천일天一의 모습이요, 위의 한 점은 지이地二의 모습이요, 왼쪽의 한 점은 천삼天三의 모습이요, 오른쪽의 한 점은 지사地四의 모습이요, 이들의 중앙에 있는 점은 천오天五의 모습으로 하도가 좌선左旋 방향으로 생명을 낳고 낳는 질서[度]이다. 그 아래의 한 점은 또한 천일天一의 모습이요, 왼쪽의 한 점은 또한 천삼天三의 모습이요, 그 중앙에 있는 한 점은 또한 천오天五의 모습이요, 오른쪽의 점은 또한 천칠天七의 모습이요, 위의 한 점은 또한 천구天九의 모습으로 낙서가 우선右旋으로 생명을 완성하고 완성하는 질서[度]이다.

譯註 하도와 낙서 도상에 투영된 수리철학은 하늘과 땅이 생성변화하는 이치와 과정을 설명하기 충분하다. 하도가 생명을 낳는 설계도라면, 낙서는 생명을 성숙시키는 질서임을 밝히고 있다.

이 칠　입 중 궁 지 중 위 이 성 화　구 궁 용 정
二七, 入中宮之中位而成化, 九宮用政,

사 오 원 환 이 무 량　천 십 지 십　성 위 이 사 극
四五圓環而无量, 天十地十, 成位而四極,

출 지 상 삼 십 육 도
出地上三十六度,

지 구 성 륙 이 오 백 사 십 만 리 개 맥
地球成陸而五百四十萬里開陌,

지 평 천 성　인 물 명 화 야
地平天成, 人物明化也,

오 대 주 분 부 이 각 구 일 하 도 이 통 화
五大洲分部而各具一河圖而通化,

정 역 소 위 포 오 함 육　십 퇴 일 진 지 위　시 야
正易所謂包五含六, 十退一進之位, 是也,

2천과 7지[118]는 중궁中宮조화를 이루어 9궁의 정사를 펼치고,[119] 4와 5
는 둥근 고리를 만들어 무량하고, 천십天十과 지십地十은 정위正位로
완성되어 4극이 지상 36도를 나와 지구는 육지가 540만 리를 이루는
지평천성地平天成[120]의 세상으로 인간과 만물이 밝게 변화된다. 오대
주 각 대륙은 각각 하나의 하도河圖를 갖추어 변화가 통용되는데, 이
는 『정역』의 이른바 "5를 포함하고 6을 함유하여 10이 물러나면 1은
나아가는 위치"[121]라 한 것이 바로 그것이다.

---

118 2天은 왼손의 손가락을 모두 굽힌 상태를, 7地는 손가락을 모두 편 상태를 형용한다.

119 이는 木(3, 8) → 火(2, 7) → 土(5, 10) → 金(4, 9) → 水(1, 6)로 진행하는 5행의 相生圖와
흡사하다.

120 『書經』「虞書」"大禹謨篇", "帝曰 兪. 地平天成, 六府三事允治, 萬歲永賴時乃功." 전통
에서 말하는 '地平天成'은 임금이 어진 정사를 베풀어 태평성대를 이루는 경계를 가리키
지만, 정역사상에서 말하는 '地平天成'은 선천이 후천으로 전환되어 하늘의 원리가 땅에서
이루어져 선천의 하늘 중심의 세상에서 후천의 땅 중심의 세상으로 바뀌는 유토피아의 도래
를 뜻한다.

121 『正易』「十一一言」"十一歸體詩", '一夫所謂包五含六 十退一進之位.' 김일부가 말한

譯註 새로운 정역팔괘도의 형상처럼 지천태地天泰(☷☰)의 세상이 오면 지축이 똑바로 서고, 오대양을 비롯한 각 대륙에 하도가 꿈꾸는 이상향의 세계가 펼쳐진다는 것을 말한다.

분 이 재 리 즉 유 만 수 이 응 만 물 지 수
分而在理則有万殊而應万物之數,

합 이 재 도 즉 무 이 치 이 성 태 극
合而在道則無二致而成太極,

시 재 시 재　 무 량 성 세
時哉時哉, 无量聖世,

공 부 자 상 탄 왈 하 불 출 도　 봉 조 부 지　 오 이 의
孔夫子嘗歎曰河不出圖, 鳳鳥不至, 吾已矣,

후 생 가 외　 신 금 일 이 연 여
后生可畏, 信今日而然歟,

차 도 상 수 이 구 이 전 지 구 의
此圖象數已具而傳之久矣,

세 위 유 판 이 회 무 유 지 자
世謂儒板而會無有知者,

물 각 유 주 이 천 공　 대 기 시　 대 기 인 이 연 여
物各有主而天工, 待其時, 待其人而然歟,

지 차 위 후 천 무 량 도 서 즉 숙 가 신 재
指此謂后天无量圖書則孰可信哉,

'包五舍六'은 수지도수 입장에서 보면 아주 편리하다. '包五'는 낙서에서 1水, 2火, 3木, 4金, 5土로 진행하는 왼손 새끼손가락을 모두 굽힌 상태가 5라면, 이 5를 굽히자마자 곧바로 새끼손가락을 편 상태를 '舍六'이라 한다. 그것은 하도에서 10土, 9金, 8木, 7火, 6水로 진행하는 6이 왼손 엄지손가락에 굽힌 상태로 닿는 것과 유사하다. 그러니까 '包五舍六'은 왼손 새끼손가락에서 하도의 6과 낙서의 5가가 만나는 것을 뜻한다. 한편 '十退一進'는 왼손 엄지손가락을 모두 편 상태인 10무극[十退]을 곧바로 굽히는 모습은 1태극[一進]을 상징한다. 이는 결국 엄지손가락에서 굽히고 펴는 현상이 '동시에' 나타나는 것을 의미한다. 그것은 낙서에서는 1태극이, 하도에서는 10무극을 형용하는 엄지손가락이 펴지거나 굽힌 상태를 지적한 것이다.

연　특유발명지대의
然, 特有發明之大矣,

분리의 원칙에서 개체에 깃든 만물의 이치[萬殊]는 만물의 수와 부
응하며, 통합하여 도의 측면에 보면 둘로 나뉘지 않는 태극을 이룬다.
시간이여! 시간이여! 무량한 성스러운 세상을 공자께서는 일찍이 다
음과 같이 찬양하였다. "황하에서 그림(하도)이 나오지 않으며, 봉황새
도 오지 않으니 나는 이미 끝났구나. 뒤에 나는 자가 두려워할 만하
다"[122]고 했는데, 진실로 오늘을 두고 그런 것 같다. 이 그림에 상수가
갖추어져 전승된 것이 이미 오래되었거늘 세상 사람들이 유판儒板[123]
이라 일컬었으나 일찍이 아는 사람이 없었다. 물건에는 각각 주인이
있듯이, 하늘의 일은 시간과 사람을 기다려 그렇게 되는 것이로다. 이
것을 가리켜 '후천무량도서后天無量圖書'라 불렀는데, 이를 누가 믿을
수 있겠는가? 그런데도 특별히 발명한 것이 위대하다.

譯註 이 글은 유학자들이 세상을 읽는 큰 틀[儒板]유판[124]을 윷판으로 인
식했다는 정보를 알려 주고 있다. 과연 하도낙서와 윷의 원리가 동일
한 근원인가, 아니면 윷의 질서를 하도낙서로부터 독립시킨 것인지는
더 연구할 과제로 보인다.

---

122 『論語』「子罕篇」, "鳳凰不至, 河不出圖, 吾已矣夫··· 後生可畏."
123 우리말로는 '윷판'이다. 윷의 원리는 달력과 밀접한 관련이 있다. "달력은 달 변화의 역
사를 뜻한다. 그것은 달이 변화하는 과정을 설명한 것이 달력이란 소리로 정착된 것이다.
현재의 달력은 윷판과 똑같이 생겼다. 이는 시간과 관련된 놀이임을 알 수 있다."(신민수,
「윷판의 모양은 달력의 설계도」, 네이버 웹문서)
124 한편 '儒板'은 유교를 중심으로 유불선이 하나로 통일된다는 뜻에서 후천을 '유학자
(선비)들의 세상'이라는 견해도 설득력이 있다.

正易圖書

자고다유도서　이개유주　차독무주
自古多有圖書, 而皆有主, 此獨无主,

천지신명　암장어속루이명시명인야
天地神明, 暗藏於俗累而命時命人也,

시지명명이선생성차도
時至命明而先生成此圖,

겸부삼십삼천도솔천지도
兼負三十三天兜率天之圖,

삼시도립어수중
三時倒立於水中,

구호용화출세이적행삼백여리　기비시호명야
口呼龍華出世而赤行三百餘里, 豈非時乎命耶,

예전부터 수많은 도서圖書가 존재했다. 모든 것에는 주인이 있으나, 이 것 만큼은 주인이 없다. 천지신명이 세속에 몰래 숨겨놓았으나 시간 과 인간에게 명령을 내리고 있는 셈이다. 마침내 시간이 이르러 밝히 라는 명령이 있기 때문에 선생이 이 그림을 완성하고, 아울러 33천 도 솔천兜率天 그림을 등에 지고 세 시간 동안 물 속에서 거꾸로 서서 용 화가 출세했다고 입으로 외치고, 300여 리를 발가벗고 걸어간 것[赤^적 行^행]이 어찌 시간의 섭리와 천명이 아니겠는가?

譯註 이 글은 윷판의 도상이 오랫동안 깊숙이 감추어져 그 원리가 밝혀지지 않다가 하늘이 비로소 특정한 인물로 하여금 세상에 알리 라는 명령을 내렸다고 서술하고 있다. 하상역이 윷판의 그림과 33천 도솔천 그림을 짊어지고 (일설에는 서울 한강) 물 속에서 세 시간동안 서 있었다는 신비로운 일은 진실로 시간의 섭리 또는 천명이 아니면 불 가능하다고 말하여 스승에 대한 존경심을 드러내고 있다.

삼 극 합 도 지 천 합 덕　　인 물 공 락 인 수 지 역
三極合道地天合德, 人物共樂仁壽之域,

만 방 함 녕　　무 량 지 세
萬邦咸寧, 无量之世,

대 재 후 천　　만 화 만 명 만 합 지 성 명 야 부
大哉后天, 萬化萬明萬合之聖明也夫,

무극과 태극과 황극이 하나의 도로 귀결되어 지천地天으로 합덕하면
인간과 만물이 똑같이 어질게 오래도록 사는 지경에서 즐기고, 만국
이 모두 평안한 무량한 세상이 된다. 위대하도다. 후천이여! 온갖 조
화와 최상의 밝음과 최고의 화합이 이루어지는 성스럽고 거룩한 밝
음이여!

譯註 정역사상의 존재론을 구성하는 무극과 태극과 황극이 하나로
통합되는 후천은 모든 생명체가 공존 번영하는 세상이다. 한마디로
음양오행의 조화造化로 이루어지는 후천은 조화調和의 극치라는 것
이다.

여 년 이 십 갑 오 동　　역 시 지 우
余年二十甲午冬, 亦始贄于,

부 자 지 문 정 이 학 선 후 천 변 역 지 도 의
夫子之門庭而學先后天變易之道矣,

월 오 년 무 술 춘
越五年戊戌春,

부 자 명 여 수 후 천 지 화 어 하 계 월
夫子命余受后天之化於河桂月

계 월 관 부 선 생 초 호　　일 부 부 자 소 사 야
桂月貫夫先生初號　一夫夫子所賜也

고 월 구 년 병 오 동 종 하 선 생 강 도 어 사 명 산
故越九年丙午冬, 從河先生, 講道於四明山,

우 도 서 지 리 약 통 의
右圖書之理, 畧通矣,

불 고 시 비 감 설 천 지 변 역 지 도
不顧是非, 敢說天地變易之道,

죄 선 죄 후 무 소 도 야
罪先罪后, 無所逃也,

연 시 호 명 야 부
然時乎命也夫。

내 나이 20세 갑오년(1894년) 겨울에 처음으로 또한 김일부 선생님의
문하생이 되어[125] 선후천 변화의 도를 배웠다. 5년이 지난 무술년(1898
년) 봄에 (일부)선생님께서 나에게 후천의 조화를 하계월河桂月(계월桂
月과 관부貫夫는 선생이 가진 최초의 호로 일부선생님께서 내려주신
것이다)에게 배우라고 명하셨다. 그래서 9년이 지난 병오년(1906년) 겨
울에 하계월선생을 좇아 네 곳의 명산[四明山](사명산)[126]에서 강론하면서부
터 도서의 이치를 약간 통했다. 옳고 그름을 떠나서 감히 천지변화의
원리를 설명하는 것이 죄가 있든 없든지간에 피할 방법이 없으나, 시
간이 이르렀고 천명이 있음일세.

---

125 여기서 말한 '나[余]'는 을해년(1875)에 충청도 논산 부근 魯城에서 태어난 호가 草蘆
인 李永泰로 추정된다. 그는 글씨가 일품이었고, 성품이 온화한 사람으로 알려져 있다. 전
라북도 진안군 마이산 부근에 있는 무극대종교 본당에 최근까지도 그의 위패가 모셔져 있
었다. 지금도 본당은 그대로 남아 있으나, 巫女가 그곳을 지키고 있는 까닭에 옛날의 흔적
은 거의 찾을 수 없어 매우 슬프기 짝이 없다.
126 四明山은 네 곳의 명산 또는 강원도 양구군 양구읍과 화천군 간동면에 걸쳐 있는 태백
산맥의 줄기인 內地山脈)에 속하는 높이가 1,198m인 산이다. 양구, 화천, 춘천 일대와 멀리
인제 등 4개 고을을 조망할 수 있다는 데서 사명산이란 이름이 비롯되었다. 여기서는 네 곳
의 이름난 산으로 보는 것이 옳다.

태 청 태 화 오 화 원 시 무 기 일 월 개 벽 이 십 일 년 무 신

太清太和五化元始戊己日月開闢二十一年戊申

구 월 초 오 일　근 봉 교

九月 初五日　謹奉較。

태청태화 오화원시 무기일월 개벽 21년 무신년(1908년) 9월 5일에 삼가

분명하게 받들다.[127]

---

127 '較'는 비교하다, 견주다는 뜻 이외에도 분명하다, 뚜렷하다는 의미가 있다.

書圖明大量死天后

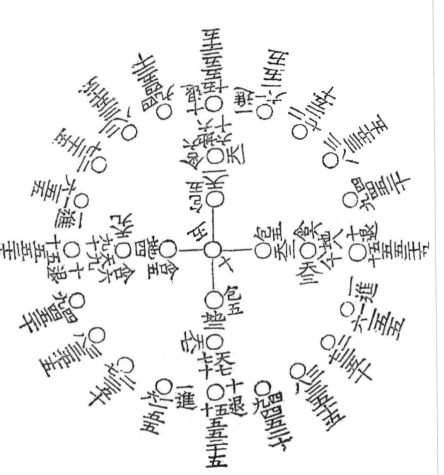

后天无量大明圖書

- 기존의 하도낙서 이론을 윷판의 논리로 대체하여 정역팔괘도와 연관시킨 도표

要旨 3극론의 핵심인 '포오함육包五含六' 원리를 중심으로 시간의 꼬리가 잘려나가는 과정을 얘기하고 있다. 한마디로 '포오함육'은 수지도수의 논리를 통해 시간의 중용이 일정한 시간대에 바뀐다는 시중時中의 정신에 있다. 이는 공자의 '시중관'을 극복하여 새로운 시간관을 수립하는 계기가 되었다.

정 역　왈 거 변 무 극　　십　 십 변 시 태 극　　일
正易, 日擧便无極, 十, 十便是太極, 一,

거 중　황 극　오　대 재　삼 극 지 도
居中, 皇極, 五, 大哉, 三極之度,

십 오 일 지 정 지 역
十五一之正之易。

『정역』은 "손가락을 모두 들어 올리면 곧 무극이니 10이다. 10은 곧 태극이므로 1이다. (1에서 10까지의) 중심에 위치하는 것이 황극이니 5이다"[128]라고 하였다. 위대하도다. 3극의 도수여! 10무극과 5황극과 1태극이 올바르게 자리 잡는 역이로다.

---

128 『正易』 「十五一言」, "擧便无極, 十. 十便是太極, 一. 居中, 五, 皇極."

譯註 윷의 원리를 정역사상과 결부시키려는 의도에서 『정역』 본문을 인용한 다음에 그 논지를 전개하고 있다.

십 토 일 수 천 지 지 분 중 위 명 력
十土一水, 天地之分, 中位明曆,

고 정 역 왈 지 재 천 이 방 정 체
故正易, 曰地載天而方正, 體,

천 포 지 이 원 환 영
天包地而圓環, 影。

대 재 체 영 지 분 리 기 유 이 수 상 비 언
大哉, 體影之分, 理氣囿而數象備焉,

신 명 췌 이 변 화 무 궁
神明萃而變化, 无窮。

10토와 1수는 하늘과 땅이 나뉜 것[129]으로 천지의 중심자리에서 책력의 메카니즘을 밝혀주므로 『정역』은 다음과 같이 말한다. "땅은 하늘을 신고서도 방정하므로 본체이다. 하늘은 물샐틈없이 땅을 감싸 안고 둥그렇게 도니 그림자이다. 위대하도다. 본체와 그림자의 나뉨이여! 리와 기를 포괄하고 상수가 갖추어져 있으며, 신명이 모여 있고 변화가 무궁하다."[130]

譯註 기존 철학에서는 하늘이 본체이고, 땅이 작용이라고 했다. 하지

---

129 『正易』「十一一言」의 첫머리에서 "十土六水, 不易之地. 一水五土, 不易之天."이라고 했는데, 여기서의 '十土一水'는 무극과 태극을 뜻한다. 일반 상수론에서는 '十土一水'가 통용될 수 있으나, 선후천 전환을 얘기하는 정역사상에서는 '十土六水'가 옳다.

130 『正易』 원문과 『正易圖書』 사이에 약간 차이가 있다. 『正易』「十五 一言」, "地, 載天而方正, 體. 天, 包地而圓環, 影. 大哉, 體影之道, 理氣囿焉, 神明萃焉."

●后天无量大明圖書

만 김일부는 이를 뒤집어엎었다. 그는 땅이 본체이고, 하늘을 그림자로 규정하는 혁명적 사유를 펼친다.

부 리 기　상 수 자　만 물 생 성
夫理氣, 象數者, 萬物生成,

만 사 종 시 지 기 초 야
万事終始之基礎也,

고 리　무 위 이 유 무 상 이 대　　호 연 이 생 기
故理, 无位而囿无相而大,[131] 浩然而生氣,

기　무 성 이 감　무 영 이 동　발 연 이 생 음 양
氣, 無聲而感, 無影而動, 潑然而生陰陽,

음 양 분 이 성 상　상 이 기 우　기 우　진 이 성 수 야
陰陽分而成象, 象以奇偶, 奇偶, 進而成數也。

무릇 리기와 상수는 만물의 생성과 사건의 끝과 시작을 설명하는 기초이다. 그러므로 리는 일정한 위치는 없으나 실제로 존재하며, 형상은 없으나 진실로 위대하며, 지극히 커서 기氣를 낳는다. 기는 소리도 없이 감응하고 그림자 없이 움직여 물이 솟듯이 음양을 낳는다. 음양이 나뉘어 상象을 이루는데 홀수와 짝수로 상징화되고, 더 나아가 홀수와 짝수는 수리를 형성한다.

譯註 주역학의 주요 흐름인 의리역[理氣]과 상수역象數易을 통합하는 목적에서 정역사상 고유의 수리철학을 도입하고 있다.

---

131 无位而囿无相而大'는 '无位而囿, 无相而大'로 읽어야 한다.

수 지 변 화　무 방 무 체　지 신 지 명
數之變化, 無方無體, 至神至明,

천 지 지 도　위 언
天地之度, 位焉,

만 물 지 류　택 언　고 성 인　부 앙 천 지 이 개 물 성 무
万物之類, 宅焉, 故聖人, 俯仰天地而開物成務,

천 지 지 대 업　성 이 역 력　위 호 기 중 의
天地之大業, 成而易曆, 位乎其中矣。

고 정 역　왈 포 오 함 육　십 퇴 일 진 지 위
故正易, 曰包五舍六, 十退一進之位,

후 천 지 무 량 도 서 야
后天之無量圖書也。

수의 변화는 일정한 방위와 실체가 없으며, 지극히 신령스럽고 지극히 밝아 천지의 도수가 자리 잡고, 만물의 온갖 종류가 집을 지으므로 성인이 우러러 하늘을 보고 땅을 굽어 살펴서 사물의 본질을 열고 천하의 사무를 완수하여[132] 천지의 위대한 사업을 이루어 역과 책력이 그 가운데 성립한다. 따라서 『정역』이 "5를 포괄하고 6을 함축하며, 10이 물러나고 1이 나아가는 자리"[133]라 한 것은 후천의 무량한 도서圖書를 가리킨 것이다.

譯註 수의 질서는 시공의 범주로 한정지을 수 없으나, 선천이 후천으로(천지가 지천으로) 전환하는 도수를 내포하고 있다. 이를 김일부는 '포오함육' 논리로 설명했다는 것이다.

---

132 『周易』「繫辭傳」상편 11장, "夫易, 開物成務, 冒天下之道, 如斯而已者也."
133 『正易』「十一一言」"十一歸體詩", "中, 十十一一之空. 堯舜之闕中之中. 孔子之時中之中. 一夫所謂包五舍六 十退一進之位. 小子! 明聽吾一言. 小子!"

입 지 위 천　구 이 오 극　각 구 일 오 행
立之爲天, 球而五極, 各具一五行,

횡 지 위 지 구 이 오 대 주　각 구 일 하 도 야
橫之爲地球而五大洲, 各具一河圖也。

제 요 지 기　삼 백 유 육 순 유 육 일
帝堯之朞, 三百有六旬有六日。

제 순 지 기　삼 백 육 십 오 도　사 분 도 지 일
帝舜之朞, 三百六十五度, 四分度之一。

이 정　중 위 이 영 야
而政, 中位而影也。

고 역 왈 대 연 지 수 오 십　기 용 사 십 구
故易曰大衍之數五十, 其用四十九。

부 자 지 기　삼 백 칠 십 오 도
夫子之朞, 三百七十五度,

십 오 존 공　당 기 삼 백 육 십 야
十五尊空, 當朞三百六十也。

사 상 분 체 도　삼 백　일 원 추 연 수　칠 십 오
四象分體度, 三百, 一元推衍數, 七十五,

후 천 지 무 량 정 역
后天之无量正易。

그것을 존재하게 하는 것은 하늘이고, 공 같이 둥그렇게 생긴 물체로

보면 다섯 극점[五極]^{오극}[134]으로 각각 하나의 오행을 갖추고 있으며, 이를

횡으로 펼치면 지구가 되는데 5대주는 각각 하나의 하도를 구비한 것

과 같다. 요임금의 1년 날수는 366일이며, 순임금의 1년 날수는 365¼

로 정사를 행하는데 중앙에 자리 잡고 있지만 실제로는 그림자 정사

---

134 5極은 자연의 보편법칙인 元亨利貞이 시간으로 春夏秋冬, 공간으로 東西南北, 인간본
성으로는 仁義禮智로 전개되는 것처럼 5행 형식을 갖추고 있다. 춘하추동 각 계절의 중심
에는 '仲'이 있고, 동서남북의 중심에는 '中央'이 있고, 인의예지의 중심에는 '信'이 있고,
금목수화의 중심에는 '土'가 있듯이.

에 불과하다. 그러므로 『주역』에서는 "대연지수는 50이지만, 그것이 작용하는 수는 49"[135]라고 말한 것이다. 공자의 1년 날수는 375도度에서 15도를 존공尊空하면 당연히 1년 날수는 360일[136]이 되는 것이다. 4상분체도四象分體度 300과 일원추연수一元推衍數 75는 후천의 무량한 정역이다.[137]

譯註 『주역』의 '대연지수'는 점칠 때 사용하는 시초 뽑는 방법[揲蓍法]으로 알려져 있으나, 정역 연구자들은 낙서洛書와 연관된 역법 성립의 근거로 해석하고 있다.

---

135 『周易』「繫辭傳」 상편 9장, "大衍之數 五十, 其用, 四十有九."
136 『周易』「繫辭傳」 상편 9장, "乾之策, 二百一十有六, 坤之策, 百四十有四. 凡三百有六十, 當期之日, 二篇之策, 萬有一千五百二十, 當萬物之數也.
137 산술적인 계산으로 300+75=375기 성립되지만, 그것은 김일부의 논지와 엄연히 다르다. 이는 김일부의 이론에 빗대어 윷판의 질서를 헤아린 것이라고 할 수 있다. 『正易』「十五一言」의 "四象分體度는 一百五十九니라 一元推衍數는 二百一十六이니라"는 내용이 있다.

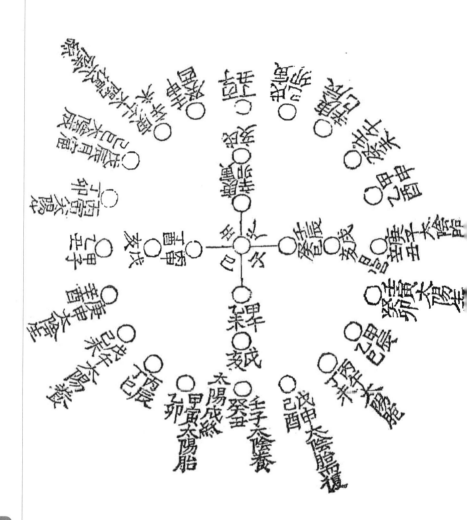

天地開闢圖書說
천 지 개 벽 도 서 설

– 천지개벽을 헤아리는 원리를 윷판에 그린 도표

要旨 여기서 말하는 '도서'는 기존 상수론의 원형인 하도낙서를 가리키는 것이 아니라 윷판의 형식을 띠고 있다. 특히 혼돈 상태에서 어떤 과정을 거쳐 하늘과 땅이 개벽되는가를 윷판으로 해명하고 있다. 이는 하도낙서로 풀이하는 경우와 극명하게 대비되고 있다.

오 호 　천 지　 혼 돈　 어 임 자 계 축
嗚呼, 天地, 混沌, 於壬子癸丑,
개 벽 어 병 자 정 축
開闢於丙子丁丑,
위 어 갑 자 을 축　 정 어 무 자 기 축 야
位於甲子乙丑, 政於戊子己丑也。

아아! 천지는 임자·계축의 혼돈混沌을 거쳐, 병자·정축에서 개벽하며, 갑자·을축에서 제자리잡고, 무자·기축에서 정사를 베푼다.

譯註 우주의 생성은 어느 한 순간에 활짝 열리는 '개벽'으로 시작하는 것이 아니라, 그 이전의 '혼돈' 상태가 존재한다고 제시하여 마치 장자의 혼돈론을 도입한 것으로 보인다.

오호 선천 주정어천고
嗚呼, 先天, 主政於天故,

자궁 득왕 축궁 허위
子宮, 得旺, 丑宮, 虛位,

후천 주정어지고 축궁 득왕 자궁 퇴위
后天, 主政於地故, 丑宮, 得旺 子宮, 退位。

시고 천정 종어무자
是故, 天政, 終於戊子,

지정 시어기축이회어을축
地政, 始於己丑而會於乙丑。

아아! 선천은 하늘이 정사를 주로 맡기 때문에 자궁子宮이 왕성한 기
운을 얻고, 축궁丑宮은 빈자리[虛位]에 있다. 후천은 땅이 정사를 주
로 맡기 때문에 축궁이 왕성한 기운을 얻으니, 자궁을 자리를 물러난
다.[138] 이런 까닭에 하늘의 정사가 무자戊子에서 끝난다면, 땅의 정사
는 기축己丑에서 시작하여 을축乙丑[139]에서 모인다.[140]

譯註 선천은 천간 갑甲과 지지 자子가 결합하는 것으로 시작했으나,
후천은 천간 기己와 지지 축丑의 만남으로부터 시작한다. 그래서 선
천을 키워왔던 '자궁子宮' 세상은 물러나 앞으로는 '축궁丑宮'을 생명
의 어머니로 여기는 세상이 온다는 것이다.

---

138 『正易』「十五一言」"化翁親視監化事", "嗚呼라 丑宮이 得旺하니 子宮이 退位로다"

139 己丑과 乙丑은 어떻게 다른가? 己丑이 새롭게 시작하는 후천에 대한 원론 차원의 천간
지지 시스템의 출발점을 지적한 것이라면, 乙丑은 地支 중심으로 풀어본 후천의 시작점을
뜻한다. 선천은 천간이 甲에서 시작하고, 후천은 己에서 시작한다. 천간이 바뀌면 地支 역
시 바뀌기 마련이다. 땅은 終始原理의 지배를 받기 때문에 '亥'로 끝나는 자리에서 다시 시
작하므로 5원 운동이 亥子丑寅卯의 중앙인 丑과 만나는 천간이 乙이므로 乙丑이 된다. 즉
癸亥, 甲子, 乙丑, 丙寅, 丁卯의 중앙에 닿는 乙丑이라는 뜻이다.

140 기축에서 을축까지는 36度이다.

_{선천 오 원 삼 원   병 갑 무 삼 자 지 궁}
先天, 五元三元, 丙甲戊三子之宮,

_{후천   삼 원 오 원   기 을 정 삼 축 지 궁 야}
后天, 三元五元, 己乙丁三丑之宮也。

_{태음   정 어 선 천 고   포 어 경 자}
太陰, 政於先天故, 胞於庚子,

_{굴 어   무 진   종 어 경 오   복 어 무 신}
窟於, 戊辰,¹⁴¹ 終於庚午, 復於戊申,

_{태 양   정 어 후 천 고   포 어 병 오}
太陽, 政於后天故, 胞於丙午,

_{생 어 병 인   화 어 임 인   성 어 신 해}
生於丙寅, 化於壬寅, 成於辛亥,

_{시 고   태 음   도 성 도 어 삼 십}
是故, 太陰, 度成道於三十,

_{태 양   도 성 도 어 삼 십 육}
太陽, 度成道於三十六。

선천은 5원을 바탕으로 3원이 작용하는 병·갑·무 삼자三子의 집이
고,¹⁴² 후천은 3원이 5원으로 전환되는 기·을·정 삼축三丑의 집이
다.¹⁴³ 태음은 선천에 정사하는 까닭에 경자에서 포胞하고 무진에서
굴窟하여 경오에서 마치고 다시 무신에서 회복한다.¹⁴⁴ 태양은 후천에
정사하는 까닭에 병오에서 포胞하고 병인에서 생生하여 임인에서 조

---

141 '窟於, 戊辰'은 '窟於戊辰'으로 읽어야 한다.

142 丙子, 甲子, 戊子를 가리킨다.

143 己丑, 乙丑, 丁丑을 가리킨다. 참고로 『正易』「十五一言」"日極體位度數"에는 "丙甲庚三
宮은 先天之天地니라 丁乙辛三宮은 後天之地天이니라"는 말이 나온다. 이때 丙과 甲은 天
이고, 庚은 地이다. 丁과 乙은 地이고, 辛은 天이다. 한편 丙甲은 政令이고, 丁乙은 律呂다.

144 ①『正易』「十五一言」, "月極體位度數", "庚子, 戊申, 壬子, 庚申, 己巳." 참조. ②『正易』
「十五一言」, "太陰은 逆生倒成하니 先天而后天이요 旣濟而未濟니라 一水之魂이요 四金之
魄이니 胞於戊位成度之月初一度(경자)하고 胎於一九度(무신)하고 養於十三度(임자)하고
生於二十一度(경신)하니 度成道於三十(기사)이니라"

화를 일으켜 신해에서 완성한다.[145] 이런 까닭에 태음은 도수를 30에서 도를 이루고, 태양은 도수를 36에서 도를 이룬다.

譯註 하늘과 땅[天地]이 제자리를 잡지 못하면 해와 달[日月]의 운행 역시 비정상으로 움직이는 것은 당연한 이치다. 여기서는 천지의 위상이 올바르게 설 경우(시공의 정상화)를 전제하고, 일월의 운행이 정상화되는 질서와 과정을 밝혔다.

---

145 ① 『正易』「十五一言」, "日極體位度數", "丙午, 甲寅, 戊午, 丙寅, 壬寅, 辛亥." 참조. ② 『正易』「十五一言」, "太陽은 倒生逆成하니 后天而先天이요 未濟而旣濟니라 七火之氣요 八木之體니 胞於己位成度之日一七度(병오)하고, 胎於十五度(갑인)하고, 養於十九度(무오)하고, 生於二十七度(병인, 임인)하니, 度成道於三十六(신해)이니라"

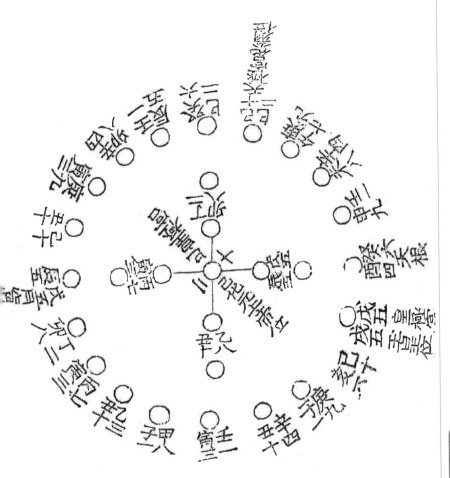

先后天變易用政圖

선후천변역용정도

先后天變易用政圖

- 선후천이 열리는 시공의 시작점을 육갑의 논리에 의거하여 윷판으로 헤아린 도표

要旨 윷판에 하늘과 달의 뿌리를 비롯하여 무극궁과 황극궁, 화무상제의 위상을 새겨 윷판의 조직을 체계화한 그림이다.

오호 선후천지변역 도수소지
嗚呼, 先后天之變易, 度數所止,

도수소지 정령소유 정령소유 리기소운
度數所止, 政令所由, 政令所由, 理氣所運。

아아! 선후천의 변역은 도수가 그치고 멈추는 것[止]이다. 도수의 멈춤은 정령政令이 말미암는 것이요, 정령의 근거는 리기理氣가 운행하는 것에 있다.

譯註 선후천의 교체는 시공간의 법칙[度數]에 의거하여 이루어지며, 도수는 무극과 황극의 정령政令에 뿌리를 두고 리기理氣 형식의 운동으로 현실화된다는 것이다.

기사궁 화옹지존위이섭천근 삼재지수군
己巳宮, 化翁之尊位而躡天根, 三才之首君,

천 수 삼 십　지 수 삼 십 이 입 어 무 무 위
天數三十, 地數三十而入於无无位,
무 극 지 무 극
无極之无極。

기사궁己巳宮은 화옹이 머무시는 존귀한 자리이며, 천지인 3재를 주재하시는 으뜸으로 하늘의 뿌리에 다다른 것이다.[146] 하늘의 수 30과 땅의 수 30[147]은 (합 60은) 없고 없는 자리[无无位][148]인 동시에 만물의 극치로서 무극의 무극이다.

譯註 기사궁己巳宮은 하늘의 조화를 일으키는 조화옹이 머무는 시공의 모태로서 무극궁으로도 불린다.

무 술 궁　옥 황 지 존 위 이 정 어 임 인
戊戌宮, 玉皇之尊位而政於壬寅,
오 행 지 수 군　강 반 고 어 임 인 이 기 원
五行之首君, 降盤古於壬寅而紀元,
천 수 이 십 구　지 수 이 십 오 이 실 기 유 상 지 후
天數二十九, 地數二十五而實記有象之后,
태 극 지 황 극　선 천 지 선 천
太極之皇極, 先天之先天。

---

146 '首君'이란 으뜸가는 인격적 존재라는 뜻으로 새겨야 옳고, 비인격의 자연에 대한 객관적 법칙을 지칭하지 않는다. 왜냐하면 우주를 주재하는 궁극적인 인격적 존재(최고신, 상제)인 化翁의 권능이 바로 3재로 나타나기 때문이다.

147 도표의 남방 无極宮(필자; 도표에는 天極宮으로 표기되어 있음), 化翁位으로부터 己巳, 庚午, 辛未, 壬申, 癸酉까지의 천간[天]과 지지[地]를 각각 합하면 天數(己10 + 庚9 + 辛4 + 壬1 + 癸6) 30과 地數(巳2 + 午7 + 未8 + 申9 + 酉4) 30이 이루어진다.

148 '无无位 60'은 일정한 실체가 없이도 천지인을 주재하는 절대적 권능에 대해 수리철학적으로 성격을 부여할 때 창안된 독특한 개념이다.

무술궁戊戌宮은 옥황상제玉皇上帝가 머무시는 존귀한 자리이다. 그것은 임인壬寅[149]에 내려 보낸 시간의 기원이다. 하늘의 수 29와 땅의 수 25[150]는 (이들의 합 54) 실제로 형상이 생긴 이후라고 할 수 있는 태극의 황극인 동시에 선천 중의 선천에 해당된다.

譯註 무술궁戊戌宮은 황극궁으로도 불린다. 무술궁은 실제 5행 운동이 일어나는 뿌리로서 '반고'[151]의 실상이 처음으로 드러나는 경계를 가리킨다.

갑 자 궁　태 음 지 위 이 정 어 무 진
甲子宮, 太陰之位而政於戊辰,

천 지 지 도　교 역 이 천 수　이 십 오
天地之度, 交易而天數, 二十五,

지 수 이 십 칠　윤 생 언
地數二十七, 閏生焉。

황 제 건 두 이 조 력 황 극 지 태 극
黃帝建斗而造曆皇極之太極,

선 천 지 후 천
先天之后天。

---

149 왜 壬寅일까? 무술궁은 황극이 존재하는 집이며, 황극은 戌의 5토이다. 무극이 열 마디의 운동을 한다면, 황극은 다섯 마디의 운동을 하므로 무술, 기해, 경자, 신축, 임인에 닿는다.

150 도표의 서방 玉皇位 또는 皇極宮인 戊戌, 己亥, 庚子, 辛丑, 壬寅까지의 천간과 지지를 각각 합하면 天數(戊5 + 己10 + 庚9 + 辛4 + 壬1) 29와, 地數(戊5 + 亥6 + 子1 + 丑10 + 寅3) 25가 이루어진다.

151 그러면 盤古와 玉皇上帝는 같은 인물인가? 김일부는 정역사상의 첫머리를 盤古로부터 시작한다. 盤古로부터 天皇, 地皇, 人皇의 三極(삼극의 인격적 표현이 바로 3황이다)이 삼위일체로 분화되었다고 했다. 김일부가 말하는 반고의 위격은 옥황상제와 동일하다. 반고는 고대 신화나 역사에 등장하는 실제 인물이라기보다는 만물의 시초와 3극의 근원 또는 천지를 통솔하는 주재자를 총칭한다. 『正易』「十五一言」"嗚呼라 盤古化하시니 天皇无爲시고 地皇載德하시니 人皇作이로다" 참조.

갑자궁甲子宮은 태음太陰의 자리로 무진戊辰[152]에서 정사가 베풀어지기 시작하여 천지의 도수가 교역하여 하늘의 수 25와 땅의 수 27[153]이 (합 52가) 윤달을 낳게 하였다. 황제黃帝께서 (6갑 체계를 세워) 북두칠성 보고 책력을 만들었는데,[154] 그것은 황극의 태극인 동시에 선천 중의 후천에 해당한다.

譯註 하늘의 특정한 시간[甲갑]과 땅의 특정한 공간[子자]이 결합하여 이루어진 '갑자'야말로 태초의 시공을 표상하는 동시에 만물의 모체라는 것이 역법의 공식이다.

오 호　천 지 삼 변 이 정 위
嗚呼, 天地三變而正位,

운　기 축　천 수 삼 십 이 황 중 월 체 성 도
運, 己丑, 天數三十而皇中月體成度,

지 수 이 십 팔 이 성 수 정 위
地數二十八而星宿正位,

회 을 축　황 극　기 사　화 옹　친 정
會乙丑, 皇極, 己己, 化翁, 親政,

기　육 십　무 극 지 황 극　후 천 지 무 량
朞, 六十, 无極之皇極, 后天之无量。

---

152 도표에 나와 있듯이, 戊辰은 달집[月窟]이고 癸酉는 하늘의 뿌리[天根]이다. 달집에서 뜨기 시작하여 달집으로 들어가 쉬는 것이 달의 운명이라는 뜻이다.

153 甲子, 乙丑, 丙寅, 丁卯, 戊辰까지의 천간과 지지를 각각 합하면 天數(甲8 + 乙3 + 丙7 + 丁2 + 戊5) 25와 地數(子1 + 丑10 + 寅3 + 卯8 + 辰5) 27이 이루어진다.

154『正易』「十五一言」"神哉伏羲劃結하시고 聖哉神農耕市로다 黃帝甲子星斗요 神堯日月 甲辰이로다" 참조.

先后天變易用政圖

아아! 천지는 세 번 변화하여[155] 올바른 위치에 자리 잡고, 기축己丑의 운이 돌아와 하늘의 수가 30인 황중월皇中月의 본체도수가 완성되고, 땅의 수가 28은 28수가 올바른 위치에 자리 잡는 것을 뜻한다. 을축乙丑에 닿는 것은 황극이고,[156] 기사己巳는 화옹께서 직접 정사를 베푸는 자리인 것이다. 한 돌[朞]이 60이 되는 것은 무극의 황극인 동시에 무량한 후천에 해당된다.

정 미 십 이 월 십 오 일 삼 광   이 태 봉 서
丁未十二月十五日   三光 李泰奉書

정미년(1907년) 12월 25일 삼광三光 이태李泰[157]가 삼가 쓰다

차 도 이 십 구 점 자 무 기 경 신 임   천 도 야
此圖二十九点者, 戊己庚辛壬, 天度也,

사 상 분 장 즉 이 십 오 점 술 해 자 축 인   지 수 야
四象分張則二十五点, 戌亥子丑寅, 地數也,

천 지 지 초 태 을 지 기 시 어 무 술 궁
天地之初, 太乙之氣, 始於戊戌宮,

오 화 임 인 이 양 음 분 판 만 물 자 생
五化壬寅而陽陰分判, 萬物資生,

고 천 지 지 수 지 재 어 차 야
故, 天地之數只在於此也,

---

155 선후천으로 보면 하도 → 낙서 → 하도로의 복귀, 괘도로 보면 복희팔괘 → 문왕팔괘 → 정역팔괘로의 변화, 역법으로 보면 原曆 → 閏曆(2) → 正曆으로의 완성을 시사한다. 이들은 모두 3단 변화로 진행한다. 그것은 곧 생명과 시간의 질서라는 뜻이다.

156 후천은 '亥子丑寅卯'의 5원운동을 하는데, 5원운동의 중심인 '丑'은 땅을 상징하는 황극이 무극[리]과 통일된 상태를 표현한 것이다.

157 이태가 아니라 이영태로 추정된다. 이는 연구자들이 앞으로 분명히 밝혀야 할 문제이다.

이 그림의 29점에서 무·기·경·신·임은 천도天度이고,[158] 4상으로 나누어 베풀면 25점이다. 술·해·자·축·인은 지수地數이다. 천지가 처음으로 만들어질 때에 태을太乙의 기운은 무술궁에서 비롯되어 다섯 단계를 지난 임인에 이르러 음양으로 나뉘어 만물이 생겨나기 때문에 천지의 수는 단지 여기에 있는 것이다.

譯註 천지의 방정식에 의거하여 만물이 어떻게 분화 전개되는가를 무술궁을 중심으로 논의하고 있다. 황극의 집인 무술궁으로부터 만물의 움직임이 싹트기 시작하여 5단계를 거친 임인壬寅(壬은 水, 寅은 木)에서 만물이 생겨난다고 설명한다.

부 중 궁 지 구 점　사 구 이 칠
夫中宮之九点, 四九二七,

교 역 착 종　화 입 금　금 입 화 지 무 량 정 역
交易錯綜, 火入金, 金入火之无量正易,

경 소 위 포 오　함 육　십 퇴 일 진 지 위
經所謂包五, 含六, 十退一進之位,

원 원 천 지　수 기 호 오　중 오 위 주 이 사 점
原原天地, 數起乎五, 中五爲主而四点,

차 제 연 오 인 이 중 지 하 도 지 오 십 오 점　소 소
次第衍五因而重之河圖之五十五点, 昭昭,

구 궁　분 단 연 오
九宮, 分單衍五,

합 이 계 지　낙 서 지 사 십 오 점　반 반
合而計之, 洛書之四十五点, 斑斑,

---

158 도표의 서방에서 북방으로 향하는 戊戌, 己亥, 庚子, 辛丑, 壬寅에서의 천간인 戊, 己, 庚, 辛, 壬은 하늘의 걸음걸이[天度]이고 戌, 亥, 子, 丑, 寅은 하늘의 질서가 땅에서 이루어지는 수의 패턴[地數]이다.

통 중 승 구　　후 천 대 연 지 수　　팔 십 일 야
統中乘九, 后天大衍之數, 八十一也,

무릇 중앙의 집 9점은 4·9, 2·7이 교역하고 착종錯綜하여 화는 금의
집에 들어가고, 금은 화의 집에 들어가 그 공덕이 무량한 정역正易으
로 경전의 이른바 "5를 포함하고 6을 함축하며 10은 물러나고 1은 나
아가는 자리이다." 그것은 천지의 궁극적 근원인 동시에 수는 5에서
비롯되므로 중앙의 5는 주인이고, 주위의 4점은 5에 근거하여 차례로
부연되어 하도의 55점이 환하게 빛나는 것이다. 9궁이 홀으로 나뉘고
5를 부연하여 계산하면 낙서의 45점이 분명하게 드러나는 것이다.[159]
중앙의 수를 통합하여 9로 제곱하면(9 × 9) 후천 대연지수大衍之數 81
이 된다.

譯註 이 글은 윷판의 중심에 있는 9점은 5황극과 동일한 역할을 하
는 동시에 하도 55점과 낙서 45점을 비롯하여 낙서의 극한 분열수 81
의 근거라고 밝히고 있다. 여기서 지은이가 윷판과 하도낙서를 동일
지평에서 논의하려는 의도를 알 수 있다.

외 궁 이 십　　이 일 승 오　　위 기 독 백 이 성
外宮二十, 以一乘五, 爲己獨百而成,

십 수 지 상　　사 정 제 지　　순 용 태 양 구 십 륙 각 야
十數之象, 四正除之, 純用太陽九十六刻也,

삼 백 육 십　　당 기 지 일　　오 위 일 영
三百六十, 當朞之日, 五位一營,

---

159 『正易』「十五一言」"九九吟", "无无位六十數는 一六宮에 分張하여 單五를 歸空하면
五十五點昭昭하고 十五를 歸空하면 四十五點斑斑하다" 참조.

일 승 단 오　　이 승 일 십　　삼 승 십 오
一乘單五,　二乘一十,　三乘十五,

사 승 이 십　　오 승 이 십 오　　합 칠 십 오
四乘二十,　五乘二十五,　合七十五,

첩 성 사 영　　대 일 원 삼 백 수　　환 계 일 영
疊成四營,　大一元三百數,　還計一營,

십 오 존 공　　무 무 위 육 십 수 야
十五尊空,　无无位六十數也,

바깥집[外宮] 외궁 20을 곱하기 5하면 기기가 홀로 100을 이룬다.[160] 10수의 형상에서 동서남북 네 방위를 제외하면 순수하게 태양을 쓰는 96각刻이 되는 것이다. 360은 1년 날수에 부합하고, 5위[五位] 오위는 한 번의 경영[一營] 일영이므로 1 × 5, 2 × 10, 3 × 15, 4 × 20, 5 × 25을 모두 합한 75[161]가 네 번의 경영을 거치면 대일원大一元 300[162]이 되고, 다시 '일영一營'을 계산할 경우에 15를 본래의 자리로 되돌려 보내면[尊空] 존공 없고 없는 자리[无无位] 무무위 60수가 된다.

譯註 윷판 바깥 원은 20개의 정거장으로 둘러싸여 있다. 그것은 중앙의 5가 바깥으로 전개된 양상을 반영하기 때문에 완전수 100[百] 백은 '5×20=100'의 등식이 성립된다. '원'은 360°인데, 동서남북 4방은 각각 5행으로 돌아가므로 바깥 원의 20개 정거장마다 중앙의 5가 내재화

---

160 『天機大要』, 「先天數·後天數」(金赫濟 校註, 明文堂, 2000), "壬子一兮丁巳二, 甲寅三兮辛酉四, 戊辰戌五癸亥六, 丙午七兮乙卯八, 己百(丑未)十庚申九, 天干十地支零."
161 이것을 정리하면 5+10+15+20+25=75가 이루어진다. 만일 문장대로 옮길 경우는 1×5=5, 2×10=20, 3×15=45, 4×20=80, 5×25=125가 성립한다. 즉 5+20+45+80+125=275가 된다. 이는 김일부가 말하는 역법의 원칙과 어긋난다. 이곳의 계산은 황극을 뜻하는 5를 중심으로 번역해야 옳은데, 5가 생략되어 있는 까닭에 혼동을 일으키기 쉽다. 예컨대 5를 1로 곱하면[一乘] 홑 5가 되고, 5를 2로 곱하면 10이 된다는 등으로 번역해야 옳다.
162 $4 × 75 = 300$

되어 움직이는 모양을 갖춘 것이다.

초 일 도　 기 어 외 각 원 환
初一度, 起於外角圓環,

삼 십 일 일 월　 이 십 사 절　 당 일 이 복
三十日一月, 二十四節, 當日而復,

이 십 팔 수 도 기　 중 오 지 하 일 점
二十八宿倒起, 中五之下一点,

외 출 횡 포　 익 각 동 궁
外出橫布, 翼角同宮,

칠 정 도 수 지 정 명 야
七政度數之正明也,

최초의 1도는 외각의 둥근 고리에서 시작하여 한 달 30일, 24절기가
꼭 그 날에 돌아온다. 28수는 거꾸로 일어나[163] 중앙 5의 아래 한 점
에서 바깥으로 나와 횡으로 펴져 익수와 각수가 같은 집에 존재하는
것[翼角同宮]에 의해 칠정도수[164]가 올바르게 밝혀지는 것이다.

譯註 윷의 원리를 천문현상에서 도출하고, 더 나아가 선후천의 교체
에 따른 28수의 변화를 설명하고 있다.

---

163 28수는 일월이 걸어다니는 각 정거장을 상징한다. 28수 운행은 천지의 위상[天地設位]
이 밑바탕되어 있다. 천지의 움직임을 특정 시공간에서의 만남으로 포착한 것이 바로 60갑
자 원리이다. 천지는 하도의 順 방향으로, 일월은 낙서의 逆 방향으로 움직이는 까닭에 '28
수가 거꾸로 일어난다[倒起]'고 표현한 것이다.

164 七星은 보통 『서경』에 나오는 日月과 五星(金木水火土)을 일컫는데, 때로는 북두칠성
을 지칭하기도 한다. 옛사람들은 28수의 변화는 七星(日月과 五星)이 빚어낸다고 믿었다.

대 재　차 도　십 일 귀 체
大哉, 此圖, 十一歸體,

오 거 중 위　포 함 삼 극　대 화 무 량
五居中位, 包含三極, 大化无量,

토 인 십　계 고 성 도
土人十, 桂古成度,

일 월 광 화　상 제 조 림
日月光華, 上帝照臨,

봉 화 줄 세　만 국 함 녕 야
龍華出世, 萬國咸寧也。

위대하도다! 이 그림은 '10과 1이 본체로 귀결되는 원리[十一歸體]'를
바탕으로 5가 중앙 핵심의 자리에서 3극을 포괄하고 함축하여 그 위
대한 조화가 무량하다. 토인土人[165]이 밝힌 10의 조화가 옛 계수나무
를 상징하는 도수를 이루어[166] 일월은 밝게 빛나고 상제께서 조림하
시어 용화세상이 드러나 만국이 모두 평안해진다.

譯註 '선후천변역용정도'는 윷판의 원리를 하도낙서와 연계시켜 '무
극과 태극이 하나로 통일된다[十一歸體]'는 말로 끝맺는다. 무극과
태극이 하나로 통일되어야 선천이 후천으로 뒤바뀌며, 후천 세상
은 유불선이 꿈꾸던 유토피아가 펼쳐지는 신천지[龍華出世]라는
것이다.

---

165 여기서의 土人은 "天地는 非日月이면 空殼이요 日月은 非至人이면 虛影이니라"(『正易』
「十五一言」 "一歲周天律呂度數")에 나오는 천지일월의 비밀을 터득한 '至人'과 아주 가깝
다고 할 수 있다. '土人'은 만물을 주재하는 10토의 정신을 주체적으로 깨달은 사람을 뜻한다.
166 이 대목의 번역이 매끄럽지 못하다. 전설상의 계수나무[桂]는 달에 있다. 달 변화를 강
조하는 정역사상을 고려하면, 28일이 30일로 바뀌는[成度] 선후천 전환을 비유한 것이다.

정미사월십오일　　청탄　김영곤　봉서
丁未四月十五日　　清灘　金永坤　奉書

정미년(1907년) 4월 15일 청탄淸灘 김영곤金永坤[167]은 삼가 받들어 쓰다

---

167 김영곤은 계해년(1863년)에 충청도 논산군 두마면 태어났다. 그는 하상역과 아주 막역한 친구인 동시에 하상역을 능력 있는 지도자로 모시면서 詠歌舞蹈를 수행했으며, 윷의 원리로 정역사상을 이해하였다. 이들의 행적은 항상 학문에 종사하는 학자들과 논란을 일으켰다.

始生太極章

시 생 태 극 장

– 태극이 최초로 생기는 이치를 논의한 대목

要旨 만물의 모체인 태극을 설명하기에 앞서 종교적 숭배 대상으로서의 '조화옹'을 제시하면서 정역사상을 천문학의 관점으로 풀이하였다.

오 호 대 재　　대 화 옹 지 대 조 화
嗚呼大哉, 大化翁之大造化,

난 형 난 체 이 서 불 진 언　　언 불 진 의
難形難體而書不盡言, 言不盡意,

초 무 천 지 지 형 체 이 공 공 무 위
初無天地之形體而空空無位,

선 유 리 기　　이 오 행 지 리　　생 수 화 뇌 풍 지 기
先有理氣, 以五行之理, 生水火雷風之氣,

기 이 성 형　　리 역 부 언 고
氣而成形, 理亦賦焉故,

오 행　　상 생　　생 토 괴 일 점　　성 천 지 지 형 체
五行, 相生, 生土塊一點, 成天地之形體,

아아! 위대하도다. 천지를 주재하시는 대화옹大化翁[168]의 위대하신 조

---

[168] 김일부는 우주를 주재하고 지배하는 최고의 신을 化无上帝, 化化翁, 我化翁이라고 불렀다. 이들에게 인격성을 부여한 점이 성리학과 완전히 다르다. 김일부는 유교가 잃어버렸던 종교성을 부활시켜 근대에서 현대로 넘어가는 20세기 문명의 대안으로 철학과 종교의 진정한 통합을 외쳤다고 할 수 있다.

화여! 대화옹이 빚어내는 조화의 손길은 형체로 드러낼 수 없으며, "글로는 말을 다할 수 없고 말은 그 뜻을 다 할 수 없다."[169] 최초의 천지에 형체가 없을 때 텅 비고 텅 비어 특정한 공간이 없었으나, 먼저 리기理氣가 존재하여 오행의 원리로 수화뇌풍水火雷風의 기를 낳았다. 이러한 기가 형체를 이룰 때에 만물의 원리 역시 부여되었기 때문에 오행이 상생相生으로 돌아가면서 한 줌의 흙[土]을 낳고부터 천지의 형체를 이룬다.

譯註 우주에 대한 합법칙적인 설명 대신에 천지를 주재하는 조화옹의 권능이 태극보다 먼저 존재한다는 종교철학을 제기하고 있다.

이 천 지 합 덕 지 리　　경 청 지 기　　합 위 일 월
以天地合德之理, 輕淸之氣, 合爲日月,

운 행 사 시　　생 성 만 물
運行四時, 生成万物,

인 생 어 천 지 지 간 이 만 물 지 중　　최 령 최 귀
人生於天地之間而万物之中, 最靈最貴,

차 시　　천 지 시 판　　만 물　　시 생 고
此時, 天地始判, 万物, 始生故,

인 역 부 지 삼 강 오 륜 예 악 사 어 서 수 지 리
人亦不知三綱五倫禮樂射御書數之理,

차 시　　명 왈 혼 돈 태 극 포 태 지 시 야
此時, 名曰混沌太極胞胎之時也。

천지가 합덕하는 원리와 가볍고 맑은 기운이 결합하여 일월이 되고,

169 『周易』「繫辭傳」상편 12장, "子曰 書不盡言, 言不盡意, 然則聖人之意, 其不可見乎. 子曰 聖人立象, 以盡意; 設卦, 以盡情僞; 繫辭焉, 以盡其言; 變而通之, 以盡利; 鼓之舞之, 以盡神."

사시를 운행하여 만물을 생성시킨다. 인간은 천지 사이에 태어나 만물 가운데 가장 영험하고 귀중한 존재다. 이때 천지가 처음으로 나뉠 적에 만물이 생겨났기 때문에 인간 역시 삼강오륜과 예법과 음악, 활쏘기, 말타기, 글쓰기, 계산하는 방법 등을 몰랐다. 이때를 일컬어 태극이 포태되는 혼돈의 시기라 하는 것이다.

譯註 만물은 합당한 원리와 질료가 있어야 생성이 가능하다고 전제하면서, 아울러 인간 역시 다양한 능력을 부여받기 이전에 태극이 먼저 존재하다고 설명하였다.

太極生兩儀章

태 극 생 양 의 장

— 태극이 양의(음양)를 낳는 이치

要旨 『주역』「계사전」상편 11장의 내용을 바탕으로 삼아 태극으로부터 음양과 4상과 8괘가 생성되는 수학적 질서를 설명하고 있다.

양 의 자 일 분 위 이 음 양 시 판 지 시 야
兩儀者, 一分爲二, 陰陽始判之時也,

수 연 무 천 명 수 능 지 지
雖然, 無天命, 誰能知之,

수 천 지 고 후 비 일 월 천 지 역 위 공 각
雖天地高厚, 非日月, 天地, 亦爲空殼,

일 월 수 명 비 지 인 일 월 역 위 허 영
日月, 雖明, 非至人, 日月, 亦爲虛影,

고 천 종 신 성 의 인 이 명 천 지 인 삼 재 만 물 지 정
故, 天縱神聖, 依人而明天地人三才万物之政,

양의란 1이 나뉘어 2가 되는 것으로 음양이 처음으로 판별되는 시간
이다. 비록 그렇더라도 천명이 없으면 누가 알 수 있겠는가. 비록 천지
가 아무리 높고 두터울지라도[170] 일월이 아니면 천지 역시 빈 껍질에
불과하며, 일월이 비록 밝을지라도 지극한 사람이 아니면 일월 역시

---

170 『中庸』 26장, "至誠無息, 不息則久, 久則徵, 徵則悠遠, 悠遠則博厚, 博厚則高明. 博厚, 所以載物也; 高明, 所以覆物也; 悠久, 所以成物也. 博厚配地, 高明配天, 悠久無疆. 如此者, 不見而章, 不動而變, 無爲而成."

헛된 그림자[171]에 불과하기 때문에 하늘이 내리신 신성神聖[172]은 인간을 표준으로 삼아 천지인 3재와 만물의 정사를 밝혔던 것이다.

譯註 음양은 일자一者인 태극이 둘로 나뉜 것이며, 그에 대한 정당성을 『정역』 원문에서 찾아 천지와 일월의 관계를 설정한 다음에 성인에 의해 비로소 만물의 역사가 밝혀졌다고 말한다.

    복 희 씨 수 출   이 위 결 승 지 정
    伏羲氏首出, 以爲結繩之政,
    이 천 지 신 령 조 화 지 기
    以天地神靈造化之氣,
    용 마 부 도 출 하 수 이 현 상 고
    龍馬負圖出河水而顯象故,
    복 희 씨 시 획 팔 괘
    伏羲氏始畫八卦,
    정 천 지 지 도 이 분 양 의 오 행 지 수
    定天地之度而分両儀五行之數,
    건 남 곤 북 리 동 감 서
    乾南坤北离東坎西,
    수 시 어 일 건 이 수 종 어 팔 곤
    數始於一乾而數終於八坤,

복희씨가 처음 나와 결승結繩의 정치[173]를 베풀었는데, 천지의 신령한

---

171 ① 『正易』 「十五一言」 "一歲周天律呂度數" "天地는 非日月이면 空殼이요 日月은 非至人이면 虛影이니라" ② 『正易』 「十五一言」, "正易詩", "天地之數는 數日月이니 日月이 不正이면 易匪易이라 易爲正易이라사 易爲易이니 原易이 何常用閏易가"
172 하늘이 내려보낸 성인의 덕화를 '天縱之聖'이라 한다. 비슷한 말로 天賦가 있다.
173 『주역』 「계사전」 하편 2장, "作結繩而爲網罟, 以佃以漁, 盖取諸離." '結繩'은 노끈으로

조화기운이 용마龍馬가 등에 그림을 짊어지고 황하에서 나와 (하도의) 형상으로 드러내보였기 때문에 복희씨는 처음으로 8괘를 긋고,[174] 천지의 도수를 정하여 양의와 5행의 수로 나누어 건은 남쪽에, 곤은 북쪽에, 리는 동쪽에, 감은 서쪽에 배치시켰다. 수로는 일건一乾에서 시작하여 팔곤八坤으로 끝맺었다.

譯註 '태극이 음양을 낳는 이치'에 근거하여 8수의 복희팔괘도가 형성된 유래를 말했다.

이 괘 상 　관 지 　 즉 위 천 지 비 화 수 미 제 지 괘 야
以卦象, 觀之[175]則爲天地否火水未濟之卦也,

이 수 관 지 　　즉 일 함 팔 이 함 칠 삼 함 육 사 함 오
以數觀之[176]則一含八二含七三含六四含五

이 영 상 조 　 이 위 영 구
以影相照, 以爲影九,

차 　 천 지 인 정 　 개 태 생 지 시 야
此, 天地人政, 皆胎生之時也。

이것을 괘상으로 보면 천지비괘天地否卦(䷋)와 수화미제괘水火未濟卦 (䷿)의 형상이다.[177] 수로 보면 1은 8을, 2는 7을, 3은 6을, 4는 5를 함축

매듭짓는 행위를 바탕으로 나라를 다스렸다는 뜻이다.
174 복희씨는 인류 문명의 아버지라 할 수 있다.
175 '以卦象觀之,'로 읽어야 옳다.
176 '以數觀之,'로 읽어야 옳다.
177 天地否卦(䷋)는 가벼운 陽은 더 위로 올라가고, 무거운 陰은 더욱 아래로 내려가는 까닭에 마침내 음양이 만날 수 없는 형상을 비유한 것이다. 火水未濟卦(䷿)는 陽이 있어야 할 자리에는 陰이 있고, 陰이 있어야 할 자리에는 陽이 있는 비정상의 상태를 비유한 것이다.

하여 서로를 비추어 9가 그림자[影]처럼 보이는 형상을 이룬다.[178] 이는 천지인天地人의 정사로서 모두 아기 밸[胎][179] 때의 시기를 뜻한다.

譯註 복희팔괘도는 남북이 뒤바뀐 형상이며, 특히 갓난아기가 엄마 뱃속에서 처음으로 나오는 이치를 반영하고 있는 까닭에 어른으로 성장하는 과정이 반드시 필요하다는 당위성을 내포하고 있다.

---

178 만물이 태어나는 이치를 형상화한 8수 복희팔괘도는 이미 만물의 성장을 상징하는 9수 문왕팔괘도의 이치를 잉태하고 있다는 뜻이다.
179 '胎'는 어미 뱃속에서 어느 정도 자라나는 과정을 일컫는 말로서 잉태하다, 胎兒, 胎, 胎盤, 근원, 조짐 등의 뜻이 있다.

兩儀生三才四象章
_{양 의 생 삼 재 사 상 장}

- 음양이 3재와 4상을 낳는 이치

要旨 양의로부터 만물이 형성되는 원리를 설명하면서 천지는 생장성 生長成의 세 단계를 거치면서 진화하는데, '지금 그리고 여기|now and here 의 시간대를 '장'의 단계로 규정하고 있다.

四象者, 二分爲四而定東西南北春夏秋冬,
_{사 상 자 이 분 위 사 이 정 동 서 남 북 춘 하 추 동}

天地長養用政之時也, 天有生長成三變之理故,
_{천 지 장 양 용 정 지 시 야 천 유 생 장 성 삼 변 지 리 고}

天地始生時, 天出神物河圖,
_{천 지 시 생 시 천 출 신 물 하 도}

長養之運, 豈無此理,
_{장 양 지 운 기 무 차 리}

故, 夏禹氏治洪水,
_{고 하 우 씨 치 홍 수}

神龜負書而出洛水, 顯象神物,
_{신 귀 부 서 이 출 락 수 현 상 신 물}

文王, 演九宮, 定四象八卦, 离南坎北震東兌西,
_{문 왕 연 구 궁 정 사 상 팔 괘 이 남 감 북 진 동 태 서}

乾退西北, 坤退西南, 艮在東北, 巽在東南,
_{건 퇴 서 북 곤 퇴 서 남 간 재 동 북 손 재 동 남}

4상이란 2가 나뉘어 4가 되어 동서남북(공간)과 춘하추동(시간)이 정해

져 천지가 생명이 자라나게 하고 길러내는 정사를 베푸는 시절을 뜻한다. 하늘에는 생장성生長成이라는 3변의 원리가 존재하는 까닭에 천지가 처음으로 만물을 낳는 때에는 하늘이 신물인 하도河圖를 내렸다면, 만물이 자라나 길러내는 시운時運에 어찌 이러한 이치가 없겠는가? 그러므로 하나라 우임금이 홍수를 다스릴 때 신령한 거북이가 그림을 짊어지고 낙수에서 나와 신물神物을 드러내니, 문왕은 이를 9궁으로 연역하여 4상과 8괘를 정했다. 리는 남쪽에, 감은 북쪽에, 진은 동쪽에, 태는 서쪽에, 건은 서북쪽으로 물러나고, 곤은 서남쪽으로 물러나고, 간은 동북쪽에, 손은 동남쪽에 위치한다.

譯註 음양이 넷으로 벌어진 4상은 만물이 부쩍 커나가는 성장의 단계다. 복희팔괘도가 '생'의 과정을 설명하는 도표라면, '장'의 단계는 문왕팔괘도 혹은 낙서洛書로 불린다. 특히 문왕팔괘도는 건곤乾坤이 서북과 서남에 있는데, 그것은 천지의 몸체가 기울어진 원인과 현상을 상징한다. 정역사상은 천축天軸의 기우뚱한 현상이 곧 자연과 문명과 역사를 비롯하여 인간의 본성에 음양의 부조화를 가져오는 궁극적 원천이라고 시사하였다.

수 기 일 감 이 지 어 구 리 즉
數起一坎而止於九离則

일 련 구 이 련 팔 삼 련 칠 사 련 육
一連九二連八三連七四連六

기 성 용 구 지 정 미 성 본 체 십 수
己成用九之政未成本體十數,

일 구 상 련   이 영 위 십   차   천 지 장 양 지 시 야
一九相連, 以影爲十, 此, 天地長養之時也,

연　이 괘 관 지 즉 노 음 소 양 소 음 노 양 음 양 불 균

然, 以卦觀之則老陰少陽少陰老陽陰陽不均,

미 득 성 종 야

未得成終也。

수는 1감[一坎]에서 시작하여 9리[九離]에 끝마친다. 1은 9와 연결되고, 2는 8과 연결되고, 3은 7과 연결되고, 4는 6과 연결되어 이미[180] (선천의) 용구用九[181]의 정사를 펼쳤으나 본체인 10수를 이루지 못했다.[182] 1과 9가 서로 연결되어 10을 그림자[影]로 삼은 것은 천지가 자라나 길러지는 시간대이기 때문이다. 그러나 괘의 입장에서 살피면 노음, 소양, 소음, 노양[183] 등이 음양의 불균등으로 인해 완성으로 끝맺을 없음을 말한 것이다.

譯註 수數는 세상을 읽는 코드다. 여기서는 시간의 전개를 뜻하는 수와 공간[位]의 결합을 시도하고 있다. 문왕팔괘도는 서로 반대되는 숫자, 즉 1+9=10, 2+8=10, 3+7=10, 4+6=10의 구도로 이루어져 있다. 그것은 10수 정역팔괘도의 이치를 이미 내포하고 있음을 증거한

---

180 이미 '이已' 자로 읽는 경우와 천간 '기己'로 읽는 경우가 있다. 문맥상으로는 '이미'가 합당하지만, '己를 중심으로' 번역해도 좋을 듯싶다.

181 『주역』 건괘 괘사에 "用九, 見群龍, 无首, 吉"이라 하였고, 「상전」은 "用九, 天德不可爲首也"라 했으며, 「상전」에서는 "乾元用九, 乃見天則"이라 했다. 과거와 지금까지의 세상을 이끌어 왔던 원리가 곧 '用九原理'라는 것이다. 9수는 낙서, 10수는 하도라는 사실이 전제된 발언이다.

182 건괘는 9수[乾元用九], 곤괘는 6수[坤元用六]로 작용한다. 작용이 있으면 반드시 작용의 근거인 본체가 존재한다는 것이 전제된 발언이다. 김일부는 직접 9의 본체는 10, 6의 본체는 5라고 언급하지 않았다. 다만 수리철학의 體用 관계에서 보면, 『주역』은 乾卦의 '體十用九'와 坤卦의 '體五用六'의 체계로 이루어졌다고 할 수 있다.

183 老陰은 6, 少陽은 7, 少陰은 8, 老陽은 9이다.

正易圖書

다. 9수 문왕팔괘도에서 10수 정역팔괘도로의 전환 즉 선후천의 교체
는 천지의 약속이라는 것이다.

四象生五行成八卦章

_{사 상 생 오 행 성 팔 괘 장}

– 4상이 5행을 낳고 8괘를 이룬다는 내용

要旨 복희팔괘도와 문왕팔괘도와 정역팔괘도의 차별성을 설명하고 있다. 그리고 왜 김일부선생이 조선땅 간방艮方에서 태어난 이유를 비롯해 후천에는 음력과 양력이 통합된 하나의 책력이 사용될 것을 말한다.

四象, 生八卦, 四分爲八之理也,

_{사 상 생 팔 괘 사 분 위 팔 지 리 야}

已爲生長兩儀四象之政則又有長成之理,

_{이 위 생 장 양 의 사 상 지 정 즉 우 유 장 성 지 리}

天地人政五行八卦之理未成, 可知矣,

_{천 지 인 정 오 행 팔 괘 지 리 미 성 가 지 의}

4상이 8괘를 낳는다는 것은 4가 나뉘어 8이 되는 이치를 뜻한다. 이미 낳아서 자라나는 원리인 양의와 4상의 정사가 있으면 또한 자라나 완성하는 이치도 있기 때문에 천지인의 정사와 5행과 8괘의 이치가 아직 성숙되지 못했음을 알 수 있다.

譯註 천지는 생장성生長成의 3단계로 변화하는데, 지금의 시간대는 자연의 운동법칙인 5행과 8괘의 원리와 힘이 아직 성숙[成]되지 않았다고 단정한다.

일 천 지 하　동 서 양 지 인　노 불 상 통
一天之下, 東西洋之人, 路不相通,

예 부 동 립　서 부 동 문
禮不同立, 書不同文,

이 선 천 팔 괘 관 지 즉 음 양　　불 균
以先天八卦觀之則陰陽,[184] 不均,

이 수 론 지　일 이 삼 사 오　생 수
以數論之, 一二三四五, 生數,

육 칠 팔 구 십　성 수
六七八九十, 成數,

일 생 육 성　이 생 칠 성　삼 생 팔 성
一生六成, 二生七成, 三生八成,

사 생 구 성　오 생 십 성 야
四生九成, 五生十成也,

온 하늘 아래서 동서양 인류가 공간적으로 상통하지 못하고, 예의범
절이 다르게 세워지고, 문자가 서로 다른 것을 선천 8괘로 보면 음양
이 균등하지 못한 것이다. 수의 질서로 보면 1·2·3·4·5는 생수이고,
6·7·8·9·10은 성수[185]이다. 1은 낳고 6은 이루며, 2는 낳고 7은 이루
며, 3은 낳고 8은 이루며, 4는 낳고 9는 이루며, 5는 낳고 10은 이룬다.

譯註 동서양이 소통되지 못한 이유는 문왕팔괘도에 나타난 것처럼,
음양이 원래부터 부조화를 이루면서 만물이 생성되기 때문이다. 문
왕팔괘도는 천지를 상징하는 건곤乾坤 자체가 기울어져 만물이 음
양의 불균형한 상태로 태어나 성장하며, 심지어 아버지와 장녀[乾과
건

---

184 '以先天八卦觀之則陰陽, 不均'은 '以先天八卦觀之, 則陰陽不均'으로 읽어야 옳다.

185 『주역』의 수리철학은 生數[creating number]와 成數[becoming number]로 구성된다. 하
늘은 생명을 낳고 땅은 생명체를 이룬다[天生地成]는 뜻이다. 그래서 風雷益卦 「단전」은
"하늘은 생명을 베풀고 땅은 생명을 낳아 기른다[天施地生]"는 논리로 설명했던 것이다.

巽], 어머니와 막내아들[坤과 艮]이 서로 짝을 이룬 것은 패륜悖倫의
극치를 보여준다.

양의 괘　용 팔 이 구 위 영
両儀卦, 用八而九爲影,

사 상 팔 괘 즉 용 구 이 십 위 영　미 득 종 성
四象八卦則用九而十爲影, 未得終成,

우 유 삼 변 도 서 여 삼 변 성 역 팔 괘 지 리　가 지　고
又有三變圖書與三變成易八卦之理, 可知, 故,

공 자　이 천 종 지 대 성　수 출
孔子, 以天縱之大聖, 首出,

통 관 천 지 인 삼 재 지 도
通貫天地人三才之道,

천 지 원 형 이 정　지 지 춘 하 추 동　인 지 인 의 예 지
天之元亨利貞, 地之春夏秋冬, 人之仁義禮智,

통 합　명 여 일 월 지 광
通合, 明如日月之光,

기 부 지 삼 변 괘 도　천 시 미 급
豈不知三變卦圖, 天時未及,

미 유 천 지 지 현 상 신 물 즉 수 성 인
未有天地之顯象神物則雖聖人,

불 감 획 지 상 지 고
不敢畫之象之故,

공 자 왈 봉 조 부 지　하 불 출 도　오 이 의
孔子曰鳳鳥不至, 河不出圖, 吾已矣,

우 왈 오 도 시 어 간　종 어 간
又曰吾道始於艮, 終於艮,

양의괘의 논리는 8수를 사용하므로[186] 9는 그림자이며, 4상8괘는 9수를 사용하므로 10은 그림자인 까닭에 아직은 완성으로 끝맺을 수 없다.[187] 또한 세 번 변화한다는 도서圖書(하도와 낙서)와 세 번 변화하여 역易을 이룬다는 8괘의 이치[188]로서 알 수 있기 때문에 하늘이 내신 공자와 같은 위대한 성인이 처음으로 나와 천지인 3재의 도를 꿰뚫어 하늘의 원형이정과 땅의 춘하추동과 인간의 인의예지를 일월의 빛처럼 밝게 소통시켜 통합하였다. 어찌 3변괘도와 하늘이 주재하는 시간의 섭리[天時천시]가 아직 오지 않았음을 몰랐거나, 천지가 신물神物[189]로 모습을 드러내지 않았다면 비록 성인일지라도 감히 획을 긋거나 상징화하지 않기 때문에 공자는 "봉황새도 오지 않고 황하에서 그림(하도)이 나오지 않으니 나는 다 틀렸구나!"[190]고 했으며, 또한 "나의 도는 간에서 시작하여 간에서 끝맺는다[吾道始於艮오도시어간, 終於艮종어간]"[191]고 했던 것이다.

譯註 이 대목은 간괘艮卦를 지구의 특정한 곳으로 지정하는 것으로부터 시작한다. 공자의 모국인 노나라를 동양의 간방국艮方國이라고 규정한 다음에, 조선땅 한반도는 천하의 배꼽이라고 단언한다. 조선

---

186 '양의'는 음양으로서, 8수를 쓰는 것은 복희팔괘도를 가리킨다.

187 9수는 문왕팔괘도 즉 선천의 낙서를 가리킨다. 10수는 정역팔괘도 즉 후천의 하도를 가리킨다. '아직은 완성으로 끝맺을 수 없다[未得終成미득종성]'는 말은 하도가 작동할 시간이 아직 도달하지 않았다는 뜻으로 새기는 것이 옳다.

188 1변은 복희팔괘도, 2변은 문왕팔괘도, 3변은 정역팔괘도를 가리킨다.

189 神物신물은 하도와 낙서를 가리킨다.

190 『論語논어』「子罕篇자한편」, "子曰 鳳凰不至, 河不出圖, 吾已矣夫."

191 『주역』에는 공자의 말을 빌린 "吾道始於艮, 終於艮"이란 표현은 어디에도 없다. 다만 『주역』「설괘전」5장에는 "艮, 東北之卦也, 萬物之所成終而所成始也, 故曰成言乎艮."이란 말이 있다. 한편 증산도『도전』에는 '始於艮終於艮'과 유사한 내용이 있다. 선천을 매듭짓고 후천으로 넘어가기 직전의 상황을 얘기한 "상씨름으로 終於艮이니라"(5:415:1)는 말이 바로 그것이다.

四象生五行成八卦章

은 지금까지는 작은 나라에 불과했으나, 앞으로는 세계를 통일할 최고의 나라가 될 것을 예고하고, 그 증거를 김일부선생의 탄생에서 찾았다.

노국　동양지간고　공자탄강우로　명덕어천하
魯國, 東洋之艮故, 孔子誕降于魯, 明德於天下,

대동　천하지간고　천운　순환김일부대선생
大東, 天下之艮故, 天運, 循圜金一夫大先生,

생우조선충청도연산남면담곡　인어생지
生于朝鮮忠淸道連山南面談谷, 鄰於生知,

봉정천지음양오행팔괘
奉定天地陰陽五行八卦

무극본체성도정역팔괘도
无極本體成度正易八卦圖,

명무극황극태극삼극생장성삼변지리
明无極皇極太極三極生長成三變之理,

곤남건북간동태서
坤南乾北艮東兌西

진서북손동남감동북리서남정위
震西北巽東南坎東北离西南定位

이이천칠지십건오곤
而二天七地十乾五坤

일손육진삼태팔간사감구리건곤정위
一巽六震三兌八艮四坎九离乾坤正位,

장남장녀중남중녀소남소녀상합
長男長女中男中女小男小女相合,

동서남북중앙　각구오행성도　오극합성고
東西南北中央, 各具五行成度, 五極合成故,

천기자동　도생동서남북학　회유삼십육회
天氣自動, 道生東西南北學, 會有三十六會,

차　즉 팔 괘 삼 십 육 획 성 도
此, 卽八卦三十六畫成度,

동 서 양 천 하 만 국　상 통 왕 래　만 국　함 녕 고
東西洋天下万國, 相通往來, 万國, 咸寧故,

설 괘 전　왈 수 화 상 체　뇌 풍 불 상 패
說卦傳, 曰水火相逮, 雷風不相悖,

산 택　통 기 연 후　능 성 변 화　기 성 만 물
山澤, 通氣然後, 能成變化, 旣成萬物,

차 언　일 부 선 생 괘 도 지 의 야
此言, 一夫先生卦圖之意也,

노나라는 동양의 간艮이기 때문에 공자는 노나라에 탄강하여 그 덕을 천하에 밝혔으며, 대동大東[192]은 천하의 '간'이기 때문에 하늘의 운수가 위대한 스승이신 김일부에게 한 바퀴 돌아와 조선의 충청도 연산 땅 남면 담곡에서 태어나게 하였다. 선생께서 알기로는 태어나면서부터 모든 것을 아신 것과 같아 천지의 음양오행과 팔괘와 무극의 본체가 도수를 완성하는 정역팔괘도를 받들어 무극과 황극과 태극의 3극이 생장성生長成으로 세 번 변화하는 원리를 밝혔다. 곤은 남쪽에, 건은 북쪽에, 간은 동쪽에, 태는 서쪽에, 진은 서북쪽에, 손은 동남쪽에, 감은 동북쪽에, 리는 서남쪽에 위치가 정해지던 것[定位]이 2는 하늘, 7은 땅, 10은 건, 5는 곤, 1은 손, 6은 진, 3은 태, 8은 간, 4는 감, 9는 리로서 건곤이 올바른 위치에 자리 잡는다[正位]. 장남과 장녀, 중남과 중녀, 소남과 소녀가 서로 상합하고, 동서남북과 중앙이 각각 5행을 갖추어 도수를 완비하고 5극[五極]이 결합하여 완성하는 까닭에 천지의 기운[氣]이 스스로 움직여 도道가 동학·서학·남학·북학의

---

192 大東은 한반도 朝鮮을 가리킨다. 문왕팔괘도의 동북방에 위치하던 것이 정역팔괘도의 동방 '간'으로 바뀌는 시공간의 본질적 전환 사건을 의미한다.

四象生五行成八卦章 ──∶

학문[學]을 생기게 하여 36회[193]에 걸쳐 모이도록 만들었다. 이것이 바로 8괘 36획이 도수를 완성한 다음에 동서양 천하의 모든 나라가 서로 교통 왕래하여 만국이 모두 평안해질 수 있는 것이다. 그래서 「설괘전」은 "물과 불이 서로 미치며, 우레와 바람이 서로 거스르지 않으며, 산과 연못이 기운을 통한 뒤에야 능히 변화를 이루어 이미 만물을 완수한다."[194]고 했는데, 이것이 바로 일부선생이 그은 (정역)괘도의 뜻이다.

譯註 지은이는 간괘를 매우 중시한다. 왜냐하면 간괘의 구성 원리에 선후천 변화의 메시지가 담겨 있기 때문이다. 또한 공자의 모국인 노나라가 동양의 중심[艮]인 과거의 모델였다면, 김일부가 태어난 한반도 조선은 미래 세상의 프로그램이 펴지도록 하는 종주국이다. 특히 김일부가 구상한 간괘 중심의 논리는 그동안 아무도 관심을 갖지 않던 『주역』 「설괘전」의 핵심을 파헤쳐 독창적으로 개발한 것이다.

이 무 극 지 정 언 지　　천 지 선 후 천 통 합 왈 무 극
以无極之政言之, 天地先后天統合曰无極,

연　 이 수 언 지 즉 일 위 태 극　 오 위 황 극　 십 위 무 극
然, 以數言之則一爲太極, 五爲皇極, 十爲无極,

---

193 ① 보통 陽爻(ー)는 1, 陰爻(--)는 2로 계산한다. 여기에 맞추어 8괘를 계산하면 총 36획이다. 乾(☰)은 3, 兌(☱)는 4, 리(☲)는 4, 震(☳)은 5, 巽(☴)은 4, 坎(☵)은 5, 艮(☶)은 5, 坤(☷)은 6이다. 즉 3+4+4+5+4+5+5+6=36이 바로 그것이다. ② 36은 음양의 완전 조화를 지향하면서 밖에서 안으로 압축하는 형태로 그려진 정역팔괘도를 뜻한다. 그리고 양효(ー)가 1, 음효(--)가 2일 때, 乾(☰)3 + 坤(☷)6 + 艮(☶)5 + 兌(☱)4 + 震(☳)5 + 巽(☴)4 + 坎(☵)5 + 離(☲)4 = 36畫이 성립한다. 2天과 7地는 새로운 세상을 만들려는 내부의 질서를 뜻하므로 실제 계산에는 넣지 않는다.

194 『周易』 「說卦傳」 6장, "水火相逮, 雷風不相悖, 山澤通氣然後, 能變化, 旣成萬也."

일변위십　십반위일태극무극　무극태극
一變爲十, 十反爲一太極无極, 无極太極,

우분이언지　선천　무상지무태극
又分而言之, 先天, 无象之无太極,

후천　유상지무태극야
后天, 有象之无太極也,

선천　천지　미현　오행만물　지유리기이이
先天, 天地, 未顯, 五行萬物, 只有理氣已而,

미성기형　괘여서수　개시부득성형
未成其形, 卦與書數, 皆是不得成形,

시위무상무태극지시야
是謂無象无太極之時也,

무극의 정사로 말하면 천지의 선후천을 통틀어서 무극이라 한다. 그
러나 수數로 말하면 1은 태극이요, 5는 황극이요, 10은 무극이다. 1이
변하여 10이 되고, 10은 도리어 하나의 태극인 동시에 무극이고, 무극
인 동시에 태극이 되는 것이다. 세분해서 말하면 선천은 무극과 태극
을 형상화할 수 없는 세계[无象之无太極]이고, 후천은 무극과 태극을
형상화할 수 있는 세계[有象之无太極]이다. 선천에서는 천지가 온전
히 드러나지 않기 때문에 5행과 만물에는 오직 리기理氣만이 있을 뿐
이므로 아직은 형체를 완성하지 못한다. 괘와 글과 수, 모두가 형체를
드러낼 수 없는 것을 일컬어 무극과 태극을 형상화할 수 없는 시간대
[無象无太極之時]라 하는 것이다.

譯註 1은 태극이고, 5는 황극이며, 10은 무극이라는 김일부의 견해를
충실히 계승하고 있다. 하지만 이 3자를 선천과 후천의 개념으로 설
명하기는 매우 어렵다. 왜냐하면 후천은 경험 불가능할 뿐만 아니라,

四象生五行成八卦章

139

더욱이 선천과 후천을 미완성과 완성으로 나누는 이분법적 인식의 오류에 갇혀 있기 때문이라고 할 수 있다.

후천 동서양지구성륙 만물 성질
后天, 東西洋地球成陸, 萬物, 成質,

예악사어서수지문 통행천하 명여일월
禮樂射御書數之文, 通行天下, 明如日月,

이정역괘우수언지 괘수팔괘 수즉용십
以正易卦偶數言之, 卦雖八卦, 數則用十,

십건오곤정수 용기존공무위지수
十乾五坤正數, 用其尊空無位之數,

차 유상지무태극현상야
此, 有象之无太極顯象也,

후천에는 동서양의 지구가 육지를 이루어 만물은 본질을 완성하여
예절과 음악과 활쏘기, 말타기, 서법, 산수[禮樂射御書數]의 글이 천
하에 통용되어 그 밝기가 일월처럼 밝다. 정역괘의 짝수[195] 논리로 말
하면 괘가 비록 8괘이지만 수로는 10을 사용한다. 10건5곤의 정수正
數에다 무위无位의 수를 높은 자리에 비워두는 것[尊空]을 사용한다.
이것이 바로 무극과 태극을 현상으로 드러낼 수 있도록 형상화한 것
[有象之无太極顯象]이다.

譯註 후천에는 지구의 육지와 바다에 엄청난 변화가 올 것이며, 문화
및 문자의 통일이 이루어질 것을 예고하고 있다. 그 이유와 과정을 10
수 정역팔괘도에서 10과 5의 건곤이 북남北南에 위치한 지천태地天泰

---

195 정역팔괘도는 10수의 아름다운 대칭의 구조로 이루어져 있다.

(☷)의 형상처럼, '높이 받들어 본래의 자리로 되돌린다[尊空^{존공}]'는 이념에서 찾았다.

우 분 음 양 이 론 지　태 양　극 어 해 이 생 어 자
又分陰陽而論之, 太陽, 極於亥而生於子,

태 음 극 어 사 이 생 어 오 미
太陰極於巳而生於午未,

당 차 운 회 즉 일 도 중 천 태 양 성 왕
當此運會則日到中天太陽成旺,

태 음 지 무 극　태 음 지 태 극　태 양 지 황 극 고
太陰之无極, 太陰之太極, 太陽之皇極故,

음 양 력　합 용
陰陽曆, 合用,

세 인　운 태 양 세 계　칭　우 유 후 천 양 의 야
世人, 云太陽世界, 稱, 又有后天兩儀也。

또한 음양으로 나누어 논하면, 태양은 해亥에서 극한에 이르고 자子에서 생겨나고, 태음은 사巳에 극단에 도달하여 오미午未에서 생겨난다.[196] 이러한 운세가 오면 해[日^일]는 중천에 이르러 태양이 왕성하게 된다. 태음의 무극이 곧 태음의 태극이자 태양의 황극인 까닭에 음양력陰陽曆을 통합하여 사용하므로 세상 사람들은 이를 태양세계라 하고, 또한 '후천에도 양의兩儀가 있다'고 말하는 것이다.

譯註 앞 구절이 3극 차원의 논리였다면, 이 대목은 음양의 논리로 설명한다. 선천이 태양력太陽曆과 태음력太陰曆으로 분리되었으나, 후천

---

196 태양은 陰의 극점에서 시작하고, 태음은 陽의 극점에서 시작한다는 것을 지지로 설명한 것이다.

에는 태양력 중심으로 통일될 역법을 '태양세계'로 통칭해서 부른다
는 것이다.

先后河圖合成圖書說

– 선천과 후천의 하도가 결합하여 도서圖書[197]를 이룬다는 견해

要旨 하도낙서와 윷판 원리를 동일한 지평에서 다루고 있으며, 심지어 윷판의 논리와 정역팔괘도의 원리가 상통한다고 주장한다.

선 천 하 도 낙 서　이 신 물　재 현 생 장 지 상
先天河圖洛書, 以神物, 再顯生長之象,

생 장 성 삼 변 지 신 물 도 서 우 출 지 리　조 연
生長成三變之神物圖書又出之理, 照然,

비 천 종 지 성　수 능 지 지
非天縱之聖, 誰能知之,

고　공 자　왈 하 불 출 도　오　이 의
故, 孔子, 曰河不出圖, 吾, 已矣,

선천의 하도낙서는 하늘이 내려주신 신비로운 물건[神物]으로서 만물이 태어나 자라나는 모습[生長]을 다시 드러냈다. 생장성生長成 3변의 질서를 담고 있는 신물인 도서圖書가 다시 출현하는 원리로 분명하게 드러나니, 하늘이 내신 성인이 아니라면 누가 능히 알겠는가? 그래서 공자는 "황하에서 그림(하도)이 나오지 않으니 나는 다 끝났구나!"라고 말했던 것이다.

---

197 여기서의 '圖書'는 하도낙서를 가리키는 것이라기보다는 윷판을 뜻한다. 즉 지은이는 하도와 낙서를 통합한 형식이 바로 윷의 원리라고 인식했다는 뜻이다.

譯註 하늘은 천지의 신성한 프로그램을 담지한 하도낙서를 성인에게 내려 주었다. 그런데 공자는 이미 탄생과 성장과 완성의 방식으로 움직이는 하늘의 뜻을 함축한 하도낙서의 핵심을 알고 있었다는 것이다.

천 운 순 환 일 부 부 자 수 출
天運, 循環, 一夫夫子首出,

봉 정 천 지 오 행 성 도 지 괘
奉正天地五行成度之卦,

이 궁 상 각 치 우 오 음 위 영 가 무 도 양 육 인 재
以宮商角徵羽五音, 爲詠歌舞蹈, 養育人才,

이 인 현 기 신 물
以人, 顯其神物,

무 타 이 천 지 인 삼 재 논 지
無他, 以天地人三才, 論之,

포 희 지 시 천 정 문 왕 지 시 지 정
包犧之時天政, 文王之時, 地政,

당 금 즉 천 하 만 국 거 동 궤
當今則天下萬國, 車同軌,

서 동 문 인 화 정 명 지 시 야
書同文, 人化正明之時也,

고 이 인 현 기 신 물
故, 以人, 顯其神物,

하늘의 운수는 순환하기 마련이므로 일부선생께서 먼저 나오셔서 천지 5행이 도수를 완성하는 괘를 올바르게 받들고, 궁·상·각·치·우 5음을 바탕으로 영가무도詠歌舞蹈를 수행하여 인재를 양성하고, 인간의 입장에서 신물을 드러내었던 것이다. 다름이 아니라 천지인 3재로

말하면 포희씨 시대는 하늘의 정사[天政]요, 문왕의 시대는 땅의 정
사[地政]요, 지금은 천하의 모든 나라의 수레바퀴 폭을 동일하게 만
들고, 글은 동일한 문자를 써[198] 인간이 올바르고 밝게 변하는 시대이
기 때문에 사람이 신물을 드러내게 하는 것이다.

譯註 하늘의 운수는 이미 김일부로 하여금 천지의 운행을 밝히고, 더
욱이 영가무도를 통해 인재 양성에 힘쓰도록 안배했다. 지금은 복희
와 문왕 시대를 지나 문명이 하나로 통합되고 인간성이 맑아지는 시
기가 닥쳤다는 뜻이다.

기 도 즉 외 성 이 십 점 이 원 환
其圖則外成二十点而圓環,

내 성 구 점 이 성 십 자 지 형
內成九点而成十字之形,

차 도 역 동 서 남 북 중   사 상 오 행   각 성 기 도 고
此圖亦東西南北中, 四象五行, 各成其道故,

외 환 사 오 이 십   중 오 일 오   합 위 오 오   이 십 오
外環四五二十, 中五一五, 合爲五五, 二十五,

가 사 방 사 상 사 점   합 위 이 십 구 점
加四方四象四點, 合爲二十九点,

월 지 이 십 구 일 사 백 구 십 구 분 지 도
月之二十九日四百九十九分之度,

---

198 秦始皇(BCE259~BCE210)은 중국 역사상 최초로 전제주의 중앙집권제를 확립한 인물
이다. 그의 최대 공적은 중국을 최초로 통일한 다음, '동일한 수레바퀴 폭[車同軌]과 문자
의 통일[書同文]' 정책을 통하여 문화 통합의 기초를 다진 점이다.『史記』卷6「秦始皇本紀」
26年條에는 廷尉 李斯(BCE?~BCE208)의 건의를 받아들여 천하를 36郡으로 나눈 다음,
"法·度·石·丈·尺을 하나로 통일하였다. 수레는 궤적을 같게 하고, 문서는 문자를 같게 했
다[一法度衡石丈尺, 車同軌, 書同文字]"는 말이 나온다. 진시황의 정책은 인위적인 통일였
으나,『正易圖書』는 자연의 혁명을 통해 전 세계에 통용될 후천 문명의 두드러진 특징으로
서 자동차 바퀴의 폭과 문자의 통일을 예증으로 든 것이다.

先后河圖合成圖書說

당 기 삼 백 육 십 수
當朞三百六十數,

삼 백 칠 십 오 도 본 체 성 수　구 합
三百七十五度本體成數, 具合,

여 일 부 선 생 주 괘 도 상 합
與一夫先生主卦圖相合,

차　무 극 체 용 지 도 야
此, 无極體用之圖也,

이 죽 산 계 지　자 일 지 구 즉 위 이 십 구 개 이 차
以竹算計之, 自一至九則爲二十九介而此,

천 지 본 체 용 수 일 야
天地本體用數一也,

수　일 이 삼 사 오 육 칠 팔 구 합 즉 여 차 야
數, 一二三四五六七八九合則如此也。

윷판의 외부 조직 20점은 둥근 고리를 이루고, 내부 조직 9점은 십자형을 이룬다. 이 윷판 그림 역시 동서남북과 중앙에서 4상과 5행이 각각 그 도道를 완성하는 까닭에 외곽의 둥근 고리 4 × 5 = 20, 중앙의 5 × 1 = 5를 결합하면 5 × 5 = 25가 성립한다. 여기다 4방, 4상의 네 점을 합한 29점은 한 달의 29일 499분 도수이며, 1년 360돌의 수는 375도 본체를 완성하는 수와 결합하는 이치를 갖추고 있다. 이는 일부선생이 주장하는 괘도와 서로 부합하는데, 이것이 바로 무극의 체용도體用圖이다. 죽산竹算으로 계산하면 1부터 9까지는 29개介인데, 이것이 천지본체의 작용으로 쓰일 때는 1이다. 수 1, 2, 3, 4, 5, 6, 7, 8, 9를 합한 법칙이 이와 같다.[199]

譯註 이 대목은 윷판 내외부의 구성을 역법의 산출방식과 연결시키

---

199 윷판 29수는 낙서의 총합 45의 이치와 같다는 뜻이다.

고 있다. 하지만 김일부의 『정역』에는 윷에 대한 언급이 전혀 없다. 따라서 윷과 하도낙서의 연관성에 대한 천착이 더 필요한 것으로 보인다. 왜냐하면 윷은 한민족 고유의 민속놀이로 자리 잡고 있으며, 특히 밤하늘을 수놓는 28수와 밀접한 관련이 있기 때문이다. 김일부 역시 천문의 28수에서 역법의 구성 근거를 찾았던 까닭에 윷과 하도낙서의 연관성을 밝히는 작업은 정역사상의 외연을 넓히고, 김일부 생전 혹은 사후에 활약했던 제자들의 입장을 알 수 있는 좋은 기회가 될 수 있다.

先后河圖合成圖書說

貫夫先生四稜硯三點圖論

- 윷의 구성과 3극의 체용론

要旨 수리법칙을 통해 정역사상과 윷판의 논리를 연결시키고 있는 점이 돋보인다. 정역사상의 뿌리와 핵심이 하상역에 이르러 윷의 원리로 정립되었음을 주장하고 있다.

팔 릉 연 이 십 구 점
八稜硯二十九点,

선 후 천 합 덕　무 극 성 도 지 본 체　지 유 무 극 지 체
先后天合德, 无極成度之本體, 只有无極之軆,

무 일 태 극 지 정　무 용 고
無一太極之政, 無用故,

사 릉 연 삼 점　즉 건 곤 본 체 야
四稜硯三点, 即乾坤本軆也,

낙 서 용 정 수 지 본 체 야
洛書用政數之本軆也,

차 삼 점　즉 낙 서
此三点, 卽洛書,

하 위 이 낙 서　일 천 이 지
何爲而洛書, 一天二地,

천 지 시 생 지 수　즉 일 이 야
天地始生之數, 卽一二也,

고　일 이 합 위 삼　성 천 지 인 삼 재
故, 一二合爲三, 成天地人三才,

성 건 곤 지 본 체 수　성 낙 서 지 본
成乾坤之本體數, 成洛書之本,

선후천의 합덕과 무극의 도수가 완성되는 본체를 상징하는 스물 아
홉 개의 점이 박힌 8각형 벼루[八稜硯]에는 오로지 무극의 본체만 있
다. 1태극의 정사가 없으면 작용이 없기 때문에 4각형 벼루[四稜硯]에
있는 3점은 건곤의 본체이며 낙서가 정사를 베푸는[用政] 수의 본체
를 표상한다. 이 세 점은 곧 낙서인데, 왜 낙서가 되는가. 1은 하늘[天]
이요 2는 땅[地]으로서 천지가 처음으로 낳는 수는 바로 1과 2이다.
그러므로 1과 2를 더한 3은 천지인 3재와 건곤의 본체수와 낙서의 근
본을 구성한다.

譯註 하상역이 충청도 대둔산 기슭의 안심사安心寺에서 손가락으로
벼룻돌을 찍은 흔적이 곧 윷판 조직과 똑같았다는 사건을 기점으로
윷으로 정역사상을 연구하는 제자들이 생겼다. 그리고 하늘의 1과
땅의 2가 결합하여 생겨난 3에서부터 만물이 생성된다는 것이 상수
론의 기초라고 말한다.

일 이 삼 위 본 고
一二三爲本故,
일 삼 삼　성 삼　　즉 이 삼 육 이 위 곤 지 용 육
一三三, 成三²⁰⁰則二三六而爲坤之用六,
삼 삼 구 이 위 건 지 용 구
三三九而爲乾之用九,

---

200 '一二三, 成三則二三六而爲坤之用六'은 '一二三成三, 則二三六而爲坤之用六'으로 읽
어야 옳다.

성 일 구 천 근 즉 일 구 구　이 구 십 팔
成一九天根則一九九　二九十八

삼 구 이 십 칠　사 구 삼 십 육　육 구 오 십 사
三九二十七　四九三十六　六九五十四,

위 곤 지 책 일 백 사 십 유 사
爲坤之策一百四十有四,

오 구 사 십 오　문 왕 괘 위　오 입 중 궁
五九四十五, 文王卦位, 五入中宮,

위 낙 서 수 사 십 오 점 성 도 용 정
爲洛書數四十五点成度用政,

칠 구 육 십 삼　팔 구 칠 십 이　구 구 팔 십 일
七九六十三　八九七十二　九九八十一,

위 건 지 책 이 백 십 육
爲乾之策二百十六,

합 위 건 곤 지 책 삼 백 육 십 당 기 지 수
合爲乾坤之策三百六十當朞之數,

차 삼 점　즉 천 지 지 본 야
此三点, 即天地之本也。

1과 2와 3이 근본이므로 1 × 3 = 3의 형식은 3을 이루고, 2 × 3 = 6
은 곤坤의 작용수[用六]가 되며, 3 × 3 = 9는 건의 작용수[用九]가
되어 1 × 9는 하늘의 뿌리[天根]가 되는 것이다. 1 × 9 = 9, 2 × 9
= 18, 3 × 9 = 27, 4 × 9 = 36, 6 × 9 = 54의 합이 곤의 책수[坤策]
144다. 5 × 9 = 45에서 문왕괘의 5는 중앙의 집에 자리 잡아 낙서수
45점 도수를 완성하는 정사로 사용되는 것이다. 7 × 9 = 63, 8 × 9
=72, 9 × 9 = 81은 건의 책수[乾策] 216으로서 이들을 합한 건곤의
책수는 360은 1년 날수에 해당한다. 이 3점은 천지의 근본인 것이다.

譯註 앞 구절이 1 → 2 → 3의 더하기(+) 형식이라면, 이 대목은 곱하

기(×) 셈법으로 만물이 성장하여 완성되는 과정을 수학 방정식으로 설명하고 있다. 특히 주목할 만한 사실은 3수를 중시여긴 점이다. 중국역학이 음양의 2를 기반으로 삼았다면, 한국역학은 무극과 태극과 황극의 3을 근거로 삼았다.[201] 김일부의 정역사상 역시 3수 체계로 이루어져 있다.

201 『주역』「설괘전」2장, "昔者聖人之作易也, 將以順性命之理, 是以立天之道曰陰與陽, 立地之道曰柔與剛, 立人之道曰仁與義, 兼三才而兩之, 故易六畫而成卦." 괘의 구성은 天地人 3수에다 음양의 2를 곱해서 6효가 구성된다는 것이다. 음양론의 뿌리가 3수에 있음을 확인할 수 있다.

貫夫先生四稜硯三點圖論

六十四卦中合德三十六卦圖

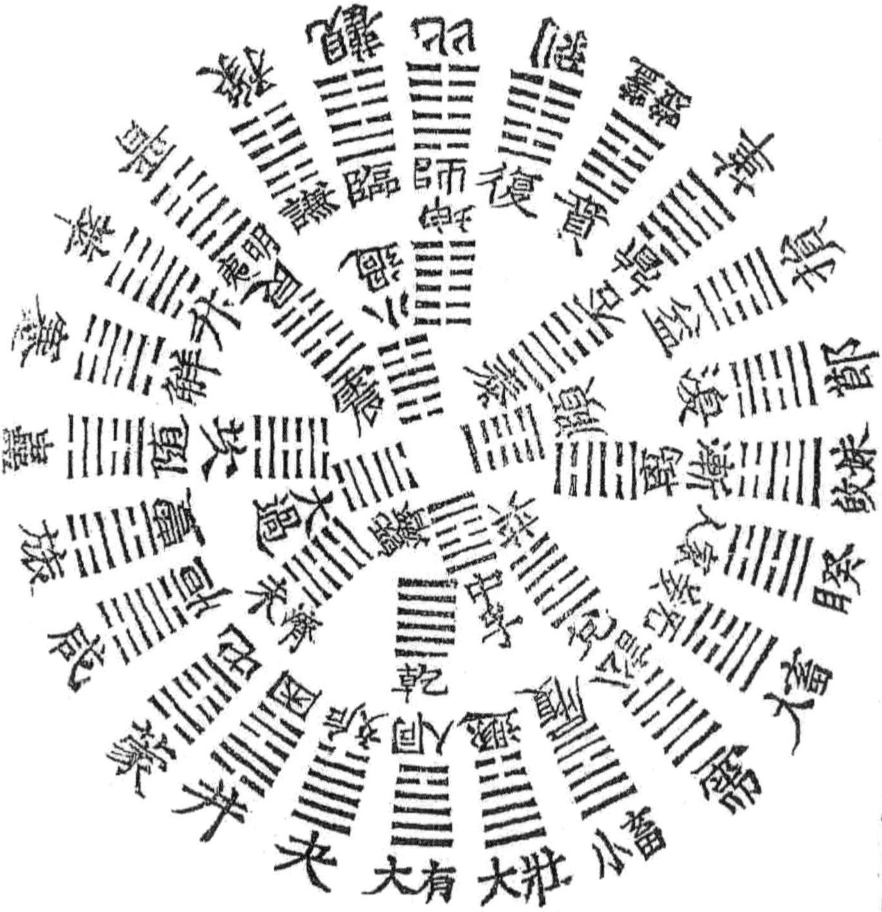

六十四卦中合德三十六卦圖

― 64괘 중에서 합덕을 형성하는 36괘를 그린 도표

要旨 외부, 겉과 속을 합한 36괘

내부 12괘 ; (건, 곤, 감, 리)4 + (기제/미제, 태/비, 진/간, 손/태)4 + (중부, 소과, 대과, 이)4

외부 24괘 ; (동인/대유)1 + (대장/돈)1 + (리/소축)1 + (송/수)1+ (무망/대축)1 + (가인/규)1 + (점/귀매)1 + (환/절)1 + (익/손)1 + (정/혁)1 + (비/서합)1 + (복/박)1 + (사/비)1 + (임/관)1 + (겸/예)1 + (명이/진)1 + (승/췌)1 + (해/건)1 + (수/고)1 + (풍/여)1 + (항/함)1 + (둔/몽)1 + (곤/정)1 + (구/쾌)1

譯註 이 도표는 천지의 내부와 외부 질서가 상호 반응하면서 생성변화한다는 것을 말하고 있다. 내부는 동서남북을 중심으로 12방위로, 또한 외부는 내부 질서를 바탕으로 안에서 밖으로 분출하는 양상의 24방위로 전개된다는 것이다. 이들의 합인 12 + 24 = 36이 외형 64괘의 실질적 모체라는 것이다.

三十六卦論

- 36괘 이론

要旨 괘의 논리에서 36이 차지하는 위상과 율려律呂의 운용도수運用度數 36을 비교해서 연구할 필요가 있다.

부 육 십 사 괘　이 선 천 양 의 괘 성 효
夫六十四卦, 以先天兩儀卦成爻,

위 팔 팔 육 십 사 괘
爲八八六十四卦,

후 천 우 유 양 의 괘 도 즉 상 위 교 역
后天又有兩儀卦圖則相爲交易,

천 지 지 천 태　미 위 합 덕 시　분 이 관 지 즉 위 이 괘
天地地天泰, 未爲合德時, 分而觀之則爲二卦,

이 각 이 위 후 천 양 의 교 탁
二各已爲后天兩儀交圻,

합 덕 이 관 지 즉 괘 수 일 괘　기 괘 명　비 태 이 괘
合德而觀之則卦雖一卦, 其卦名, 否泰二卦,

상 위 천 지 비　하 위 지 천 태 이 여 개 방 차
上爲天地否, 下爲地天泰而餘皆放此,

기 중 우 유 불 변 팔 괘　합 위 삼 십 육 괘 만 화 만 성
其中又有不變八卦, 合爲三十六卦万化万成。

무릇 64괘는 선천 양의괘兩儀卦가 효를 이루어 8 × 8 = 64괘가 된다.
후천에도 또한 양의괘도가 있는데, 서로 교역交易한다. 천지가 지천

태地天泰로 되는 것이 합덕하지 않을 때를 분리하여 살피면 두 괘가 되는데, 둘이 이미 후천 양의로 교류하여 벌어져 있다. 통합해서 보면 괘가 비록 하나일지라도 그 괘의 명칭은 비괘否卦와 태괘泰卦가 있는데 위는 천지비天地否요, 아래는 지천태地天泰가 되는데, 다른 나머지 모두는 이와 같다. 그 가운데 또한 불변하는 8괘[202]를 합한 36괘가 세상의 온갖 조화를 이루어 완수하는 것이다.

譯註 이 글은 앞 대목을 이어받아 64괘는 기본적으로 음양 논리를 바탕($2 \rightarrow 4 \rightarrow 8 \rightarrow 64$)으로 형성되었고, 특히 비괘否卦와 태괘泰卦 중심으로 나눈 것은 선천과 후천의 운행방식을 설명하기 위한 방법이라 하겠다.

---

202 동서남북에 있으면서 상하를 바꾸어도 똑같은 형상의 乾卦(☰), 坤卦(☷), 坎卦(☵), 離卦(☲) 등의 4괘를 비롯하여 180° 뒤집어엎으면 상대방이 되는 兌卦(☱)/巽卦(☴), 否卦(☷)/泰卦(☳), 艮卦(☶)/震卦(☳), 未濟卦(☲)/旣濟卦(☵) 등의 네 개의 괘를 통틀어 8괘를 뜻한다. 특히 후자는 『주역』 64괘의 순서에서 서로 앞뒤를 차지하고 있다.

三十六卦成道歌

– 도의 완성을 읊은 36괘에 대한 노래

要旨 꼬리물기의 문법으로 36괘를 시의 형식으로 노래불러 찬양하고 있다.

육 십 사 괘 합 덕 혜　삼 십 육 궁 성 도
六十四卦合德兮, 三十六宮成度。

삼 십 육 궁 성 도 혜　불 변 괘 팔 입 중
三十六宮成度兮, 不變卦八入中。

불 변 괘 팔 입 중 혜　건 곤 감 리 중 립
不變卦八入中兮, 乾坤坎离中立。

건 곤 감 리 중 립 혜　비 태 기 미 달 중
乾坤坎离中立兮, 否泰旣未達中。

비 태 기 미 달 중 혜　진 손 간 태 화 중
否泰旣未達中兮, 震巽艮兌化中。

진 손 간 태 화 중 혜　중 소 이 대 중 중 합
震巽艮兌化中兮, 中小頤大中中合。

중 소 이 대 중 합 혜　변 화 사 괘 합 중
中小頤大中合兮, 變化四卦合中。

변 화 사 괘 합 중 혜　십 이 괘 위 성 중
變化四卦合中兮, 十二卦位成中。

십 이 괘 위 성 중 혜　십 이 지 수 성 도
十二卦位成中兮, 十二地數成道。

십 이 지 수 성 도 혜　이 십 사 괘 달 외
十二地數成道兮, 二十四卦達外。

이 십 사 괘 달 외 혜   이 십 사 절 성 서
二十四卦達外兮, 二十四節成序。

이 십 사 절 성 서 혜   십 이 이 사 합 성
二十四節成序兮, 十二二四合成。

십 이 이 십 사 합 혜   삼 십 육 궁 대 화 성
十二二十四合兮, 三十六宮大化成。

삼 십 육 궁 대 화 혜   천 지 인 정 대 명
三十六宮大化兮, 天地人政大明。

천 지 인 정 대 명 혜   삼 삼 삼 육 성 도 시
天地人政大明兮, 三三三六成道時。

삼 삼 삼 육 성 도 혜   도 덕 행 화 만 방
三三三六成道兮, 道德行化万邦。

64괘가 합덕함이여! 36궁이 도수를 완성하도다.

36궁이 도수를 완성함이여! 불변하는 여덟 괘가 중심에 있구나.

불변하는 여덟 괘가 중심에 있음이여! 건곤감리가 중심에 서 있도다.

건곤감리가 중심에 서 있음이여! 비, 태, 기제, 미제괘가 중심에 도달했구나.

비, 태, 기제, 미제괘가 중심에 도달함이여! 진, 손, 간, 태가 중도로 변하도다.

진, 손, 간, 태가 중도로 변함이여! 중부, 소과, 이, 대과가 중도로 통합함이로다.

중부, 소과, 이, 대과가 위대한 중도로 통합함이여! 변화하는 네 괘가 중도로 결합하도다.

변화하는 네 괘가 중도로 결합함이여! 열 두 괘의 자리가 중도를 이루는구나.

열 두 괘의 자리가 중도를 이룸이여! 12 땅의 수로 도를 완수하도다.

12 땅의 수로 도를 완수함이여! 24괘 바깥까지 꿰뚫도다.

24괘 바깥까지 꿰뚫음이여! 24절기 순서로 이룩되도다.

24절기 순서로 이룩됨이여! 12와 24가 결합하여 완수되도다.

12와 24가 결합함이여! 36궁의 위대한 조화로 완성되도다.

36궁의 위대한 조화여! 천지인의 정사가 크게 밝혀지는구나.

천지인의 정사가 크게 밝혀짐이여! 3·3, 3·6으로 성도할 시간이로다.

3·3, 3·6으로 성도함이여! 도덕이 만방을 조화롭게 하도다.

譯註 이 노래는 64괘에 담긴 조직 구성을 바탕으로 '천지인'의 정사가 올바르게 베풀어지는 수학의 합법칙성을 음율에 맞추어 부른 것이다. 우리는 천지 자체, 또는 천지를 주재하는 신神은 수학자인가?[203] 라는 의문을 던질 정도로 수학은 만물의 원리인 동시에 자연의 문법이라는 뜻이 배어 있다. 한마디로 64괘는 '자연의 위대한 책'이라고 찬양하였다.

---

203 "신은 수학자가 아니라, 수학 자체가 신이다. … 수학은 우주의 언어인 동시에 신의 모국어다. … 신은 수학이라는 언어로 자연을 설계했다. 그러므로 수학은 신의 마음을 표현한 것이다."(마리오 리비오 저/감정은 역, 『신은 수학자인가?』, 서울: 열린과학, 2009), 53-126쪽.

日行赤圖

– 태양의 걸음걸이에 대한 천간 붙이는 방법을 설명함

要旨 내부에서 외부로 시공간이 벌어지는 질서를 수와 오행과 천간으로 배당하고 있다.

천 간 십 수 　 행 도 필 종 시 즉 성 구 도

天干十數, 行度必終始則成九道。

천간 10수의 걸음걸이는 반드시 종시終始로 순환하는데, 아홉 단계를 이룬다.[204]

譯註 태양이 지나가면서 남긴 발자국에 천간지지와 숫자를 배당하여 행성이 6갑 체계에 발맞추어 돌아가는 것을 그린 도표다.[205] 이는 정역사상의 배후에 천문학이 자리잡고 있음을 본받은 것이다.

---

204 열 개의 기둥으로 이루어진 갑, 을, 병, 정, 무, 기, 경, 신, 임, 계 '사이'는 아홉 단계라는 뜻이다.

205 하늘에 떠 있는 천체들과 땅 위에서 일어나는 수많은 사건들 사이에는 긴밀한 상호관계가 존재하는 까닭에 '하늘의 길'이라는 말이 생겼다. "정확한 달력을 만들어내는 것은 천문학의 가장 중요한 임무 중 하나다. … 미래에 벌어질 자연현상을 올바르게 예측하려면 무엇보다 먼저 과거에 누적된 관측자료들을 주의 깊게 분석해야 한다. 태양의 일출 지점을 비롯하여 달의 위상 변화와 별과 행성의 출몰과 시간변화, 땅 위에 세워놓은 막대기 그림자의 길이 변화 등의 천문 현상을 관측하여 숱한 자연의 변화를 읽어내었다. … 자연현상의 관측 결과를 기록으로 남기기 시작하면서 탄생한 달력이야말로 인류의 지성이 낳은 위대한 문화유산이다."(앤서니 애브니 저/박병철 역, 『별을 향한 길』, 서울: 영림카디널, 1999), 87쪽.

日 行 赤 圖

天干十數、行度必終始則成九道

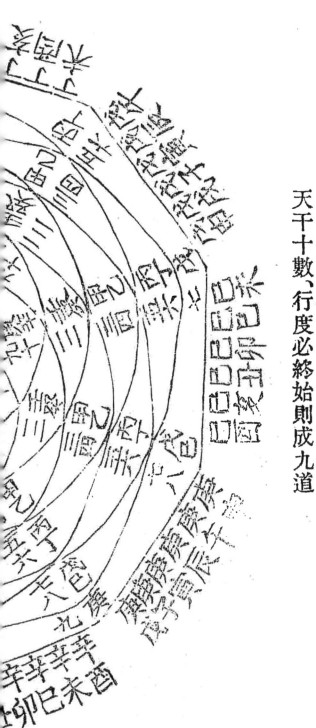

日圖論

일 도 론

– 태양의 발자취를 전통의 천문학 이론과 기철학을 결합시켜 설명함

要旨 태양이 왜 붉은 색을 띠는가의 문제를 비롯하여 동지 한밤중에 양기운이 처음 생겨나는 이치를 설명하고 있다.

일 이목화지기 생성고 성적기야
日, 以木火之氣, 生成故, 成赤氣也。

태양은 목화木火의 기운으로 생성하기 때문에 붉은 색 기운을 띠는 것이다.

譯註 이 구절은 태음에 대한 태양의 구성 요소를 5행의 논리로 설명한 것이다.[206]

부일 천지합덕지기 경청화기
夫日, 天地合德之氣, 輕淸和氣,
합위일지형광운행사시
合爲日之形光運行四時,
생성만물 본무체근
生成萬物, 本無軆根,

---

206 『正易』「十五一言」, "太陽은 倒生逆成하니 后天而先天이요 未濟而旣濟니라 七火之氣요 八木之軆니" 참조.

이 음 양 오 행 하 도 지 리　위 근 이 생 언 고
以陰陽五行河圖之理, 爲根而生焉故,

십 오 일 언 왈 일　칠 화 지 기　팔 목 지 체
十五一言曰日, 七火之氣, 八木之體,

음 양 오 행　각 유 상 생 상 극 굴 신 지 리
陰陽五行, 各有相生相極屈伸之理,

육 수 구 금 조 기 태 양 고
六水九金調其太陽故,

태 양 극 어 임 계 이 생 어 임 계
太陽極於壬癸而生於壬癸,

대저 태양은 천지가 합덕한 기운이다. 가볍고 맑고 조화로운 기운이
태양의 밝은 형체와 빛과 합하여 4시로 운행하고 만물을 생성시키는
데 원래부터 몸체와 뿌리가 없다. 음양오행의 하도 이법을 근거로 생
겨나는 까닭에 『정역』「십오일언」에서 "태양[日]은 7화의 기요, 8목의
본체이다"라고 했다. 음양오행에는 각각 상생과 상극, 굽히고 펼치는
이치가 있는데, 6수水와 9금金이 태양을 조절하는 까닭에 태양은 임
계壬癸에서 극한에 이르고 임계에서 생겨나는 것이다.

譯註 태양(과 달)은 하늘과 땅이 빚어낸 합작품이다. 하늘의 가볍고 맑
은 기운이 결합하여 태양 빛을 만들어 춘하추동 4시를 운행시키는
것이다. 그런데 태양의 활동을 조절하는 것은 태음의 뿌리에 있고, 태
양과 태음은 상호 요청의 관계로 존재한다고 말한다.

이 일 년 언 지 즉 동 지 자 반　일 양 시 생
以一年言之則冬至子半, 日陽始生,

일 일 관 지 즉 자 시 일 양 시 생
一日觀之則子時日陽始生,

차　수 생 목 목 생 화 상 생 지 리 야
此, 水生木木生火相生之理也,

이 차 관 지 즉 일 극 지 근 태 음 이 목 위 체　이 화 위 용
以此觀之則日極之根太陰以木爲體, 以火爲用,

생 어 임 자 계 축　장 어 갑 인 을 묘　성 어 병 오 정 미
生於壬子癸丑, 長於甲寅乙卯, 成於丙午丁未,

성 태 양 지 부 이 생 성 만 물
成太陽之父而生成万物,

운 행 사 시　성 적 기 행 도
運行四時, 成赤氣行道,

1년으로 말하면 동지 자시의 한밤중[冬至子半]에 태양의 양기운이 처음 생겨나며, 하루로 살피면 자시子時[207]에 태양 에너지가 처음으로 생겨나는데, 이것은 물이 나무를 낳고 나무가 불을 낳은 상생의 이치인 것이다. 이를 미루어 보면 태양의 궁극적 뿌리[日極]는 태음은 목木을 몸체로, 화火를 작용으로 삼아 임자와 계축에서 생하고, 갑인과 을묘에서 자라나, 병오와 정미에서 완성하고, 태양의 아버지를 이루어 만물을 생성시키고 4시를 운행시켜 붉은 기운으로 움직이는 것을 이룬다.

譯註 태양은 5행의 북방[壬子, 癸丑]에서 싹터 동방[甲寅, 乙卯]에서 자라나기 시작하여 남방[丙午, 丁未]에서 부쩍 커나가는 경계에 이르면 태양이 붉은 빛[赤]을 띤다는 것이다.

---

207 子時는 오후 11시부터 자정을 지나 오전 1시까지를 가리킨다.

수 오 행 지 리 생 언
雖五行之理生焉,

이 천 간 수 임 계 갑 을 병 정 무 기 경 신　행 지 고
以天干數壬癸甲乙丙丁戊己庚辛, 行之故,

건 원 용 구 이 일 삼 오 칠 구　성 도
乾元用九而一三五七九, 成度,

일 용 구 백 사 십 분 이 성 건 건 지 도 야
日用九百四十分而成乾健之道也。

비록 오행의 이치로 생겨나지만 천간의 수인 임, 계, 갑, 을, 병, 정, 무,
기, 경, 신으로 움직이기 때문에 건의 으뜸은 9로 작용하지만[乾元用
九], 1·3·5·7·9로 도수를 완수하여 태양은 940분[208]으로 작용하므로
건괘에서 말하는 하늘의 건실한 법도를 이루는 것이다.

譯註 만물이 5행으로 생겨나듯이, 6갑 역시 5행 법칙에 의거하여 북
방, 동방, 남방, 중앙, 서방(수 → 목 → 화 → 토 → 금)의 순서로 운행한다.
그리고 건괘乾卦는 홀수(1, 3, 5, 7, 9) 법칙으로 양陽을 주재한다고 얘기
한다.

---

208 지구가 태양을 중심으로 自轉과 公轉하면서 黃道를 한 바퀴 도는 과정을 하늘의 24
점에 배분할 경우에 24절기가 형성된다. 하지만 360÷24=15라는 공식처럼, 정확하게 15日
만에 도달하지 못하고 15日 315分(옛 방식으로 하루는 12時, 1時는 8刻, 1刻은 15分이다. 즉
하루는 12×8×15=1,440분이다. 따라서 24절후×315분÷1,440=5 나머지 360이 된다)을
더 가야만 한다. 즉 365일 360분을 가야만 24절후가 성립되는 것이다. 달은 지구를 중심으
로 돈다. 달이 도는 궤도를 白道라 한다. 달은 1년 354日 348/940분으로 운행한다. 태양력 1
년과 태음력 1년과의 차이는 약 11일 편차가 생기는 것이다. 역법에서 4년마다 윤달을 넣은
이유가 여기서 비롯된 것이다. 정역사상은 태양과 태음의 길의 일치와, 태양의 뿌리는 태
음에 있다는 것을 강조하므로 달 움직임의 징조인 940을 태양의 운행으로 표현한 것이다.

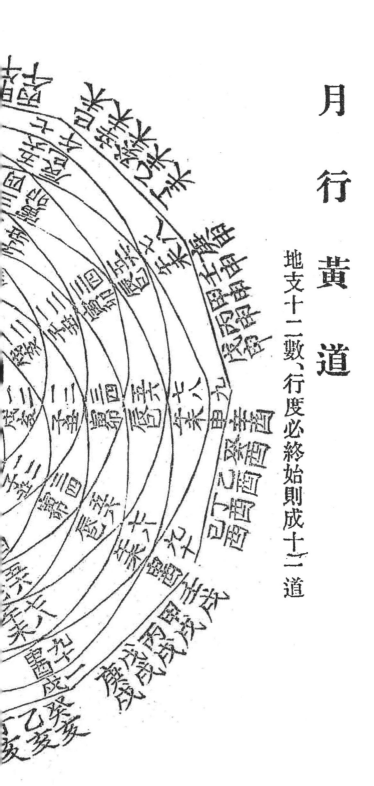

月 行 黃 道

地支十二數、行度必終始則成十二道

月行黃道

월행황도

- 황도[209]를 걷는 달의 발걸음

要旨 달은 지지의 방식에 의해 변화한다는 것을 그린 도표다. 여기서 우리는 천간지지(6갑) 시스템으로 이 세상이 움직인다는 사실을 발견할 수 있다.

地支十二數, 行度必終始則成十一道。

지지십이수   행도필종시즉성십일도

지지 12수는 그 도수가 반드시 종시終始로 운동하므로 11도道를 완수한다.

譯註 도표를 보면 매우 흥미있는 사실을 발견할 수 있다. 태양은 황도黃道를 걷고, 달은 백도白道를 걷는다. 그러나 앞의 「일행적도日行赤道」는 천간이 원을 둘러싸면서 6번 씌었다.(천간은 같고 지지는 다르다. 하나의 천간에 여섯 개의 다른 지지가 붙는다. 선천은 천간이 고정이고, 지지가 변화하는 구도를 뜻한다.) 이곳 「월행황도月行黃道」는 지지가 5번 씌었다(지지는 같고 천간이 다르다. 하나의 지지에 다섯 개의 다른 천간이 붙은 것이다. 한마디로 후천은

---

209 天球를 걷는 태양의 궤도를 黃道(ecliptic)라 부른다. 황도는 赤道(equator; 지구의 자전축에 대하여 직각으로 지구 중심이 지나도록 자른 평면과 지표와의 교선을 가리킨다.)와 23° 27' 쯤 경사되어 있으며, 황도상의 태양이 남에서 북으로 적도를 가로지르는 점이 춘분점이다.

지지가 고정이고, 천간이 변화하는 구도를 뜻한다). 왜 그런가? 첫째, 정역사상은 자연의 본질적 전환을 강조하는데, 그 중에서 가장 먼저 나타나는 현상이 천문의 변화다. 천문의 변화를 표현하는 것이 곧 6갑인데, 선천은 천간 중심으로 돌아가는 반면에 후천은 지지 중심으로 돌아가는 까닭에 선천을 천지 세상이라 부르고 후천을 지천 세상이라 부르는 것이다. 둘째, 태양계의 변화로는 황도와 적도가 일치되는 현상을 시사한다. "그것은 대자연의 역학적, 물리학적, 초자연적 변화에 달린 것이요, 결코 사람의 힘이 미칠 바가 아닌즉 우리 인류로서는 그 가능성과 필연성을 세밀히 관찰하여 장차 그렇게 될지도 모를 우주의 대변화에 대비하는 인간변화의 길, 즉 인간완성의 길을 모색하여야 할 줄로 생각한다."[210]

210 이정호, 『원문대조 국역주해 정역』(서울: 아세아문화사, 1990), 112쪽.

월도론
月圖論

– 달의 움직임을 설명하는 그림

要旨 달의 근거는 태양에 있으며, 태양과 태음은 각각 서로의 존재 근거라는 것을 밝히고 있다.

월 이금수지기 생성고 성황기야
月, 以金水之氣, 生成故, 成黃氣也。

달은 금과 수의 기운으로 생성하는 까닭에 누런 색 기운을 띠는 것이다.

譯註 이 구절은 태양에 대한 태음의 구성 요소를 5행 논리로 설명한 것이다.

부월 역천지오행합덕지기
夫月, 亦天地五行合德之氣,
청정지기 상승위월지형광
淸精之氣, 上乘爲月之形光,
행십이지지고 월행우지
行十二地支故, 月行尤遲,
불급천십삼도십구분도지칠
不及天十三度十九分度之七,

^{일 월 삼 십 일} ^{일 월 동 궁 이 상 합}
一月三十日, 日月同宮而相合,

^{월 행} ^{일 일 불 일 도}
月行, 日日不日度,

^{일 월} ^{상 퇴 순 역}
日月, 相退順逆,

^{삼 십 일 부 합 상 분} ^{성 일 년 십 이 월 이 운 행}
三十日復合相分, 成一年十二月而運行,

대저 달(태음) 역시 천지 오행이 합덕한 기운이다. 맑고 순수한 기운은 위로 올라가 달의 형체와 빛을 이루고, 12지지의 방식으로 운동하기 때문에 달의 운행은 더욱 늦어져 하늘(의 운행에) 13도 7/19이 미치지 못한다. 한 달이 30일이 되면 해와 달이 같은 집에서 서로 결합하여 달 운행이 날마다 하루도 도수를 어기지 않고, 해와 달이 서로 물러나는 순역順逆 운동이 30일에 다시 합하고 서로 나뉘어 1년 12월을 이루어 운행한다.

譯註 달은 천지와 5행이 빚어낸 합작품이다. 선천에는 달 운행과 태양 운행의 질서에 엇박자가 나는 까닭에 자연에 부조화가 생긴다. 하지만 후천은 일월이 정상 궤도를 걷는 까닭에 1년 12월의 역법에 균형이 이루어진다는 것이다.

^{월 역 무 체 무 근}
月亦無體無根,

^{이 하 도 오 행 지 리} ^{위 근 이 생 언 고}
以河圖五行之理, 爲根而生焉故,

정 역　왈 월　일 수 지 혼　사 금 지 백
正易, 曰月, 一水之魂, 四金之魄,

고　이 십 팔 일　굴 우 진
故, 二十八日, 窟于辰,

삼 십 일 포 어 오 이 초 일 일 초 삼 일
三十日胞於午而初一日初三日,

월 생 신 유 이 화 삼 목 조 기 태 음 지 정
月生申酉二火三木調其太陰之政,

월 음　극 어 오 미　생 어 오 미
月陰, 極於午未, 生於午未,

차　화 생 토 토 생 금 금 생 수　금 수 상 생
此, 火生土土生金金生水, 金水相生,

육 수 구 금　조 양 위 율
六水九金, 調陽爲律,

이 화 삼 목　조 음 위 려　성 율 려 도 수
二火三木, 調陰爲呂, 成律呂度數,

달 역시 실체와 뿌리 없이 하도의 오행 법칙을 근거로 삼아 생기기 때문에 『정역』「십오일언」에서 "달은 1수의 혼魂이요, 4금의 백魄이다"[211]라고 했다. 28일에 (달이) 진辰에서 굴하고,[212] 30일 오午에서 포胞하여 초1일을 지나 초3일에 달은 신申과 유酉에서 생한다.[213] 2화3목이 태음의 정사를 조절하므로 달의 음기운은 오미午未에서 극한을 이루고 오미에서 생겨난다. 이것은 화가 토를 낳고, 토는 금은 낳고, 금은 수를 낳아 금수金水가 상생하는 관계를 나타낸다. 6수9금은 양기운

---

211 『正易』「十五一言」, "太陰은 逆生倒成하니 先天而后天이요 旣濟而未濟니라 一水之魂이요 四金之魄이니"

212 『正易』「十五一言」 "金火五頌", "月分于戌, 十六日; 月弦下巳, 二十三日; 月窟于辰, 二十八日; 月復于子, 三十日, 晦, 后天."

213 『正易』「十五一言」 "金火五頌", "五度而月魂生申, 初三日; 月弦上亥, 初八日; 月魄成午, 十五日, 望, 先天." 이로 볼 때, 申과 酉에서 酉는 빠져야 할 글자로 보인다.

을 조절하는 율律이 되고, 2화3목은 음기운을 조절하는 려呂가 되어 율려도수를 형성한다.[214]

譯註 태음(달)은 28일 무진戊辰에서 움터 30일 경오庚午에서 포태하고 3일 임신壬申에서 생한다. 그것은 화 → 토 → 금 → 수 → 목의 순서로 운행하는 것을 뜻한다. 또한 태음의 뿌리는 불[火]이며, 심지어 6수9금은 양을 조절하는 율律이고 2화3목은 음을 조절하는 려呂라고 말한다.

이 차 관 지 즉 월 극 지 근
以此觀之則月極之根,[215]

태 양 이 금 위 체
太陽, 以金爲軆,

이 수 위 용 이 자 축 인 묘   진 사 오 미 신 유 술 해 행 지 고
以水爲用而子丑寅卯[216]辰巳午未申酉戌亥行之故,

월 행 지 불 일 도
月行遲, 不日度,

일 순 월 역   회 삭 합 분   진 퇴 굴 신 영 허 소 장
日順月逆, 晦朔合分, 進退屈伸盈虛消長,

일 일 십 이 시 일 년 십 이 월 성 도 고 곤 도 성 녀
一日十二時一年十二月成度故坤道成女,

용 기 육 수 이 이 육 십 이   위 십 이 시   십 이 월
用其六數而二六十二, 爲十二時, 十二月,

사 육 이 십 사   위 이 십 사 절
四六二十四, 爲二十四節,

---

214 『正易』「十五一言」"金火五頌", "六水九金은 會而潤而律이니라 二火三木은 分而影而呂니라"
215 '以此觀之則月極之根'는 '以此觀之, 則月極之根'로 읽어야 한다.
216 '以水爲用而子丑寅卯'는 '以水爲用, 而子丑寅卯'로 읽어야 한다.

오 육 삼 십　위 일 월 삼 십 일
五六三十, 爲一月三十日,

육 육 삼 십 육　위 일 년 삼 십 육 기 수　위 태 음 지 모
六六三十六, 爲一年三十六氣數, 爲太陰之母,

이 사 육 팔 십　성 곤 순 지 덕 야
二四六八十, 成坤順之德也。

이로 보건대 월극月極의 뿌리는 태양으로서 금金을 본체로 삼고 수水
를 작용으로 삼아 자, 축, 인, 묘, 진, 사, 오, 미, 신, 유, 술, 해로 운행하
는 까닭에 달의 움직임이 늦어져 태양의 도수에 부합하지 않는다. 태
양은 순順의 방식으로 움직이고 달은 역逆의 방식으로 움직여 그믐
과 초하루가 합하고 나뉘어 진퇴굴신과 영허소장하여 하루는 12시, 1
년은 12달의 도수를 이루어 곤도坤道는 여성의 원리로서 6수數를 사
용하므로 2 × 6 = 12는 12시와 12월을 이루고, 4 × 6 = 24는 24절기
를 이루고, 5 × 6 = 30은 한 달 30일을 이루고, 6 × 6 = 36은 1년 36
기수氣數를 이루어 태음의 어머니[太陰之母]가 되는 것이다. 2, 4, 6, 8,
10은 곤의 순응하는 덕성을 완수한다.

譯註 태양과 태음은 서로의 존재 근거가 분명하지만, 해와 달의 운행
은 약간씩 차이가 벌어져 꼭 들어맞지 않는다. 왜냐하면 음양의 불균
형으로 인해 일월이 타원궤도를 걷기 때문이다. 태양(하늘, 무극)은 10
에서 1의 방향으로 진행하는 순順의 논리이고, 태음(땅, 황극)은 1에서
10의 방향으로 진행하는 역逆의 논리이다. 그리고 하루가 12시, 1년이
12달인 까닭은 달의 주기에서 비롯된다는 것이다.

병 오 삼 월 십 오 일　 태 충　 김 원 기　 봉 서
丙午三月十五日　 太忠　 金元基　 奉書。

병오년(1906년) 3월 15일, 태충太忠 김원기金元基가 받들어 쓰다

月圖論

正易圖書說

정 역 도 서 설

– 정역사상의 핵심은 하도낙서에 있다는 이론

要旨 음양법칙의 보편성을 통해 형이상학과 수리철학의 일원화를 꾀하였다. 한국철학의 고유한 '일삼一三, 삼일三一 논리'를 도입하여 정역사상과 결합했으며, 특히 윷판의 구조에 나타난 수리와 하도낙서 원리 모두가 상제의 뜻에서 비롯되었다고 주장한다.

역 음 양   음 양   주 야
易은 陰陽이니 陰陽은 晝夜라

주 야 자   사 생 지 도   도 무 형 체
晝夜者는 死生之道니 道無形體라

일 음 일 양 지 위 도
一陰一陽之謂道니라

역은 음양이다. 음양은 밤낮이다. 밤낮은 죽음과 삶의 도이므로 도는 형체가 없다. 한 번은 음이 되고 한 번은 양이 되는 것을 일컬어 도라 한다.

譯註 역은 음양론에 기초한다. 음양은 자연과 문명과 역사와 인간을 관통 지배한다. 따라서 만물은 음양의 이원적 대립과 순환을 통해 발전한다. 음양은 하늘에서는 일월로, 땅에서는 산과 강, 인간 사회에서는 윤리의 모습으로 나타난다는 것이다.

음양　기야　기유승강　　도역승강
陰陽은 氣也니 氣有升降ᄒᆞ고 道亦升降이라

유천지인지도
有天地人之道ᄒᆞ니

재천　일월　대명　　사시착행
在天에 日月이 代明ᄒᆞ야 四時錯行ᄒᆞ며

재지　산천　유치　　백물　생육
在地에 山川이 流峙ᄒᆞ야 百物이 生育ᄒᆞ며

재인　효제충신　　일용상행　무비도야
在人에 孝悌忠信ᄒᆞ야 日用常行이 無非道也ㅣ라

역　상행호도지중이인부지찰언
易이 常行乎道之中而人不之察焉이니라

음양의 기氣이다. 기는 오르고 내리며 도 역시 오르고 내린다. 천지인
3재의 도가 있는데 하늘에서는 일월이 대신 밝게 빛나 4시가 섞이면
서 운행하며, 땅에서는 산천이 흐르고 우뚝 솟아 만물이 생육하며,
사람에서는 효제충신孝悌忠信으로 날마다 실천하는 것이 도 아닌 것
이 없다. 역易이 항상 도 가운데 실행되고 있으나 인간이 살피지 않고
있을 따름이다.

역무일정　수시변역　도　일야
易无一定이라 隨時變易이오 道는 一也ㅣ라

일이무변자　도야
一而无變者ㅣ道也니

일고　만물　무시불생
一故로 萬物이 无時不生이오

변즉만물　무시가성
變則萬物이 无時可成이니라

역 지 변   관 호 만 물
易之變은 觀乎萬物이오

도 지 일   관 호 사 시   사 시   본 호 일
道之一은 觀乎四時니 四時ㅣ本乎一이라

일 고   불 특
一故로 不忒이니라

역은 일정하게 고정된 것이 아니다. 시간의 흐름에 따라 변화하는 것
이요, 도는 하나이다. 하나이면서 (스스로) 변화하지 않는 것이 곧 도이
다. '하나'인 까닭에 만물은 시간이 없으면 생겨나지 않으며, 변화하기
때문에 만물은 시간이 없어도 성숙될 수 있는 것이다. 역에서 말하는
변화는 만물에서 살필 수 있고, 도가 하나라는 것은 4시에서 살필 수
있으므로 4시는 '하나'에 근본하며, 하나인 까닭에 어긋나지 않는다.

譯註 이 대목의 주어는 변화와 시간[時^시]이다. 그렇다면 변화가 있기
때문에 시간을 계산할 수 있는 것인가? 아니면 시간 안에서 변화한다
는 뜻인가? 역은 이 둘을 포괄하는 개념으로 도道를 제시한다. 도는
'일자'이며, 일자(1)에서 음양(2)으로 분화 전개된다는 것이다.

수   근 어 일
數ㅣ根於一이라

득 일 즉 수 성   실 일 즉 수 불 성
得一則數成하고 失一則數不成하나니

시 고   수 유 일 십 백 천 만 억 조 이 일 부 동 언
是故로 數有一十百千萬億兆而一不動焉이니라

수數는 하나[一]에 뿌리를 두고 있다. 하나를 얻으면 수의 질서가 이루어지고, 하나를 잃으면 수의 질서는 이루어지지 않는다. 이런 까닭에 수는 일, 십, 백, 천, 만, 억, 조가 있으나, '하나'는 움직이지 않는다.

譯註 '일자'가 곧 도道이다. 일자가 다자多者와 차별화된 단일성을 뜻한다면, 도는 일자와 다자가 통합된 포괄성을 뜻한다. '1'에서 모든 수가 연역되듯이, 도에 근거하여 온갖 생명체가 태어난다. 만약 수 1이 없으면 수열數列의 성립도 불가능한 것이다.

천　　득 일 이 청
天이 得一以淸하고

지　　득 일 이 녕
地ㅣ 得一以寧하고

신　　득 일 이 령
神이 得一以靈하며

곡　　득 일 이 영
谷이 得一以盈하고

만 물　　득 일 이 생
萬物이 得一以生하며

후 왕　　득 일　　이 위 천 하 정
侯王이 得一하야 以爲天下正하니라

하늘은 하나를 얻어 맑고[淸], 땅은 하나를 얻어 평안하고[寧], 신은 하나를 얻어 신령하고[靈], 골짜기[谷]는 하나를 얻어 가득 차고, 만물은 하나를 얻어 생명으로 태어나며, 임금은 하나를 얻어 천하를 올바르게 하는 것을 목적으로 삼는다.

1은 단순한 숫자가 아니라, 천지에서 가장 으뜸가는 원리이다. 하늘, 땅, 신의 세계와 산천을 비롯하여 만물은 수 1에 뿌리를 두고 발생하고, 심지어 임금마저도 이 '일자[道]'를 근본으로 삼아야만 천하를 안정시킬 수 있다고 했다.

천하　통호일이실일즉천하　란
天下ㅣ 統乎一而失一則天下ㅣ 亂ᄒ고

일국　통호일이실일즉일국　란
一國이 統乎一而失一則一國이 亂ᄒ고

일가　통호일이실일즉일가　란
一家ㅣ 統乎一而失一則一家ㅣ 亂ᄒᄂ니

일자　하　태극　시야
一者ᄂ 何오 太極이 是也ㅣ니라

천하는 '하나'에서 통일되므로 하나를 잃으면 천하는 어지러워진다. 나라는 하나에서 통일되므로 하나를 잃으면 나라는 어지러워지고, 가정은 하나에서 통일되므로 하나를 잃으면 가정은 어지러워진다. '하나'란 무엇인가? 태극이 바로 그것이다.

'하나=도'를 체득해야만 천하 국가와 가정이 다스려질 수 있는데, 이 '하나'가 바로 태극이라는 것이다.

태극　무형이우어유형
太極은 无形而寓於有形ᄒ야

위천위지　시분위이
爲天爲地ᄒ야始分爲二ᄒ니

위 천 위 지　유 동 유 정 이 태 극　고 혼 연
爲天爲地에 有動有静而太極이 固渾然이라

무 동 무 정　재 천 이 일　재 지 이 일
无動无静이 在天而一ᄒᆞ고 在地而一ᄒᆞ니라

태극은 형체가 없으나 형체에 깃들어 천지가 된다. (태극이) 처음으로
나뉘어 둘이 되니 하늘과 땅이 된다. 움직이고 고요한[動靜] 가운데
태극이 진실로 혼연한 가운데 머물러 있다. 움직임이 없거나 고요함
도 없을 때에는 하늘에서 하나이고 땅에서도 하나일 뿐이다.

譯註 태극은 감각과 형체를 초월한 무형의 존재이지만, 사물의 형체
에 깃들어 있기 때문에 인간의 인식 대상으로 포착될 수 있다. 이러한
'일자'는 시간의 지속성을 본질로 삼는다.

태 극 중　유 음 양　허 중 허 기
太極中에 有陰陽ᄒᆞ니 虛中噓氣라

기 유 변 화 고　태 극　수 기 이 행
氣有變化故로 太極이 隨氣而行ᄒᆞ나니

유 동 유 정 자　음 양 야　무 동 무 정 자　태 극
有動有静者는 陰陽也오 无動无静者는 太極이라

천 지 변 화　지 지 만 품　인 지 사 단
天之變化와 地之萬品과 人之事端이

무 비 태 극 지 유 행
无非太極之流行이니

유 행 지 중　음 양　상 상 수
流行之中에 陰陽이 常相須ᄒᆞ야

일 이 이　이 이 일 언
一而二ᄒᆞ고 二而一焉이라

正易圖書說

역도　유태극이현　태극　유역이저
易道ㅣ由太極而顯_{하고} 太極이 由易而著니라

태극 가운데 음양이 있으므로 텅 빈 속에서 기를 불러일으킨다. 기에는 변화가 있기 때문에 태극은 기에 의존해서 움직이니, 움직이고 고요한 것은 음양이요, 움직임도 없고 고요함도 없는 것은 태극이다. 하늘의 변화와 땅의 온갖 생명체와 인간의 올바른 행위의 실마리[事端]가 태극의 유행이 아님이 없다. 유행 가운데 음양이 언제나 서로를 필요로 하는 까닭에 (태극과 음양은) 하나이면서 둘이고 둘이면서 하나의 관계로 존재한다. 역도易道는 태극에 근거하여 드러나고, 태극은 역易으로 말미암아 드러나는 것이다.

譯註 태극 속에는 만물의 이치가 새겨져 있다. 그 실체가 바로 음양이다. 음양은 만물을 살아 있게 만드는 에너지의 원천이자 변화의 원동력이다. 이러한 태극과 음양은 사실의 측면에서는 '하나'로, 논리의 측면에서는 '둘'로 존재한다. 태극과 음양은 항상 '동시에' 존재하지만, 태극은 태극이고 음양은 음양일뿐 결코 본체와 작용의 관계가 역전될 수 없다는 뜻이다.

양의미판지전　혼연일무극이이
兩儀未判之前앤 渾然一无極而已러니

양의기판지후　무극이유극
兩儀旣判之後에 无極而有極하야

음양　시분　경청위천　중탁위지
陰陽이 始分하야 輕淸爲天하고 重濁爲地하니

위 천 위 지　　지 견 유 극 이 생 천 생 지 자
爲天爲地에 只見有極而生天生地者ㅣ

시 무 극
是无極이니라

음양 양의가 아직 판가름나기 이전에는 혼연한 가운데 하나의 무극
无極이었다. 양의가 이미 판가름 난 이후에 극이 없으면서도 극이 있

무극이유극
었다[无極而有極]. 음양이 처음으로 나뉘어 가볍고 맑은 것은 하늘이
되고, 무겁고 탁한 것은 땅이 되었다. 하늘이 되고 땅이 되는 것에서
오직 유극有極을 볼 수 있으며, 하늘과 땅을 생겨나게 하는 것이 바로
무극이다.

譯註 이 대목은 음양 이전의 세계를 설명한다. 음양 이전에는 하나의
무극만 존재하고, 무극이 열린 뒤에야 비로소 음양이 나뉘기 시작한
다는 것이다. 따라서 무극은 천지를 낳게 하는 최종 근거인 셈이다.

무 극　　역 지 근 야　　역 지 실 처 야
无極은 易之根也오 易之實處也ㅣ라

수 무 형 가 견　　기 명 왈 무 극 즉 위 지 물　　가 야
雖无形可見이나 旣名曰无極則謂之物이 可也니

약 왈 무 명　　천 지 지 시
若曰无名은 天地之始ㅣ라ᄒᆞ면

차　　이 허 무　　위 종　　불 언 실 처
此는 以虛无로 爲宗ᄒᆞ야 不言實處ㅣ니

부 지 유 생 생 지 역 야
不知有生生之易也니라

무극은 역의 근본이요 역이 실제로 존재하는 곳이다. 비록 형체를 볼 수 없으나, 이미 무극을 하나의 물건이라 부르는 것은 옳다. 만약 "이름 붙일 수 없는 것[无名^{무명}]이 천지의 시작"[217]이라 하면 이것은 허무虛^허无를 종지로 삼아 (무극이) 실제로 머물러 있는 곳[實處^{실처}]을 말하지 못하는 것이므로 생명을 낳고 낳는 것이 바로 역易임을 모르는 것과 같다.

譯註 이 글은 명칭[名^명]과 실재[實^실] 사이의 차이점 분석과 논리적 사유에 치중한 나머지 생명의 실상을 놓친 노자老子를 비판한 것이다. 김일부가 말하는 무극无極이야말로 존재와 변화의 궁극적 근원에 해당하는 역의 본질이라고 주장한다.

자개벽이유역　　인문　미개　　부지유역
自開闢而有易이로디 人文이 未開ㅎ야 不知有易이러니

포희씨　작　인문　시개　　시지유역
包犠氏ㅣ作에 人文이 始開ㅎ야 始知有易ㅎ니

불유성인　　기하지역
不有聖人이면 其何知易고

천생성인　　시지신물
天生聖人ㅎ시고 示之神物ㅎ시니

용마　출하　신귀　출락
龍馬ㅣ出河ㅎ고 神龜ㅣ出洛ㅎ야

천지지수　비진어도서
天地之數ㅣ備盡於圖書ㅎ니

도서지리　실구어태극
圖書之理ㅣ悉具於太極이라

217『노자』1장, "道可道는 非常道요 名可名은 非常名이라 无名은 天地之始요 有名은 萬物之母라"

앙 관 부 찰　　근 취 원 취　무 비 역 야
仰觀俯察하고 近取遠取ㅣ 无非易也ㅣ라
어 시　시 작 팔 괘　　이 명 역 도
於是에 始作八卦하야 以明易道하니라

천지가 처음 열린 개벽 때부터 역이 존재했으나, 인문이 미개하여 역
이 존재함을 알지 못하더니 포희씨가 일어나 인문이 처음으로 열리
고 처음으로 역이 존재함을 알게 되었다. 성인이 없었다면 어떻게 역
을 알 수 있었겠는가? 하늘이 성인을 내려 보내시고, 신물神物로 보여
주시니 용마龍馬가 하수에서 나오고 신묘한 거북이 낙수에서 나와
천지의 수가 하도낙서에 극진하게 갖추어지게 되었는데, 도서圖書의
원리는 모두 태극에 깃들어 있다. 우러러서는 하늘을 살피고 굽어서
는 땅을 관찰하여 가깝게는 몸에서 취하고 멀게는 사물에서 취한 것
[218]이 역이 아님이 없다. 여기서 처음으로 8괘가 만들어져 역도가 밝
혀지게 되었다.

譯註 역은 시공과 더불어 존재했으며, 인류 문명의 아버지인 포희씨
로부터 역의 중요성이 처음으로 인식되었다고 말한다. 하늘은 성인에
게 하도낙서라는 선물을 내려 보냈는데, 하도낙서를 하나의 개념으로
압축하면 태극이다.

역　무 극 지 변 이 이 기 유 교 역 변 역 지 의 고
易은 无極之變而以其有交易變易之義故로

---

218 『周易』「繫辭傳」하편 2장, "古者包犧氏之王天下也, 仰則觀象於天, 俯則觀法於地, 觀鳥
獸之文, 與地之宜, 近取諸身, 遠取諸物, 於是始作八卦, 以通神明之德, 以類萬物之情."

명 이 역
名以易이니라

역 선 천 지 지 혼 연 후 천 지 이 혼 연
易은 先天地之渾然하고 後天地而渾然하니

지 혼 연 이 왈 혼 연 즉 황 홀 난 상
指渾然而曰渾然則況惚難象하야

인 난 측 식 고 명 지 왈 역
人難測識故로 名之曰易이니라

역은 무극이 변하여 교역과 변역의 뜻이 있게 되었기 때문에 '역'이라
불렀던 것이다. 역은 천지보다 먼저 혼연하게 존재했고, 천지가 생긴
뒤에도 혼연하게 존재하므로 혼연을 가리켜 혼연이라 부르면 눈이 부
실 만큼 황홀恍惚하여 그 모습을 형용하기 어렵고, 사람이 헤아려 알
기 어려운 까닭에 '역'이라 불렀던 것이다.

譯註 역은 무극에서 비롯되었다. 무극에는 음양의 변화[交易]와 천
지의 본질적 변화[變易]가 있다. 이러한 역은 천지보다 앞서 존재하기
때문에 알기가 무척 어렵다고 고백한다.

무 극 일 변 이 위 천 위 지
无極이 一變而爲天爲地오

위 천 위 지 이 천 지 각 구 일 무 극
爲天爲地而天地ㅣ各具一无極이니라

변 역 이 위 양 의 교 역 이 위 사 상
變易而爲兩儀하고 交易而爲四象하고

우 교 역 이 위 팔 괘 역 지 명 이 차 야
又交易而爲八卦하니 易之名이 以此也ㅣ니라

무극이 한 번 변하여 천지가 되었고, 천지가 되자마자 천지는 각각 하나의 무극을 갖추게 되었다. (무극이) 변역하여 양의가 되고, 교역하여 4상이 되었으며, 또다시 교역하여 8괘가 되었다. 역이라는 명칭이 바로 이것이다.

譯註 여기서부터는 태극 중심의 『주역』과 차별화된 『정역』의 무극을 강조한다.

팔 괘 변 역 이 위 육 십 사 괘
八卦ㅣ變易而爲六十四卦하고

교 역 이 위 삼 백 팔 십 사 효
交易而爲三百八十四爻하니

음 양 변 역 교 역 지 의 진 의
陰陽變易交易之義ㅣ盡矣니라

8괘가 변역하여 64괘가 되고, 교역해서는 384효가 되므로 음양의 변역과 교역의 뜻이 빠짐없이 드러난다.

譯註 음양 변화에서 비롯된 8괘 384효는 교역과 변역 법칙의 산물이다.

천 지 음 양 지 성 체 자 야
天地는 陰陽之成體者也ㅣ라

천 지 기 이 변 역 이 성 체
天地ㅣ旣以變易而成體하니

범 천 지 간 화 화 생 생 지 물
凡天地間化化生生之物이

막 비 음 양 지 소 위 이 물 물
莫非陰陽之所爲而物物이

역 막 비 변 역 이 성 체 자 야
亦莫非變易而成體者也ㅣ라

천 위 호 상　　지 위 호 하
天位乎上흐고 地位乎下흐야

궁 고 극 광 이 상 체　불 역
窮高極廣而常體ㅣ不易흐니

불 역 자　일 야
不易者는 一也ㅣ라

일 고　능 위 만 물 지 근 언
一故로 能爲萬物之根焉이니라

천지는 음양이 몸체를 이룬 것[成體]이다. 천지가 이미 변역하여 몸체를 이루었으므로 무릇 천지 사이의 변화가 만물을 낳는 것은 모두 음양이 짓는 바가 아님이 없으며, 만물 역시 변역하여 몸체를 이룬 것 아님이 없는 것이다. 하늘은 위에 자리 잡고 땅은 아래에 자리 잡아 가장 높은 곳까지 궁구하고 가장 넓은 곳까지 헤아려도 언제 어디서나 항상된 본체[常體]는 바뀌지 않는다. 바뀌지 않는 것은 '하나'이다. 하나인 까닭에 능히 만물의 뿌리가 될 수 있는 것이다.

譯註 우리가 눈으로 볼 수 있는 천지는 음양이 만든 생명의 터전이다. 천지는 시공 변화의 원천이고 변화가 실현되는 공간이다. 이러한 변화를 가능케 하는 궁극적 원인이 바로 '일자'인 태극이다.

성 인   체 천 지 자 야
聖人은 體天地者也라

고   중 니   왈 오 도   일 이 관 지
故로 仲尼ㅣ 曰吾道는 一以貫之라흐시니라

성인은 천지를 체득한 사람이다. 그래서 중니仲尼는 "나의 도는 하나로 꿰뚫었다"[219]고 했다.

譯註 성인은 생명의 '살림'을 머금은 천지의 존재 이유와 목적을 깨달은 존재다.

역 수   기 어 일   일 생 이
易數ㅣ 起於一흐니 一生二흐고

이 생 사   사 생 팔
二生四흐고 四生八흐야

팔 팔 이 위 육 십 사
八八而爲六十四흐고

육 육 이 위 삼 백 팔 십 사 이 일 부 동 언
六六而爲三百八十四而一不動焉흐니

일   일 이 무 변 자 야
一은 一而无變者也ㅣ라

고   대 연 지 수   오 십
故로 大衍之數ㅣ五十에

기 용   사 십 구 이 일 불 용 자
其用이 四十九而一不用者는

부 동 불 변 고 야
不動不變故也ㅣ시라

219『論語』「里仁篇」, "吾道, 一以貫之."

正易圖書說

역의 수[易數]는 1에서 비롯되어 1이 2를 낳고, 2는 4를 낳고, 4는 8을 낳고, 8 곱하기 8은 64가 되고, 6 곱하기 64[220]는 384가 되지만 1은 운동하지 않는다. 1은 천지의 근원인 하나로서 변화가 없는 존재인 까닭에 대연지수大衍之數 50에서 작용하는 수는 49인데, 1이 작용하지 않는다는 것은 곧 운동하지 않는 불변자이기 때문이다.[221]

譯註 만물의 생성은 수의 법칙에 의거하여 한 치의 오차 없이 전개된다. 숫자 '1'에서 온갖 수학 방정식이 만들어지듯이, 만물의 보편자는 태극이다. 특별히 대연지수 50 역시 1에 근거하여 운용된다는 것을 예증으로 들었다.

역 삼 백 팔 십 사
易三百八十四는

일 언 이 폐 지 왈 구 이 종 시　　기 요 무 구
一言而蔽之曰懼以終始ᄒ야 其要无咎니라

성 인 지 작 역　욕 인 심 미 이 지 계 야
聖人之作易이 欲人審微以知戒也ㅣ라

시 이　육 십 사 괘 삼 백 팔 십 사 효
是以로 六十四卦三百八十四爻ㅣ

막 불 이 인 사 추 언
莫不以人事推焉이니라

주역 384(효)를 한마디로 말하면 "두려워함으로 마치고 다시 시작하

---

220 원문에는 六十四에서 十四가 빠져 있다. 즉 64가 옳은데 6만 있다는 얘기다.

221 이는 『周易』「繫辭傳」상편 9장. "大衍之數五十; 其用, 四十有九. 分而爲二, 二象兩儀; 掛一, 以象三; 揲之以四, 以象四時; 歸奇於扐, 以象閏, 五歲再閏. 故再扐而後, 掛."

면 그 요점은 허물이 없음에 있다."[222] 성인이 역을 지음은 사람들로 하여금 미묘한 것을 깊이 살펴 조심하고 경계하는 것을 알도록 하는 것에 있다. 그러므로 64괘 384효는 인간의 일로 추론하지 않음이 없는 것이다.

譯註 역은 왜 두려움과, 끝마침과 시작[終始]을 말하는가? 『주역』은 시작과 끝[始終]의 논리에 입각한 직선형 시간관과 우주관이 아니라, 끝과 시작[終始]의 논리에 입각한 순환형 시간관과 우주관에서 비롯된 생명과 윤리도덕을 얘기하기 때문이다. 특히 선천에서 후천으로 넘어갈 때의 상황을 두려운 마음으로 경계할 것을 강조하였다.

역 지 위 서　　광 대　　실 비　　세 미　　불 유
易之爲書ㅣ廣大ㅣ悉備ㅎ고細微ㅣ不遺ㅎ야

영 허 소 식　　길 흉 화 복　　진 퇴 존 망 의 이 이
盈虛消息과 吉凶禍福과 進退存亡義而已니라

역 지 위 도　　재 호 인 이 부 재 호 서
易之爲道ㅣ在乎人而不在乎書ㄹ시니라

『주역』의 책됨은 넓고도 커서 모든 것을 싣고 있으며,[223] 미미하고 작은 것을 빠뜨리지 않아 영허소식과 길흉화복과 진퇴존망의 뜻일 따름이다. 『주역』의 도가 사람에게 있는 것이지 책에 있는 것이 아니기 때문이다.

---

222 『周易』「繫辭傳」하편 11장, "懼以終始, 其要无咎. 此之謂易之道也."
223 『周易』「繫辭傳」하편 10장, "易之爲書也, 廣大悉備, 有天道焉, 有人道焉, 有地道焉, 兼三才而兩之, 故六, 六者非他也, 三才之道也."

『주역』이 다루는 주제는 매우 광범위하다. 그것을 요약한다면
자연의 숨결[盈虛消息]과 인간의 행복과 길흉[吉凶禍福] 및 처세술
[進退存亡]에 있다. 더 나아가 가장 중요한 것은 『주역』 책 자체보다
는 그것을 올바르게 해석하는 마음에 있다.

요 순 지 긍 긍 업 업
堯舜之兢兢業業과

문 왕 지 소 심 외 기 자　　지 역 고 야
文王之小心畏忌者는 知易故也ㄹ시니라

공 자　왈 오 십 이 학 역
孔子ㅣ曰五十而學易이면

가 이 무 대 과　　　기 지 계 심 의
可以无大過라ᄒ시니 其知戒深矣시니라

요순이 천하사를 쌓기 위해 삼가고 두려워한 것과 문왕이 마음을 작
게 하고 공경하여 조심하고 삼가서[小心]²²⁴ 꺼린 것은 역을 알았기
때문이다. 공자가 "내 나이 50이 되어서 역을 공부하면 큰 허물이 없
을 것이다"²²⁵라고 말한 것은 경계함이 깊은 것을 안 것이다.

譯註 요순이 성인으로 추앙받는 이유와, 문왕이 천하를 통일할 수
있었던 것은 역을 알았기 때문이다. 특히 『주역』 책을 묶은 가죽끈이

---

224 이는 『詩經』 「大雅」 "烝民篇"에 나오는 말이다. 이 시는 宣王의 명령으로 중산보仲山
甫가 齊나라로 성을 쌓으러 갈 때 吉甫가 전송하며 노래한 것이다. "중산보의 덕은 훌륭하
고도 법도가 있네. 훌륭한 거동에 훌륭한 모습이요 조심하고 공경하며, 옛교훈을 본받으
며 위의에 힘쓰고, 천자를 따르며 밝게 명령을 펴드리네.[仲山甫之德, 柔嘉維則. 令儀令色,
小心翼翼. 古訓是式 威儀是力. 天子是若, 明命使賦.]" 또 다음의 시는 周나라 초기의 작품
으로 문왕과 무왕을 기리는 시이다. "문왕께선 삼가고 조심하셔서 상제님을 밝게 섬기고
많은 복을 누리시니, 그분의 덕 어긋나지 않아 나라를 받으시었네.[維此文王, 小心翼翼. 昭
事上帝, 聿懷多福. 厥德不回, 以受方國.]"

225 『論語』 「述而篇」, "子曰 加我數年, 五十以學易, 可以無大過矣."

세 번이나 끊어질 정도로 많이 읽은 공자도 '몸과 마음의 허물 없애기'에 유의하였다.

성 인　　 불 언 천 지 지 외
聖人은 不言天地之外하고

유 언 천 지 지 내　　　시 역 야
惟言天地之内하니 是易也라

일 음 일 양 지 설　　 행 연 후
一陰一陽之說이 行然後에야

천 지 지 정　　 대 가 견 의
天地之情을 大可見矣니라

성인은 천지 바깥의 일은 말씀하지 않으시고, 오로지 천지 안의 말씀하신 것이 바로 역易이다. 한 번은 음이 되고 한 번은 양이 되는 이론이 실행된 뒤에야 천지의 실정을 크게 볼 수 있을 것이다.

譯註 이 대목은 『정역』의 핵심에서 약간 벗어난다. 왜냐하면 『정역』이 천지 바깥의 무형의 경지[226]를 언급함으로써 『주역』의 한계를 극복한 사상으로 평가됨에도 불구하고 도리어 『주역』의 세계에 함몰되어 풀이했기 때문이다. 또한 여기서 말하는 무형은 감각으로 포착되지 않는 초월적 대상 뿐만 아니라 극대와 극미 세계를 통틀어 생명권 전체를 포섭하는 개념이다.

---

226 ①『正易』「大易序」, "洞觀天地無形之景은 一夫能之하고 方達天地有形之理는 夫子先之시니라" ②『正易』「一夫事實」, "淵源은 天地無窮化无翁이요 來歷은 新羅三十七王孫이라 淵源無窮來歷長遠兮여 道通天地無形之外也로다 我馬頭通天地第一元은 金一夫로다"

193

일 주 일 야　　일 일 지 소 식 야
一晝一夜는　一日之消息也 1오

유 삭 유 회　　일 월 지 영 허 야
有朔有晦는　一月之盈虛也오

춘 하 추 동　　사 시 행 이 일 세　주 야
春夏秋冬은　四時行而一歲 1 周也 1라

천 지 지 도　　무 궁 극 이 순 환 왕 복
天地之道 1无窮極而循環往復호야

만 고 장 여 사 이 이
万古長如斯而已니라

한 번은 낮이 되고 한 번은 밤이 되는 것은 하루의 소식消息이요, 초
하루와 그믐은 한 달의 영허盈虛요, 춘하추동은 4시가 운행하는 1년
의 주기이다. 천지의 도는 그 끝을 알 수 없을 정도로 순환 왕복하여
오래도록 장구함이 이와 같을 따름이다.

譯註 하루와 1년 12달을 이루는 자연은 일정한 패턴과, 시간의 지속
성을 바탕으로 끊임없이 되풀이된다.

인 수 천 지 지 기　　　이 생 고
人受天地之氣호야　以生故로

백 세 지 중　　유 길 흉 화 복 성 쇠 존 망 지 불 가 상 언
百歲之中에　有吉凶禍福盛衰存亡之不可常焉이니라

사람은 천지의 기운을 받아 태어났기 때문에 100살을 사는 가운데
길흉화복과 성쇠존망盛衰存亡이 항상 일정하지 않음이 있는 것이다.

譯註 인간은 만물의 영장이 확실하지만, 자연법칙과 마찬가지로 인생 역시 온갖 굴곡을 거친다. 그러면 어떻게 사는 것이 가장 사람다운 삶인가?

천 지 개 벽
天地開闢은

이 리 추 지 즉 당 위 일 시 개 벽   필 무 선 후
以理推之則當爲一時開闢ᄒ야 必无先后니라

삼 재   기 립 지 후   홍 황 무 전
三才ㅣ旣立之後에 鴻荒无傳이

미 지 기 만 년 이 지 우 성 인 출
未知幾萬年而至于聖人出ᄒ야

획 괘 조 서 후   유 성 관 지 서
劃卦造書後에 有星官之書ᄒ야

십 간 십 이 지 지 명   생 언
十干十二支之名이 生焉이어날

역 추 삼 재 왈 천 개 어 자
逆推三才曰天開於子ᄒ고

지 벽 어 축   인 생 어 인   유 미 신 언
地闢於丑ᄒ고 人生於寅이라ᄒ니 猶未信焉이로다

천지개벽을 이치로 추론하면 마땅히 어느 한 순간에 열리는 것[一時^{일시} 開闢^{개벽}]으로 반드시 앞뒤[先后^{선후}]가 있는 것이 아니다. 3재가 이미 세워진 뒤에 거친 혼돈의 시대에 전승 없음이 몇 만 년인지 알 수 없었다가 성인이 출현하여 괘를 긋고 책이 씌어진 후에 별자리를 관측하는 벼슬아치들의 글이 생기자 10간 12지의 명칭이 생겼던 것이다. 거꾸로 3재를 추론하면 "하늘은 자에서 열리고, 땅은 축에서 열리며, 인간은

인에서 태어난다[天開於子, 地闢於丑, 人生於寅]"[227]고 말하는 것은 오히려 믿을 수 없다.

<u>譯註</u> 하늘땅의 열림은 어느 한 순간에 열린 것이지, 어떤 특정한 시간 혹은 앞뒤의 순서를 가지고 펼쳐진 것이 아니다. 그러다가 성인이 출현한 뒤에 비로소 괘가 만들어지고 6갑 체계가 생겼다는 것이다. 한편 개벽의 시기를 계산한 소강절을 은근히 비판하고 있다.

邵子ㅣ據易而推算曰一會ㅣ一万八百年이오

十二會ㅣ十二万九千六百年之數ㅣ

窮則天地萬物이亦有窮ㅎ야

戌會에消天ㅎ고

亥會에消地消物ㅎ고

子會에又生天ㅎ야

循環无窮은何也오

---

227 이 글귀는 邵康節의 『皇極經世書』에 나온다. 소강절은 하늘이 子에서 열린다는 것은 생명의 시초를, 땅이 丑에서 열린다는 것은 만물이 공간적으로 생장하는 것을, 인간이 寅에서 태어난다는 것은 인간에 의해 문명이 열린다고 보았다. 그것은 시간 흐름의 선후에 의해 생명과 만물이 발전하는 논리적 순서를 설명한 것이다. 하지만 김일부는 선천의 하늘이 子에서 열렸다면, 후천의 하늘은 丑에서 열린다고 말하여 선후천 전환의 문제로 풀어냈다.

소강절邵康節(1011~1077)은 역을 근거로 다음과 같이 추론하여 계산하였다. 1회는 10,800년이요, 12회는 129,600년의 수로 이를 궁구하면 천지만물도 역시 궁구할 수 있다. 술회戌會에 하늘이 소멸하고, 해회亥會에 땅과 만물이 소멸하고, 자회子會에 다시 하늘이 생겨나 순환이 무궁한 까닭은 무엇인가?

譯註 소강절의 원회운세설元會運世說은 선후천 교체에 대한 이론이 없다. 다만 129,600년을 12지지에 맞추어 우주 순환의 법칙성을 계산하였다. 원회운세설과 선후천 교체 문제를 결합할 경우는 지지의 11번 째에 닿는 술戌이 본체로 회귀하는 현상[十一歸體, 十一歸空]이 생기고, 또한 지지는 해亥에서 마치고 다시 자子에서 시작하므로 결국 소강절의 원회운세설은 우주의 반복형 순환을 체계화한 이론이라 하겠다.

天地ㅣ幷立이라
无天이면 无地오 无地ㅣ면 无天이어날
天地之生消ㅣ何其一會之久乎아 恐無是理也ㅣ리라

하늘과 땅은 동시에 세워진 것[幷立]이다. 하늘이 없으면 땅도 없으며, 땅이 없으면 하늘도 없는 것이거늘 천지가 태어나고 소멸하는 것이 어찌 1회의 오래됨이랴! 아마도 그것은 이치가 아닐 것이다.

포 희 획 괘 지 후　　문 왕　　교 역　　주 공　　효 사
包犧劃卦之後에 文王이 交易ᄒ고 周公이 爻辭ᄒ고

공 자　　작 전　　역 도　　대 명
孔子ㅣ 作傳ᄒ사 易道ㅣ 大明ᄒ니

천 지　　과 유 종 궁 소 진 지 리 즉 삼 성
天地ㅣ 果有終窮消盡之理則三聖이

당 선 언 지 의
當先言之矣시리라

포희씨가 괘를 그은 뒤에 문왕이 역을 바꾸었고, 주공이 효사를 지었고, 공자가 전傳을 지어 역도가 크게 밝혀졌다. 천지가 과연 마침내 소멸하는 이치가 있다면 세 분의 성인이 먼저 말했을 것이다.

천 지 지 도　　가 일 언 이 진 야
天地之道는 可一言而盡也ㅣ라

음 양 소 식 영 허 이 이　　소 식 영 허　　일 환 이 이
陰陽消息盈虛而已니 消息盈虛는 一環而已오

일 월 이 이　　일 세 이 이
一月而已오 一歲而已라

주 이 부 시　　　순 환 불 궁
周而復始하야 循環不窮이니라

천 지　　일 환 이 이
天地는 一環而已라

인 여 물　영 어 양 간　　각 득 생 생 지 성
人與物이 盈於兩間하야 各得生生之性하니

합 이 명 지 왈 역　　시 야
合而名之曰易이 是也 ㅣ니라

천지의 도를 한마디로 말할 수 있다. 음양의 소식영허消息盈虛일 따름
이다. 소식영허는 하나의 순환으로 한 달이요 1년이다. 되돌아와서 다
시 시작하고 순환하여 무궁한 것이다. 천지는 하나의 고리이다. 사람
과 사물이 두 틈에 사이에 가득 차 각각 낳고 낳는 본성을 얻었는데,
이것을 합해서 '역'이라 일컫는 것이다.

譯註 이 대목은 『주역』의 논리를 충실하게 이어받았다. 천지를 영원
히 순환 반복하는 생명체로 인식하고 있다.

인　능 심 어 역 즉 이 지 소 청　목 지 소 견
人이 能深於易則耳之所聽과 目之所見과

심 지 소 사　무 비 역 야
心之所思 ㅣ 无非易也 ㅣ라

관 천 이 이　　찰 지 이 이　　칙 도 이 무 의
觀天而易하고 察地而易하야 則圖而無疑하니

차　　이 간 이 천 하 지 리　득 의
此는 易簡而天下之理 ㅣ 得矣라

기 득 천 하 지 리 즉 포 희 이 이   무 소 사 호 역 의
旣得天下之理則包犧而已니 无所事乎易矣니라

사람이 능히 역의 세계에 깊이 들어가면 귀로 듣는 것과 눈으로 보는
것과 마음으로 생각하는 것 모두가 역이 아님이 없다. 하늘을 보는 것
이 쉽고 땅을 살피는 것도 쉬워서 그림(하도낙서)을 본받아 의심이 없
는 것이다. 이것이 곧 "쉽고 간단한 법칙으로 천하의 이치를 체득하
는 것이다."[228] 이미 천하의 이치를 터득한 이는 포희씨일 뿐이므로
(역에서) 바꿀 것을 일삼지 않는다.

譯註 생명을 낳는 하늘[乾]의 창조성은 쉽고easy, 하늘의 창조성을 그
대로 수용하는 땅[坤]의 수용성은 아주 간단하다simple고 말한다.

천 지 지 대   음 양   자 허 자 실   전 무 시 후 무 종
天地之大는 陰陽이 自虛自實하야 前无始后无終이라

소 이 조 화 만 물   일 신 무 폐
所以造化萬物이 日新无敝하느니

기 조 화 자   자 시 생 기 지 종 시
其造化者는 自是生氣之終始라

유 시 혼 돈 이 개 벽   비 천 지 회 양
有時混沌而開闢이니 非天地會壤ㅣ라

일 기   대 식   진 탕 무 은
一氣ㅣ大息하야 震蕩无垠하고

산 발 천 인   해 우 변 동
山勃川湮하며 海宇變動하야

혼 돈 일 번   인 물   도 진
混沌一番이 人物이 都盡하고

---

228 『周易』「繫辭傳」하편 1장, "易簡而天下之理得矣, 天下之理得而成位乎其中矣."

일 제 타 합   분 적   대 멸
一齊打合이 奮迹이 大滅하니

차 내 홍 황 지 세
此乃鴻荒之世ㅣ니라

천지가 위대한 까닭은 음양이 스스로 허실虛實하므로 앞으로 시작이 없고 뒤로도 끝이 없기 때문이다. 만물을 창조적으로 변화시키는[造化] 까닭에 날마다 새로워지고도 없어지지 않는다. 조화란 애당초 기氣를 생기게 하는 끝과 시작이다. 때(시간)로 보면 (하늘과 땅이 나뉘지 않은) 혼돈混沌상태에서 하늘과 땅이 열린 것[開闢]이므로 천지는 땅덩어리가 모인 것이 아니다. 하나의 기운이 크게 숨 쉬어 우레 치는 것이 끝이 없고, 산이 갑자기 움직이거나 냇물이 막히며, 바닷물의 변동으로 인해 혼돈상태에 이르러 인간과 만물이 모두 소멸되어 한꺼번에 통틀어 흔들려 그 흔적이 거의 모두 소멸하는 것이 바로 홍황鴻荒 시대[229]인 것이다.

譯註 음양 운동으로 움직이는 이 세상은 항구불변한다. 지은이는 '개벽'을 천지가 열리는 것으로 인식한다. 이를테면 선천의 하늘땅이 처음 열릴 때의 모습은 마치 혼돈의 종말현상과 유사하다는 것이다.

당 차 홍 황   천 지 지 간   수 유 만 상 지 변
當此鴻荒하야 天地之間에 雖有萬象之變이나

연 천   불 이 신 물 지 시 즉 인   기 능 지 기 연 재
然天이 不以神物之示則人이 豈能知其然哉아

---

229 일종의 종말현상을 가리킨다.

무자 삼 월 십 삼 일　하 심 부　홀 연 감 화
戊子三月十三日에 河心夫ㅣ 忽然感化ᄒᆞ야

이 우 수 지　오 합 이 타 팔 릉 연
以右手指로 五合而打八稜硯이

이 십 구 혈　천 어 연 저
二十九穴이 穿於硯底ᄒᆞ고

이 좌 수 지　삼 합 이 타 사 릉 연
以左手指로 三合而打四稜硯이

삼 각 지 혈　천 어 연 면　차 비 신 물 호
三角之穴이 穿於硯面ᄒᆞ니 此非神物乎아

홍황 시대의 하늘과 땅 사이에 비록 만물에 변동이 있으나, 하늘이 신물을 보여주지 않으면 인간이 어찌 그런 것을 알 수 있으리오. 무자년(1888년) 3월 13일에 하심부河心夫(1859~1916)[230]가 갑자기 감화感化를 받아 오른손 손가락으로 다섯 번에 걸쳐 팔각형의 벼루를 치니 29개의 구멍이 벼루 밑바닥을 뚫었고, 왼손 손가락으로 세 번 사각형의 벼루를 치니 삼각형의 구멍이 벼루 표면을 뚫었는데, 이것이 신물이 아니겠는가?[231]

---

230 하심부의 이름은 河相易이고 또 다른 호로 貫夫와 桂月이 있다. 그는 학사라기보다는 영가무도와 종교에 관심을 갖고 정역사상의 대중화에 크게 이바지하였다. 하상역이 스승인 김일부의 뜻을 받들어 无極大宗敎를 만들었는가의 여부는 확실히 알 수 없으나, 전라도 鎭安 지방을 거점으로 삼아 詠歌舞蹈와 정역사상을 알리려고 노력한 것은 분명하다. 심지어 무극대종교의 본부를 서울에 세워 전국적인 조직으로 키워 뛰어난 자금조달 능력과 리더쉽을 발휘했으나, 친일행적으로 비난받기도 했다. 아직까지는 하상역이 왜 친일행위를 했으며, 친일 지식인으로 돌아섰는지 알 수 없다.
"사평도 柶枰圖(필자; 윷판)는 윷놀이와 더불어 三國時代에 이미 있던 것이기 하나, 『正易』의 출현에 뒤이어 易理의 표상으로서 사람(河相易)의 손을 통하여 기적을 나타낸 것이다. '艮은 손[手]이다'라고 했다. 艮方인 우리나라에서 '손'에 의하여 이것이 나타난 것은 참으로 상서로운 일이 아니라 할 수 없다. 이 엄연한 사실을 하찮은 일로 돌려버리고 易과 아무런 관련성이 없는 것이라 오인하는 사람들이 있으나, 그것은 정역에 柶枰圖가 그려져 있지 않다는 단순한 이유에서 나온 편협한 생각이다."(朴相和, 『正易과 一夫』, 서울: 공화출판사, 1978), 76-77쪽.
231 여기서 하상역이란 인물에 대한 신비화가 비롯되면서부터 벼루에 새겨진 윷판의 이치

하상역이 손가락으로 벼루를 찍어 새겨진 윷판이 바로 신물神物이라고 주장한다. 그것은 과거 학자들이 하도낙서를 신물이라고 규정한 것을 대체한 매우 혁신적인 사건이었다. 이 책『정역도서』에서 말하는 '도서'는 하도낙서의 신물神物이 아닌 윷판을 뜻한다. 특히 하상역이 두꺼운 벼루를 손가락으로 퉁겨 찍은 행위 자체도 신비하며, 더구나 벼루 밑바닥에 뚫린 구멍의 윷판 형태로 정역사상을 해석하려는 시도가 처음 나타났던 것이다.

時에 李一守同条이고

金光華 金桂花 金龍鳳이

從師同研흐야 贊化極功이러니

越己丑春에

廉三華 崔一圓 崔法夫 崔淸一 程法明 成一省이

大覺神圖之眞理흐고

逮夫甲午夏에 朴一觀이 亦悟神圖之理흐고

越丙午秋에

金一朋 全道忠 鄭義忠 南明忠

가 정역사상의 핵심으로 둔갑되기 시작하였다. 이러한 벼룻돌 사건은 정역사상의 본질이 어디에 있는가라는 문제에서 윷말판파와 하도낙서를 중시하는 학술파가 극명하게 갈리지는 원인이 되었다고 할 수 있다.

김 일 련 경 진 충 이 태 월
金一蓮 慶辰忠 李太月이

역 안 도 서 이 득 기 오 묘
亦按圖書而得其奧妙하니

천 명 지 지　　인 부 득 이 사 야
天命之至에 人不得以私也니라

이때 이일수李一守[232]가 동참[233]하였다. 김광화金光華(1855~1894),[234] 김

232 李一守는 김일부선생의 스승인 蓮潭 李雲圭(본명은 守曾)의 둘째 아들이다. "一守는 夫蓮(연담의 큰 아들인 李龍來)의 아우며 연담의 아들이요 일부의 처랑이다. 光華가 夫蓮 형제에게 수련한 것이 곧 연담선생의 남학 도맥을 承受한 것이 된다. 그러므로 光華敎의 연담론에는 蓮潭을 1세 교주, 2세는 夫蓮, 3세는 一守, 4세를 金光華로 삼았다."(이강오,「南學系 總論」『韓國新興宗敎總鑑』, 서울: 대흥기획, 172쪽 참조.) 이정호박사는 "연담의 第二子(실은 三子), 復來(호 一守)는 一夫(閔氏婦人의 소생)의 女壻이다"(이정호,『正易硏究』서울: 국제대학출판부, 1983, 200쪽)라고 했다. 김일부선생의 셋째 딸과 친인척으로부터 직접 듣고 기록한 이정호박사의 견해가 옳다고 봐야 할 것이다.

233 同參은 동참하다는 뜻 이외에 함께 연구하는 동료의 뜻도 있다.

234 김광화는 본관이 전주이고, 初名이 致寅, 改名은 廣濟, 호가 光華다. 1855년(철종 6) 지금의 전라북도 진안군 주천면 대불리 장동에서 태어났다. 21세 무렵에 연산 덕동으로 이사했다가 전주로 옮겨 살았다. 다시 4년 후 충청도 은진 장승동(지금의 논산군 하야곡면 양촌리)으로 이사했으며, 다음 해에 은진 여술(지금의 하야곡면)에서 사는 徐相泰의 딸에게 장가들었다. 27세 때는 고산 仙冶洞에 집을 짓고 도를 닦았다고 전한다. 이강오의 조사에 의하면 연담 이운규에 의해 창시된 南學은 아들 夫蓮 李龍來에게 전수되고, 이용래의 아우인 李龍信(본명은 原采, 호가 一守)과 김광화에게 전했다고 한다. 김광화는 이일수를 만나면서부터 점차 영성이 맑아져 선야동 수도장을 찾는 수도자를 중심으로 교단의 기초가 다져지기 시작했다. 고산 선야동에 모여드는 교도들의 수가 많아짐에 따라 34세 때인 1888년에 고향인 주천면 대불리에 도장을 설치하고 '五方佛敎'라는 명칭으로 포교하면서부터 종교활동에 본격적으로 나섰던 것이다.『김광화 법언록』의 행장기에 의하면, 일찍이 아버지를 여의고 어머니만을 모셨는데 가세가 곤궁하여 16세에 인근 진안군 주천면 대불리 중리 마을에 있는 외숙 金載永 집에 의탁하여 살았다. 약관에 무주 후령으로 이거, 다음해에 연산 덕동으로 옮기고, 3년 후 전주 묵동으로 옮겼다. 여기서 4년 후에 은진 장승동(현 충청남도 논산군 하야곡면 양촌리)으로 옮기고, 다음해에 은진 여술(현 논산군 하야곡면 소재지)에 사는 徐相泰의 딸에게 장가들었다. 그리고 1881년 27세 때 고산 仙冶洞에 가서 집을 짓고 도를 닦았다고 한다. 이운규에 의해 창시된 남학은 아들 夫蓮 李龍來에게 전수되고, 다시 이용래의 아우인 李一守와 김광화에게 전교하였다고 한다. 김광화가 처음 이용래를 만났을 때 이용래는 13자의 九靈呪를 주면서 이것을 부지런히 외움으로써 먼저 노둔한 흉금을 씻어 마음을 연 뒤에 정진하라고 하였다. 김광화의 뒤를 이어 광화교의 제5세 교주가 된 金庸培와 金敬培 등도 이곳 仙冶洞 수도와 인연이 깊었다. 선야동에 모여드는

계화金桂花, 김용봉金龍鳳 등이 스승을 모시고[235] 함께 연구하여 스승의 교화를 돕는 일에 큰 공로가 있었다. 해를 넘겨 기축년(1889년) 봄에 염삼화廉三華, 최일원崔一圓, 최법부崔法夫, 최청일崔淸一, 정법명程法明, 성일성成一省 등은 신묘한 그림의 진리를 크게 깨달았다. 갑오년(1894년) 여름에 이르러서는 박일관朴一觀 역시 신묘한 그림의 원리를 깨달았고, 병오년(1906년) 가을을 지나서 김일붕金一朋, 전도충全道忠, 정의충鄭義忠, 남명충南明忠, 김일련金一蓮,[236] 경진충慶辰忠, 이태월李太月 등 역시 윷판을 그린 책[圖書]을 살펴 그 오묘한 뜻을 깨달았는데, 천명의 지극함을 사람들이 사사롭게 얻은 것이 아니다.

譯註 이 대목에서 하상역이 손가락으로 벼룻돌을 찍는 광경을 통해서 윷판의 신비감을 느낄 수 있다. 또한 하상역의 측근을 비롯하여 정역계에 출입했던 인물들의 면모를 발견할 수 있다. 특히 김일부 사후에 그의 아들이 윷판과 출현 현장에 참석한 사건은 매우 뜻깊다.

교도들의 수가 증가됨에 따라 34세이던 1888년에는 고향인 주천면 대불리에 도장을 설치하고 '五方佛敎'라는 명칭으로 포교를 시작하였다. 이로 부터 포교는 용담·진안·장수·무주·금산·진산·운주 등 전라북도와 연산·논산·공주 등 충청남도 일대, 그리고 영남의 일부 지방에까지 확장되었다.

235 여기서 말하는 스승이 김일부인지 혹은 하상역인지 분명하지 않다. 이들 모두가 김일부를 스승으로 모셨다는 것이 합당해 보이나, 문맥 흐름상의 주어는 분명 하상역이기 때문이다. 만약 후자라면 김광화(1855년 생)가 자신보다 네 살 어린 하상역(1859년 생)을 스승으로 모셨다는 것은 매우 충격적인 사실이다. 하상역과 김광화는 과연 동문인가, 또는 사제 관계인지는 더 살펴야 할 문제다.

236 김일부선생은 정역팔괘도를 그은 己卯年(1879)에 아들 金斗鉉을 낳았다. 김두현의 자는 敬七이고 호가 一蓮이다. 김일부선생의 아들이 하상역의 영가무도와 윷에 대한 신비체험 현장에 참여한 일에 비추어보면, 김일부선생은 평소 제자들이 윷판에 관심가졌던 일을 몰랐다고 말하기는 어렵다. "그 후 桂月이 安心寺(충청도와 전라도 경계선에 있는 大芚山 뒤에 있음)에서 영가 중에 벼룻돌을 짚은 것이 말판 29點이 되었다 하여 喧傳한 가운데 점차 신비화하여진데 기인한 것이다. 후일 一夫徒라 자칭하는 하는 일부 인사들 중에 윷 말판을 신성시하여 정역팔괘도가 河圖에서 나온 줄을 망각하고 馬板圖에서 나온양 착각하여 이리저리 人心을 현혹케 한 것은 실로 유감스러운 일이라 아니할 수 없다."(이정호, 앞의 책, 218쪽)

왜냐하면 김일부가 생전에 윷판을 인정했는가의 여부를 떠나서 단편적이나마 당시 윷을 중시여겼던 영가무도계의 활동을 읽을 수 있는 좋은 자료이기 때문이다.

연 저 수 상　　이 이 십 점　　　위 일 이 원 지
硯底數象은 以二十點으로 圍一而圓之하고

이 구 점　　　상 십 이 방 지
以九點으로 象十而方之하니

천 포 지 이 원 환 지 상
天包地而圓環之象이오

연 면 수 상　　이 삼 각 지 점
硯面數象은 以三角之點으로

방 이 중 정　　　지 재 천 이 방 정 지 상
方而中正하니 地載天而方正之象이니라

벼루 밑에 새겨진 수상數象은 20개의 점을 하나의 둘레로 삼아 둥글고[圓], 9개의 점으로 10[十; 즉 십자형]을 형상화하여 방정[方]하므로 [237] 하늘이 땅을 포괄하는 원처럼 둥근고리의 모습을 띤다. 벼루 위에 나타난 수의 질서는 삼각형의 점이 네모지고 중정中正의 모습이다. 그것은 땅이 하늘을 싣고 있는 방정한 모양이다.

譯註 이는 29개의 점으로 이루어진 윷판의 모양을 얘기한 것이다. 바깥 원은 20개의 점으로 둘러싸여 있고, 내부는 중앙 1점을 중심으로 4방 2개씩 총 아홉 점이 십자형을 이룬다. 이는 천원지방天圓地方을 형상화한 것이다.

---

237 윷판을 天圓地方으로 인식한 것이다.

천지　소이변역성리　만물소이변역성기
天地ㅣ所以變易成理와 萬物所以變易成氣가

특 차 양 상　적 연 무 의 지 시 야
特此兩象에 的然无疑之示也ㅣ니

도 개 천 하　기 성 지 자　수 호
道開天下이 其聖知者ㅣ誰乎아

천지가 변화하여 세상의 이치를 완성하고 만물이 변화하여 기운이
성숙되는 까닭에 특별히 이 두 가지 형상[238]에 사물의 원형이 그대로
실려 있어 아무런 의심 없는 계시와 같으므로 도道가 천하를 펼치는
것을 아는 성인은 누구인가?

譯註 천지는 자신의 의지와 프로그램을 완성하고, 또한 만물로 하여
금 성숙되도록 한다. 성인은 '천원지방'에 담긴 이치를 깨달은 존재다.

사 천 지 이 능 개 벽 자　조 화 옹 지 자 연 이 연 야
使天地而能開闢者는 造化翁之自然而然也ㅣ니라

사 인 수 이 시 도 서 자　천 지 신 지 무 위 이 위 야
使人手而示圖書者는 天地神之無爲而爲也ㅣ니라

영 어 만 물 이 능 여 천 지　삼 위 삼 재 자
靈於萬物而能與天地로 叅爲三才者라야

역 가 의 의　이 발 천 기 야
亦可擬議ᄒ야 以發天機也ㅣ니라

천지로 하여금 능히 열리도록 하는 것은 조화옹造化翁의 손길이 저절
로 그렇게 한 것이다. 인간의 손으로 하여금 윷판의 도서를 보이도록

---

238 하늘은 둥글고 땅이 방정한 모양[天圓地方]을 가리킨다.

한 것은 천지신天地神이 억지로 함이 없는 행위이며, 만물보다 영험하여 능히 천지의 경영에 함께하는 3재가 되어야만 역시 토론하고 비유하여 하늘의 기틀을 드러낼 수 있는 것이다.

譯註 이 대목은 종교적으로 접근한 내용이다. 천지의 열림은 조화옹의 권능에서 비롯된 것이며, 인간이 윷판 그림을 헤아린 것은 신명의 도움이며, 깨달음의 영성 차원에 이르러야 하늘의 조짐을 알 수 있다는 것이다.

팔 릉 연 지 이 십 구 점　　거 기 천 체
八稜硯之二十九點은 擧其天軆호야
이 시 재 조 역 수 지 상
以示再造易數之象이니라
기 상 지 분　　이 십 팔 점　　내 이 십 팔 수 야
氣象之分이 二十八點은 乃二十八宿也오
거 중 일 점　　시 북 극 야
居中一點이 是北極也ㅣ니라
리 수 지 분　　점 수 이 십 구 이 기 실
理數之分이 點數二十九而其實은
천 지 지 수　　오 십 유 오 지 상
天地之數ㅣ 五十有五之象이니라

팔각형 벼루에 나타난 29개의 점을 천체에 비유하면 천지가 재창조하는 역수易數의 형상을 보이고 있다. 기상氣象의 나뉨에서 28개의 점은 28수宿요, 그 중앙에 있는 하나의 점은 북극성을 상징한다. 리수理數

의 나뉨에서 29개 점의 숫자는 실제로 55 천지의 수의 모습이다.[239]

譯註 윷판의 29점을 천문에 비유하면, 천지개벽의 이치를 해명한 것이다. '창조創造'라 하지 않고 '재창조[再造]'라고 표현한 것은 의미심장하다. 창조개벽은 단 한 번의 사건이라는 기독교의 천지창조 논리와 아주 유사하다. 그러나 '재창조'는 자연과 문명과 역사를 통째로 재조정하는 과정이 없으면 불가능하기 때문에 이는 어쩌면 창조보다 재창조가 더 어려운 일이라 하겠다. 종교 차원에서 말하면 창조주보다 선천을 후천으로 재조정시키는 조화옹의 역할이 훨씬 소중하다는 뜻이다. 조선조 말에 등장한 후천개벽설은 여기서 말하는 천지의 재창조에 해당될 것이다.

연 지 팔 릉　　팔 괘 방 위 지 체 야
硯之八稜은 八卦方位之體也오

혈 이 유 수　　천 지 변 역 지 용 야
穴而有數는 天地變易之用也ㅣ니

기 조 화 성 물　　내 하 도 지 변
其造化成物이 乃河圖之變이니라

벼루의 여덟 모서리는 8괘 방위의 본체요, 구멍에 숫자가 있는 것은 천지가 변화하는 작용이요, 이들이 만물을 빚어내고 이루는 것은 하도의 변화를 뜻한다.

---

239 『周易』「繫辭傳」상편 9장에는 天地之數 55는 하도이며, 大衍之數 50에서 5를 뺀 것이 낙서임을 시사하고 있다. 후자에 대해 대부분의 학자들은 卜筮로 인식했으나, 수리적으로 보면 하도가 있으면 낙서가 있고, 낙서가 있으면 하도가 있다는 것을 고려하면 55는 하도, 45는 낙서로서 이 둘의 합 100을 음양으로 나누면 大衍之數 50이 되는 것이다.

譯註 윷판 29점에서 28점은 28수宿를, 중앙의 1점은 북극성을, 팔각형 벼루는 8괘의 방위를, 이들이 빚어내는 다양한 수의 변화는 '하도'의 이치를 담지하고 있다.

물 지 소 이 위 기　　　내 신 지 소 적
物之所以爲器는 乃神之所迹이오

점 지 소 이 위 상　　　내 천 지 성 체
點之所以爲象은 乃天之星軆 l라

기 형　지 원 무 방　　　명 기 위 물　위 지 신 도
其形이 至圓無方하니 名其爲物이 謂之神圖 l니라

도 상 환 열 지 점　　　이 사 오 이 십　　　위 일 이 외 원
圖上環列之點은 以四五二十으로 圍一而外圓하고

기 중 종 횡 지 점　　　이 삼 삼 지 구　　　상 십 이 내 방
其中縱橫之點은 以三三之九로 象十而內方하니

천 포 지 이 원 환　　　지 재 천 이 방 정
天包地而圓環이오 地載天而方正이니라

사물이 실제로 물건[器] 되는 까닭은 신이 남긴 발자취요, 점이 형상으로 된 까닭은 하늘에 드리워진 별자리의 실체다. 그 형상이 네모짐 없는 순수 원이므로 그 물건에 이름 붙여 신도神圖라 하는 것이다. 그림 위에 빙 둘러 그려진 점이 4 × 5 = 20으로 바깥 원[外圓]을 하나의 둘레로 삼고, 그 가운데의 종횡의 점은 3 × 3 = 9로 10[十]을 상징하는 안의 네모[內方]는 하늘이 땅을 포괄하는 둥근 고리요, 땅은 하늘을 실어 방정方正하다[240]는 것이다.

---

240 『正易』「十五一言」, "地는 載天而方正하니 軆니라 天은 包地而圓環하니 影이니라"

譯註 윷판의 구도에 비유하자면, 사물의 형체는 신의 남긴 영혼의 흔적인 동시에 하늘의 발자국이란 말은 종교와 천문의 결합을 뜻한다. 그래서 하늘은 땅을 둘러싸 안고, 땅은 하늘을 싣는다는 『정역』의 글귀를 인용한 것이다.

천 포 일 이 수 성 이 십 자　이 오 지 기　인 온 조 화
天包一而數成二十者는 二五之氣ㅣ氤氳造化이

리 일 이 함 십　　체 십 이 용 일 지 상
理一而含十ᄒ고 體十而用一之象이오

지 포 십 이 수 성 위 구 자　이 오 지 운　유 행 변 화
地包十而數成爲九者는 二五之運이 流行變化이

십 이 절 지 지 지　　구 이 통 지 행 지 지 리
十而節之止之ᄒ고 九而通之行之之理ㅣ니라

하늘이 1을 포함하여 수 20을 이루는 것은 음양오행의 기가 왕성하여 조화를 일으키는 가운데 리理는 1이지만 10을 함유하고, 본체는 10이고 작용이 1인 모습이다. 땅이 10을 포함하여 수가 9로 이루어지는 것은 음양오행의 운수가 유행변화하는 가운데 10의 질서로 절도를 지켜 멈추고, 9의 질서를 통하여 실행하는 원리인 것이다.[241]

譯註 10과 1, 즉 무극과 태극은 본체와 작용의 관계로 존재한다. 예컨대 태극이 1이면 무극은 10이고, 무극이 1이면 태극은 10이라는 관계가 성립한다. 또한 우주가 음양오행의 아홉 마디로 운행하는 것은 9수 낙서가 10수 하도의 세상을 지향하는 것을 뜻한다.

---

241 낙서 9수의 원리를 가리킨다. 하도 10수가 體라면, 낙서 9수는 10수 무극대도를 지향하는 작용의 체계인 것이다.

數ㅣ非十이면 不成이니 十者는 一之變成이니라
<small>수 비십 불성 십자 일지변성</small>

數ㅣ己具而有體하니 五行之叙也ㅣ라
<small>수 이구이유체 오행지서야</small>

十而體之而節之止故로
<small>십이체지이절지지고</small>

有體而无用은 其用藏也ㅣ라시니라
<small>유체이무용 기용장야</small>

수는 10이 아니면 이루어질 수 없으므로[不成] 10이란 1이 변하여 이루어지는 것이다. 수가 이미 갖추어져 본체가 있는 것은 오행의 질서다. 10이 본체가 되어 절도 있게 멈추는 까닭에 본체는 존재하나 작용이 없는 것은 그 작용이 감추어져 있기 때문이다.

譯註 하도 10수의 질서는 우주가 원래부터 품고 있는 유전자 정보 DNA이다. 이 10이 본체이고, 1은 작용과 운동의 시작점이라는 것이다.

數ㅣ非九면 不生이니 九者는 數之重八節之分이라
<small>수 비구 불생 구자 수지중팔절지분</small>

生數ㅣ方發而未形은 變通之機也ㅣ라
<small>생수 방발이미형 변통지기야</small>

九而究矣而通之行之故로
<small>구이구의이통지행지고</small>

未形而有形은 變化見矣라 시니라
<small>미형이유형 변화현의</small>

수는 9가 아니면 생성 전개될 수 없으므로 9는 여덟 마디로 나눈 것

을 거듭한 것이다.[242] 생수生數가 수가 바야흐로 나타났으나, 아직 형태가 없는 것은 변통하려는 기틀이다. 9가 궁극에 이르러 통하여 실행되는 까닭에 아직은 형체가 없으나 형체로 존재하는 것[未形而有形]은 변화로 나타나기 때문이다.

譯註 이 대목은 윷판 내부에 있는 9수가 외부 20수 작용으로 나타나려는 본체의 경계를 포착한 것이다. 그것은 덧셈(+)의 세계가 곱셈(×)의 세계로 전환되는 방정식을 세우려는 도입부에 해당된다. 전자가 우주에 대한 단순 반복형 순환을 얘기한다면, 후자는 양陽 에너지가 극도로 넘쳐 새로운 세계의 시간대에 진입했음을 뜻하는 상수의 방법론이다.

數는本氣之用而一二三四五六七八九十은[243]

陰陽流行之序也오

五十有五는陰陽流行之細分이니라

數之九者는氣變之究也ㅣ라

九九而一하고八九而二하고七九而三하고

六九而四하고五九而五하고四九而六하고

---

242 앞에 나온 "天地開闢圖書說"과 "先后天變易用政圖"의 내부에 있는 十字形의 9점에서 중심을 상징하는 1을 제외한 8점을 가리킨다.
243 '數는 本氣之用이니 而一二三四五六七八九十은'으로 읽어야 옳다.

삼 구 이 칠　　이 구 이 팔
三九而七_{하고} 二九而八_{하고}

일 구 이 구　　십 구 이 구 십
一九而九_{하고} 十九而九十_{하니}

십 자　기 지 분 한 절 도 지 체 야
十者_는 氣之分限節度之體也_오

구 자　구 이 통 기　　이 행 절 도 지 용 야
九者_는 究而通氣_{하야} 以行節度之用也_{ㅣ라}

고　수 지 성　내 구 지 변 야
故_로 數之成_이 乃九之變也_{니라}

수는 원래 기에 근거한 작용을 표현한 것인데 1, 2, 3, 4, 5, 6, 7, 8, 9, 10
은 음양이 유행하는 순서요, 55는 유행하는 음양을 세분화한 것이
다. 수에서 9는 기 변화의 궁극의 끝을 뜻한다.[244] 9 × 9를 1로 삼고,
8 × 9를 2로 삼고, 7 × 9를 3으로 삼고, 6 × 9를 4로 삼고, 5 × 9를
5로 삼고, 4 × 9를 6으로 삼고, 3 × 9를 7로 삼고, 2 × 9를 8로 삼고,
1 × 9를 9로 삼고, 10 × 9는 9와 10으로 삼는다.[245] 10이란 기가 나뉘

---

[244] 『列子』「天瑞篇」은 역의 수리론과 기철학을 결합한 내용이다. "易無形埒. 易變而爲
一, 一變而爲七, 七變而爲九. 九變者, 究也, 乃復變而爲一. 一者, 形變之始也, 淸輕者上爲天,
濁重者下爲地, 沖和氣者爲人. 故天地含精, 萬物化生."

[245] 김상일은 하도낙서와 윷판에 공통으로 들어가는 5의 의미를 서양 수학사에서 차지하
는 덧셈과 곱셈의 차이점으로 다음과 같이 정리했다. 그는 5를 유리수, 무리수, 자연수 등
과 구분되는 虛數(imaginary number, 'i')라고 규정하면서 허수는 응용 범위가 매우 넓기
때문에 화이트헤드의 '創造性' 개념과 유사하다고 한다. 덧셈은 평면의 세계를 해석하는
데 유용하다. 하지만 곱셈으로 계산되는 허수의 세계는 고정이 아닌 '회전', 생수와 성수를
연결시키는 '중간 매개자', 또한 5×5처럼 자기를 증식한다는 뜻의 '제곱'은 자신을 거듭하
는 '자기 언급(수학의 멱집합 원리)'을 특징으로 한다.
"정역사상은 허수 문제에 대한 결정판이다. 9의 배수 18, 27, 36, 45, 54, 63, 72, 81로 우주변
화의 원리를 설명하고 있으며, 이를 통해 앞으로 1년 기수가 360일이 될 것이라고 계산하고
있다. 특히 윷판은 5의 배수에 근거하여 작도된 것이다. 윷판의 중앙 수직과 수평을 직교하
면 9개의 개수로 만들어지고, 주변 5의 배수는 각각의 방향마다 배수의 순서대로 1, 10, 15,
20개이다. 5는 생수 1,2,3,4의 곱하기로, 9는 성수 6,7,8,9의 곱하기로 우주변화의 원리를 설
명하고 있다."(김상일, 「화이트헤드의 허수개념의 역학적 이해」 『2017 한국화이트헤드학회

는 한계와 절도를 나타내는 본체요, 9는 궁극의 끝에서 기운이 통하여 절도를 실행하는 작용을 뜻하기 때문에 수의 완성은 바로 9가 변하는 것에 있다.

譯註 이는 8괘의 8수 논리에서 9수 중심 세계관으로의 변환을 설명한 것이다. 10은 천지를 가득 채운 힘을 절도 있게 하는 본체요, 9는 완성에 도달케 하는 작용의 총체를 가리킨다.

초 조   역 무 형 반
初造이 易無形畔이라

역 변 이 위 일   일 변 이 위 칠   칠 변 이 위 구
易變而爲一하고 一變而爲七하고 七變而爲九하니

구 자   기 변 지 구 야
九者는 氣變之究也ㅣ라

내 부 변 이 위 일   일 자   형 변 지 시
乃復變而爲一하니 一者는 形變之始ㅣ라

청 경 자   상 위 천   양 일 지 리   생 언
淸輕者ㅣ 上爲天하야 陽一之理ㅣ 生焉하고

중 탁 자   하 위 지   음 이 지 기 성 언
重濁者ㅣ 下爲地하야 陰二之氣成焉하니라

태초의 창조 시기[初造]에 역은 형체의 경계조차 없었다. 역이 변하여 1이 되고, 1이 변하여 7이 되고, 7이 변하여 9가 되니 9는 기 변화의 궁극이다. 이에 다시 변하여 1이 되므로 1은 형체가 변하는 시초이다. 맑고 가벼운 것은 위로 올라가 하늘이 되어 양일陽一의 이치가 생겨나

추계학술대회』, 침례신학대학, 28쪽.)

고, 무겁고 탁한 것은 아래로 내려가 땅이 되어 음이陰二의 기가 이루어지는 것이다.

譯註 태초에 천지가 열리는 상황을 수의 논리로 풀이하였다. 수의 법칙에 의해 시공이 펼쳐지면서 천지가 생성된다. 1의 이치는 하늘이 되고, 2의 기운은 땅으로 형성된다는 것이다.

재조　　역유기합
再造이 易有氣合이라

역변이화사　　사변이화팔
易變而化四ᄒ고 四變而化八ᄒ고

팔변이화육　　육자　기변지합야
八變而化六ᄒ니 六者는 氣變之合也니라

내합변이화사　　사자　기변지시
乃合變而化四ᄒ니 四者는 氣變之始라

탁지정자　　상합호천　　음십지리생언
濁之精者ㅣ上合乎天ᄒ야 陰十之理生焉ᄒ고

청지신자　　하행우지　　양구지기　성언
清之神者ㅣ下行于地ᄒ야 陽九之氣ㅣ成焉ᄒ니라

　　　　　재조
재창조의 시기[再造]에 이르러 역은 기와 결합이 있게 되었다. 역이 변하여 4로 화하고, 4가 변하여 8로 화하고, 8이 변하여 6으로 화하므로 6이란 기가 변하여 결합하는 것이다. 이에 변화가 결합하여 4로 화하므로 4란 기가 변하는 시초이다. 탁한 것의 정精은 위로 올라가 하늘과 합하여 음십陰十의 이치가 생겨나고, 맑은 것의 신神은 아래로 내려와 땅에서 실행하여 양구陽九의 기가 이루어지는 것이다.

譯註 앞 구절에서는 생수生數 1과 2를 중시했는데, 이곳에서는 성수 成數 중심으로 설명한다. 전자가 성장을 말한다면, 후자는 성숙과 완 성을 뜻한다.

신 도 지 점　음 수 이 십　　원 이 상 천
神圖之點이 陰數二十으로 圓以象天하고

양 수 지 구　방 이 성 야
陽數之九로 方以成地하니라

천　　원 이 동　　포 호 지 외
天은 圓而動하야 包乎地外하고

지　　방 이 정　　유 호 천 중
地는 方而靜하야 圍乎天中하니

원 자　천 도 지 음 양　　방 자　지 도 지 강 유
圓者는 天道之陰陽이오 方者는 地道之剛柔ㅣ니라

음 양 강 유　일 기 이 행 고　이 기 변 지 구
陰陽剛柔ㅣ 一氣而行故로 以氣變之九로

구 기 이 십 구 점 즉 오 십 유 오 지 상
究其二十九點則五十有五之象이

오 십 유 삼　내 실 언
五十有三이 乃實焉이니라

신도神圖(윷판)의 점點에서 음수陰數 20의 원은 하늘을 상징하고, 양수 陽數 9는 방정한 땅을 이룬다. 하늘은 둥글게 움직여 땅 바깥까지를 포함하고, 땅은 방정하고 고요하여 하늘 가운데서 노닌다. 원은 천도 의 음양이요, 방은 지도의 강유다. 음양과 강유가 하나의 기로 운행하 는 까닭에 기가 변하는 9로 29점을 살피면 55의 모양에 53이 실질로 존 재하는 것이다.

譯註 윷판 29수의 구성과 하도 55수[246]의 질서를 동일 차원에서 언급하고 있다. 그것은 윷판의 구성을 천원지방天圓地方과 하도낙서를 결합한 것이다.

천 지 합 체 이 십 오 귀 공
天地合體而十五歸空하니
천 지 일　지 지 일　유 상 이 무 수　무 용 이 유 체
天之一과 地之一은 有象而无數오 无用而有軆니라

천지의 몸체가 결합하여 10과 5가 공의 세계로 환원하니[歸空]^{귀 공}[247] 하늘의 1과 땅의 1은 형상은 있으나 수가 없고[有象而无數]^{유상이무수}, 작용이 없으나 본체는 존재한다[无用而有軆]^{무용이유체}.

譯註 '귀공'은 전통 철학에서는 찾을 수 없는 정역사상 고유의 술어다. 귀공은 체용에 대한 일종의 응용 이론이다. 과거의 철학은 본체와 작용의 관계가 역전될 수 없다고 주장한다. 본체는 작용의 근거이며, 작용은 본체를 바탕으로 변화하는 것을 뜻한다. 하지만 정역사상은 체용의 역전, 즉 체용 전환에 의해 선천이 후천으로 뒤바뀐다는 이론이다. 그러니까 작용이 본체로 바뀌기 위해서는 반드시 건곤乾坤이 남북으로 똑바로 서고, 간태艮兌가 동서로 대응해야 시공의 균형이 이루어진다는 것이다.

---

246 朱子는 『주역』「계사전」 상편 9장의 55수는 '천지를 표현하는 수[天地之數]'라고 풀이했다.

247 10은 乾, 5는 坤이다. '10과 5가 본체로 돌아간다[歸空]'는 말은 부모인 건곤은 구체적으로 작용하지 않고, 장남과 장녀인 雷風이 건곤의 뜻을 대행하여 완수한다는 뜻이다.

외 원 상 천　　이 양 위 행
外圓象天은 以陽爲行이라

기 성　　동 고
其性이 動故로

수 상 기 일 이 동 필 유 정　　정 필 분 이
雖象其一而動必有靜하고 靜必分二라

이 이 십 수　　위 체 이 양 지　　양 필 유 사
以二十數로 爲體而兩地하니 兩必有四ㅣ니라

　　　　　　　　외 원
그런데 바깥 원[外圓]은 하늘을 상징하는데, 양의 운동을 한다. 그 본
성이 움직이는 까닭에 비록 1을 상징하지만 움직임에는 반드시 고요
함이 있고, 고요함은 반드시 둘로 나뉜다. 20수로 (2와 10수로) 본체를
　　　　　　　　　　　　　　양 지
삼으면 땅은 둘[兩地]이므로 둘이 있으면 반드시 넷이 있게 되는 것
이다.

譯註 하늘의 본성은 운동이다. 운동(움직임, 동태)은 정지(고요함, 정태)를
동반자로 삼는데, 그것은 1과 2의 관계로 표현할 수 있다. 이러한 1과
2의 질서, 즉 1이 2로 분화되는 패턴이 곧 만물을 지배하는 원리라
는 것이다.

일 십　　분 이 위 칠 구 지 삼　　삼 구 지 칠
一十이 分而爲七九之三과 三九之七하야

소 음 소 양　　분 언
少陰少陽이 分焉하고

일 십　　분 이 위 육 구 지 사　　사 구 지 육
一十이 分而爲六九之四와 四九之六하야

태 양 태 음　　분 언　　차　　천 지 사 상
太陽太陰이 分焉하니 此는 天之四象이니라

1과 10이 나뉘어 7 × 9 형식의 3과 3 × 9 형식의 7이 되어 소음과 소양으로 분리되고, 1과 10이 나뉘어 6 × 9 형식의 4와 4 × 9 형식의 6이 되어 태양과 태음으로 분리되므로 이것이 곧 하늘의 4상이다.

譯註 10수의 구성을 근거로 하늘의 4상이 도출되는 이치를 말하고 있다.

내 방 상 지　　이 음 위 절
内方象地는 以陰爲節이라

기 성　　정 고
其性이 靜故로

수 상 기 십 이 정 필 유 동　　동 필 합 일
雖象其十而靜必有動ᄒᆞ고 動必合一이라

이 삼 삼 수　　위 용 이 삼 천　　삼 필 유 사
以三三數로 爲用而三天ᄒᆞ니 三必有四니라

내방內方은 땅을 상징하는데, 음을 절도로 삼는다. 그 본성은 고요한 까닭에 그 모습이 10[十]을 상징하지만 고요함에는 반드시 움직임이 있고, 움직이면 반드시 하나로 합한다. 3과 3수(3×3의 수)를 작용으로 삼아 하늘이 셋[三天]이므로 셋이 있으면 반드시 넷이 있게 되는 것이다.

譯註 하늘이 바깥으로 둥글게 원 운동을 한다면, 땅은 안으로 고요한 절도(마디)를 형성한다. 하늘이 10을 고요한 본체로 삼으나 1의 모습으로 드러나면, 반대편에서는 9(3×3)의 운동이 시작되어 3의 절도

다음에는 4상이 뒤따른다는 것이다.

내 지 하 육 구 지 사　상 칠 구 지 삼
內之下六九之四_{호고}**上七九之三**_{호고}

좌 팔 구 지 이　우 구 구 지 일
左八九之二_{호고}**右九九之一**_{호야}

분 태 소 강 유　역 지 지 사 상
分太少剛柔_{호니}**亦地之四象**_{이니라}

중 위 십 구 지 구 십　역 무 극 지 상
中爲十九之九十_이**亦无極之象**_{이라}

차 하 일 구 지 구　차 상 이 구 지 팔
次下一九之九_{호고}**次上二九之八**_{호고}

차 좌 삼 구 지 칠　차 우 사 구 지 육
次左三九之七_{호고}**次右四九之六**_{호야}

분 태 소 양 음　역 천 지 사 상
分太少陽陰_{호니}**亦天之四象**_{이니라}

(도표) 안 아래의 6 × 9를 4로 삼고, 위의 7 × 9는 3으로 삼고, 왼쪽의 8 × 9는 2로 삼고, 오른쪽의 9 × 9는 1로 삼아 태소강유太少剛柔[248]로 나뉘므로 또한 땅의 4상이다. 중앙의 10 × 9의 9와 10은 역시 무극의 형상이다. 다음 아래의 1 × 9는 9로 삼고, 다음 위의 2 × 9는 8로 삼고, 다음 왼쪽의 3 × 9는 7로 삼고, 다음 오른쪽의 4 × 9는 6으로 삼아 태소음양太少陰陽[249]이 나뉘므로 또한 하늘의 4상이다.

---

248 주어에 해당하는 6, 7, 8, 9(반대로 4, 3, 2, 1은 生數)는 땅의 成數이다.
249 주어에 해당하는 1, 2, 3, 4(반대로 9, 8, 7, 6은 成數)는 하늘의 生數이다.

합 구 이 상 십　　화 무 어 중　　내 무 극 야
合九而象十호야 化无於中호니 乃无極也오

오 구 지 오　　분 거 방 외
五九之五ㅣ 分居方外호야

상 천 포 지　　내 도 일 지 의
象天包地는 乃道一之義ㅣ니라

9를 합하여 10을 상징하고 중앙에서 무无로 조화되는 것이 무극이다.
5와 9의 5가 나뉘어 4방 바깥에 위치하여 하늘이 땅을 포괄하는 것
을 상징함은 곧 도일道一의 뜻이다.

譯註 윷판 중심부의 무극은 북극성을 상징한다. 윷판 내부를 다시
겉과 속의 땅의 강유와 하늘의 음양으로 나누었다. 이는 3수 중심의
수리론을 바탕으로 무극과 음양, 4상을 결합한 일종의 새로운 체계
라 할 수 있다.

사 릉 연 지 삼 각 점　　특 거 천 지 인 지 상
四稜硯之三角點은 特擧天地人之象호야

시 기 함 삼 위 일 지 리
示其函三爲一之理ㅣ니라

용 수 지 분　　수　　시 어 일
用數之分은 數ㅣ始於一이라

일 이 불 능 생 고
一而不能生故로

분 이 위 음 양　　음 양　　합 이 생 만 물
分而爲陰陽호야 陰陽이 合而生萬物이라

소 이　　사 시　　이 삼 위 절　　삼 본 삼 이 말 구
所以로 四時ㅣ以三爲節이니 三本三而末九라

극 어 오 십 이 기 용　사 십 유 구 지 상
極於五十而其用이四十有九之象이니라

4각형 벼루의 삼각점은 특별히 천지인의 형상을 들어서 3을 함유하여 하나[一]가 되는 원리를 드러내고 있다.[250] 수가 분화되는 작용은 1에서 시작한다. 1은 능히 낳을 수 없기 때문에 나뉘어 음양이 되어 결합함으로써 만물을 낳을 수 있는 것이다. 그래서 4시가 셋을 마디로 삼는 것[251]이므로 3은 3에 근거하고, 그 끝은 9이다. 50에 극한이 이르고, 그 작용에는 49의 모습이 있는 것이다.

譯註 음양과 4상의 심장부에 무극이 자리잡고 있음을 강조한다. 무극을 상징하는 (5토와 10토 중에서) 5토의 조화에 의해 사방으로 나뉘어 4상이 생긴 것이다. 이 4상의 내부는 세 마디로 움직이는 까닭에 겉으로 드러난 현상은 4이지만, 그 속의 질서는 3이라는 뜻이다.

연 지 사 릉　역 상 팔 괘 사 정 사 유 지 방 야
硯之四稜은亦象八卦四正四維之方也오

---

250 이는 한민족의 고유의 역사책인『桓檀古記』의 논리와 아주 유사하다. ①「檀君世紀序」, "乃執一而含三, 會三而歸一者, 是也." ②「檀君世紀」, "執一含三, 會三歸一. 大演天戒, 永世爲法." ③「三韓管境本紀」, "乃執一而含三, 會三而歸一也." ④「三神五帝本紀」, "惟元之氣, 至妙之神, 自有執一含三之充實光輝者, 處之則存, 感之則應." ⑤「蘇塗經典本訓」, "三一神誥, 本出於神市開天之世, 而其爲書也. 蓋以執一含三, 會三歸一之義, 爲本領." ⑥「蘇塗經典本訓」, "所以執一含三者, 乃一其氣而三其神也. 所以會三歸一者, 是亦神爲三而氣爲一也." 분명코『正易圖書』에는『桓檀古記』에 대해 언급이 없다. 다만 윷의 원리를 세계 창조의 원형으로 간주하고, '三一論' 사유가 윷의 핵심이라는 점에서『正易圖書』와『桓檀古記』는 눈에 보이지 않는 연관성이 있다고 할 수 있다.
251 "우주의 변화는 1이 3으로 분열하는 것이라는 것은 바로 하나가 本中末의 셋으로 구분된다는 말인 것이다. 그러므로 우주의 운동이란 것은 1이 3으로 분열되는 과정의 반복인 것이다."(한동석,『우주변화의 원리』, 서울: 대원출판, 2001, 76쪽.)

正易圖書說

223

혈 지 이 삼　　역 시 음 양 진 퇴　　사 시 성 절 지 리 야
穴之以三은 **亦示陰陽進退**하야 **四時成節之理也**니라

기 조 화 성 물　　내 낙 서 지 변
其造化成物이 **乃洛書之變**이니라

벼루의 네 모서리는 또한 8괘의 4정4유[四正四維]의 방위를 상징한
다. 3개의 구멍 역시 음양이 나아가고 물러나는 4시가 (시간의) 마디를
이루는 법도를 나타낸다. 만물을 완성시키는 조화는 곧 낙서의 변화
인 것이다.

譯註 시간 흐름의 측면에서 보면, 낙서는 과거에서 현재를 거쳐 미래
를 향한 길을 걷는다. 만물은 직선 시간의 틀에서 완성을 지향한다
는 것이 바로 하도를 내포한 낙서의 운명이라는 것이다.

물 지 소 이 성 기　　내 신 지 소 위 야
物之所以成器는 **乃神之所爲也**오

수 지 소 이 위 삼　　내 삼 극 지 체
數之所以爲三은 **乃三極之軆**라

리 구 만 상 지 변　　형 유 지 방 무 원 고
理具萬象之變하고 **形有至方無圓故**로

명 기 위 물　　위 지 신 서
名其爲物이 **謂之神書**니라

실제로 사물이 될 수 있는 이유는 신神이 하는 바요, 수의 논리가 3이
되는 이유는 3극의 본체에 있다.[252] 만물의 궁극적 원리는 세상의 온

---

252 무극과 황극과 태극의 3극이 먼저 존재하기 때문에 만물 역시 3수 법칙으로 움직인다
는 뜻이다.

갖 변화의 모습을 갖추고 있고, 형체는 지극히 방정하여 원이 없는[至^지
方無圓_{방무원}] 까닭에 사물 되는 이유를 이름 붙여 신서神書라 하는 것이다.

譯註 3수가 만물의 궁극 원리가 되는 이유는 신의 손길과 3극의 본
체에 비롯된 것이다. 그래서 윷판에 새겨진 문양은 신학과 철학을 담
지하고 있는 까닭에 '신서'라 불린다. 이러한 3수는 삼위일체三位一體
논리를 함축한 입체성을 띠기 마련이다. 음양이 평면 논리의 서술에
유익하다면, 3수 논리는 다층적이고 구조적 성격을 서술하기에 유리
하다. "2진법과 사랑에 빠졌었던 라이프니츠는 형상의 위치를 결정
하는 수학 분야를 '위치를 해석하는 학문'이라는 뜻의 analysus situs
라 불렀다. 위상해석학은 '위치의 기하학'이라는 뜻의 geometria situs
라고도 불린다. 오늘날 위상기하학Topology이라는 이름으로 자리잡았
는데, 이는 위치를 뜻하는 그리스어 topos와 연구를 뜻하는 그리스어
logos가 합쳐진 말이다."[253]

서 지 삼 점　조 화 상　추 원 래
書之三點이 造化上에 推原來라

일 이 삼 사 오 육 칠 팔 구
一二三四五六七八九 ㅣ

개 구 어 삼 이 상 중 자　십 야
皆具於三而象中者는 十也오

방 이 분 지 즉 사 구 삼 팔 이 칠 일 육 지 상
方以分之則四九三八二七一六之象이라

이 구 구 지　　음 양 진 퇴 즉 육 구 지 사　진 어 북
以九究之ᄒ야 陰陽進退則六九之四 ㅣ 進於北ᄒ고

253 피터 벤틀리 지음/유세진 옮김, 『숫자, 세상의 문을 여는 코드』, (서울: 성균관대 출판부, 2008), 129쪽.

칠 구 지 삼　퇴 호 서 남　　팔 구 지 이　진 어 동
七九之三이 退乎西南ᄒ며 八九之二ㅣ 進於東ᄒ고

구 구 지 일　퇴 호 동 남　　분 태 소 강 유
九九之一이 退乎東南ᄒ야 分太少剛柔ᄒ며

십 구 지 구 십　진 어 중　　내 무 극 야
十九之九十이 進於中ᄒ니 乃无極也오

일 구 지 구　퇴 호 서 북　　이 구 지 팔　진 어 서
一九之九ㅣ 退乎西北ᄒ고 二九之八이 進於西ᄒ며

삼 구 지 칠　퇴 호 동 북　　사 구 지 육　진 어 남
三九之七이 退乎東北ᄒ고 四九之六이 進於南ᄒ야

분 태 소 양 음
分太少陽陰ᄒ니

오 구 지 오　귀 공 자　리 일 무 이 지 치 야
五九之五ㅣ 歸空者는 理一無二之致也ㅣ니라

신서의 세 점은 조화造化의 측면에서 만물의 근원이 온 궁극적 이유를 추론한 것이다. 1, 2, 3, 4, 5, 6, 7, 8, 9 전체는 3에 갖추어져 있고 그 핵심[中]을 상징하는 것은 10이요, 4방으로 나누면 4·9, 3·8, 2·7, 1·6의 형상이다. 음양의 진퇴를 9로 추론하면 6 × 9의 4는 북쪽으로 나아가고, 7 × 9의 3은 서남쪽으로 물러나며, 8 × 9의 2는 동쪽으로 나아가고, 9 × 9의 1은 동남쪽으로 물러나 태소강유太少剛柔로 나뉜다. 10 × 9의 9와 10은 중앙으로 나아가므로 곧 무극이다. 1 × 9의 9는 서북쪽으로 물러나고, 2 × 9의 8은 서쪽으로 나아가며, 3 × 9의 7은 동북쪽으로 물러나고, 4 × 9의 6은 남쪽으로 나아가 태소음양太少陰陽으로 나뉘므로 5 × 9의 5가 귀공歸空되는 것은 만물의 보편원리가 둘이 필요 없는 '하나'의 극치를 드러낸 것이다.

譯註 무극과 태극과 황극은 조화의 극치라는 것을 전제하면서 땅

[剛柔]과 하늘[陰陽]이 생성되는 이치를 수의 논리로 설명하였다. 그리고 정역사상 특유의 무극无極과 귀공歸空을 인용하여 낙서와 하도가 본질적으로 일치되는 경지를 겨냥하였다.

신도지위　사구　공종이거북
神圖之位는 四九가 共宗而居北하고

삼팔　위붕이거남
三八이 爲朋而居南하고

이칠　동도이거동
二七이 同道而居東하고

일육　위우이거서
一六이 爲友而居西하고

십오　상수이거중　수　오십유오지상
十五ㅣ相守而居中하니 數ㅣ五十有五之象이니라

하도[神圖][254]의 위치는 4와 9가 공통의 종지로 북쪽에 있고, 3과 8은 친구가 되어 남쪽에 있고, 2와 7은 똑같은 도를 근거로 삼아 동쪽에 있고, 1과 6은 벗이 되어 남쪽에 있고, 10과 5가 서로를 지키면서 중앙에 위치하므로 55수의 형상이다.[255]

譯註 여기서는 다시 윷의 논리 대신 하도를 거론하면서 수리 법칙의 보편성과 합리성을 강조하였다.

---

254 여기서의 神圖는 河水에서 나온 龍馬의 등에 새겨진 河圖를 뜻한다.

255 『周易傳義』「易本義圖」, "朱子曰 … 河圖之位, 一與六共宗而居乎北, 二與七爲朋而居乎南, 三與八同道而居乎東, 四與九爲友而居乎西, 五與十相守而居乎中, 蓋其所以爲數者 不過一陰一陽, 一奇一偶 以兩其五行而已."

^{신 서 지 방} ^{전 대 육 후 리 사}
神書之方은 前戴六後履四하고

^{좌 이 우 팔} ^{전 좌 일 전 우 삼} ^{위 견}
左二右八하니 前左一前右三이 爲肩하고

^{후 좌 칠 후 우 구} ^{위 족}
後左七後右九ㅣ 爲足하야

^{십 체} ^{거 중} ^수 ^{사 십 유 구 지 상}
十體ㅣ 居中하니 數ㅣ 四十有九之象이니라

낙서[神書]^{신서}[256]의 방위는 앞으로 6을 머리에 이고, 뒤로는 4를 발로 밟고 있으며, 2와 8은 각각 왼쪽과 오른쪽에 있으며, 앞 왼쪽의 1과 앞 오른쪽의 3은 어깨가 되며, 뒤 왼쪽 7과 뒤 오른쪽 9는 발이 되며,[257] 본체인 10이 중심에 거처하므로 49수의 형상이다.[258]

譯註 이는 낙서의 방위와 수를 배합시킨 것이다.

^{도 서 지 수 여 위} ^{개 삼 동 이 이 이}
圖書之數與位ㅣ 皆三同而二異하니

^{동 북} ^{음 시 생 지 방}
東北은 陰始生之方이라

^음 ^{부 동} ^{서 남} ^{음 극 성 지 방}
陰이 不動하고 西南은 陰極盛之方이라

---

256 여기서의 神書는 洛水에 나온 거북이 등에 새겨진 洛書를 가리킨다.

257 『周易傳義』「易本義圖」, ① "關氏(關郞)曰 河圖之文, 七前六後, 八左九右. 洛書之文, 九前一後, 三前七右, 四前左二前右, 八後左六後右." ② "西山蔡氏曰 …洪範又言天乃錫禹 洪範九疇, 以九宮之數, 戴九履一, 左三右七, 二四爲肩, 六八爲足, 定龜背之象也."

258 49수는 大衍之數 50에서 태극을 상징하는 1을 뺀 것이다. 보통 대연지수는 점치는 방법[揲蓍]이라고 알려져 있으나, 『정역』을 연구하는 학자들은 (天地之數 50인 河圖와 대비하여) 낙서라고 풀이한다. 대연지수 50에서 중앙 土 5를 빼면 낙서수 45가 된다.

음 호 천　　개 음 불 가 역　　양 가 역
陰이 互遷이니 蓋陰不可易이오 陽可易이라

성 수　　수 음　　고 역 생 지 양 야
成數ㅣ雖陰이나 固亦生之陽也닝시니라

음 양 이 하　　개 리 호 형 기
陰陽以下는 皆麗乎形氣라

음 양 미 동 지 전　　차 리　　기 유 물 지 가 명 야
陰陽未動之前인 此理ㅣ 豈有物之可名也ㅣ리오.

하도낙서의 수와 위치가 같은 것은 셋이고 다른 것은 둘이다[三同而 ^{삼동이} 二異].[259] ^{이이} 동방과 북방은 음이 최초로 생겨나는 방위로서 음은 움직이지 않는다. 서방과 남방은 음이 극성하는 방위로서 음이 서로 바뀌는 곳이다. 대개 음은 바뀔 수 없고, 양은 바뀔 수 있다. 성수成數[260]가 비록 음이지만 진실로 양을 생겨나게 한다.[261] 음양 이하는 모두 형체와 기에 속해 있기 때문에 음양이 아직 움직이지 않는 이전의 이 이치에 어찌 사물의 명칭을 붙일 수 있으리오?

譯註 이 대목은 주자(1130~1200)가 말한 10수 내부의 분석을 인용하여 선후천 변화의 이론으로 설정하는 계기를 마련한 것이다. 홀수 1, 3, 5 는 생수인 동시에 양이다. 짝수 2, 4 역시 생수이지만 음이다. 이처럼 생수는 삼천양지三天兩地의 구조를 이룬다. 그것은 양 에너지가 넘치는 선천은 상극 세상이라는 것을 시사한다.

---

259 『周易傳義』 「易本義圖」, "其數與位, 皆三同而二異, 蓋陽不可易而陰可易, 成數雖陽, 固亦生之陰也."

260 하도낙서의 수리론은 음양에 수의 질서를 부여한 것에 특징이 있다. 생명을 낳는 것을 生數(creating number), 생명을 성숙시키는 것을 成數(becoming number)라 부른다.

261 홀수 1, 3, 5의 셋은 같으나 짝수 2, 4의 둘은 다르다. 하도와 낙서가 공통으로 陽數가 위치한 북쪽 1과 동쪽 3과 중앙 5가 똑같은 반면에, 남쪽 2와 서쪽 4의 陰數가 다르다는 것이다. 즉 하도의 2, 4와 낙서의 4, 2가 서로 자리가 바뀌어 있음[金火交易]을 가리킨 것이다.

천 지 지 수　본 비 어 도 서
天地之數는本備於圖書라

도 서 미 출 지 전　차 수　기 유 변 지 가 언 야
圖書未出之前에는此數ㅣ豈有變之可言也ㅣ리오

무 형 무 상 지 중　만 리 필 구
无形无象之中에萬理畢具하니

차 기 비 태 극 이 무 극 호
此豈非太極而无極乎아

유 상 유 수 지 간　만 변　유 리
有象有數之間에萬變이有理하니

숙 불 위 신 도 신 서
孰不謂神圖神書ㅣ리오

천지의 수는 본래 하도낙서[圖書]에 갖추어져 있다. 하도낙서가 아직 나오기 전에 이 수로 어찌 변화를 말할 수 있으리오? 형체와 형상이 없는 가운데에 온갖 이치가 갖추어져 있는데, 이것이 '태극이면서 무극'이 아니겠는가? 형상과 수의 질서 사이에 온갖 변화의 이치가 깃들어 있으므로 누가 신비로운 도서圖書라 하지 않을 수 있겠는가?

譯註 하도와 낙서는 천지가 존재하는 이유를 해명할 수 있는 최상의 방법이기 때문에 '신비로운 도서[圖書]라고 불린다는 것이다.

홍 황 지 세　이 기 지 변
鴻荒之世에二氣之變이

수 각 유 상 이 미 상 견 변 수
雖各有象而未嘗見變數러니

지 어 신 도 신 서 지 출 연 후
至於神圖神書之出然後에야

오 십 오　사 십 구 지 수
五十五와 四十九之數에

음 양 기 우 생 성　찬 연 가 견
陰陽奇偶生成을 粲然可見하니

차 기 소 이 심 발 독 지
此其所以深發獨智오

우 비 범 연 기 상 지 소 가 득 이 의 야
又非泛然氣象之所可得而擬也니라

혼돈 세상에서 2기의 변화에 비록 각각 형상이 있으나, 변화의 수를 발견할 수 없었다. 신비로운 하도낙서가 출현한 뒤에야 비로소 55와 49수에서 음양의 홀짝수가 생성하는 것을 뚜렷하게 볼 수 있었다. 그것은 깊은 곳에서 솟아난 독특한 지혜의 소산이지 평범한 상태에서 흉내낼 수 있는 것이 아니다.

譯註 이 세상이 만들어지기 이전부터 만물의 궁극 원리가 존재했음에도 불구하고 실제로 인간이 알 수 있는 방법은 없었다. 하도낙서가 출현한 이후에야 비로소 음양의 생성 법칙으로 인식할 수 있었다는 것이다. 그런데 하도낙서는 인간의 지혜로 고안한 창안물이 아니라, 천지 자체의 형식이자 내용이다. 이는 하도낙서에 대한 파천황의 선언이다. 하도낙서란 세상의 변화를 알 수 있는 수단으로 인식한 과거의 관점을 넘어서 정역사상은 하도를 천지창조의 설계도요, 낙서는 그 설계도에 따라 이 세상이 둥글어가는 과정이라고 말하기 시작했기 때문이다.

^체 ^천 ^지 ^지 ^찬 ^자　^역 ^지 ^상
體天地之撰者는 易之象이라

^상 ^자　^성 ^어 ^이　^이 ^자　^우 ^야
象者는 成於二하니 二者는 偶也라

^상 ^지 ^소 ^이 ^립 ^야
象之所以立也ㅣ라

^고　^이 ^이 ^사 ^사 ^이 ^팔　^팔 ^자　^팔 ^괘 ^지 ^상
故로 二而四四而八하니 八者는 八卦之象이라

^팔 ^이 ^육 ^십 ^사 ^이 ^사 ^천 ^구 ^십 ^육 ^이 ^상 ^비 ^의
八而六十四而四千九十六而象備矣ㅣ니라

^기 ^천 ^지 ^지 ^찬 ^자　^범 ^지 ^수
紀天地之撰者는 範之數라

^수 ^자　^시 ^어 ^일　^일 ^자　^기 ^야
數者는 始於一하니 一者는 奇也ㅣ라

^기 ^자　^수 ^지 ^소 ^이 ^행 ^야
奇者는 數之所以行也ㅣ라

^고　^일 ^이 ^삼 ^삼 ^이 ^구　^구 ^자　^구 ^주 ^지 ^수
故로 一而三三而九하니 九者는 九疇之數ㅣ라

^구 ^이 ^팔 ^십 ^일
九而八十一하고

^팔 ^십 ^일 ^이 ^육 ^천 ^오 ^백 ^육 ^십 ^일 ^이 ^수 ^주 ^의
八十一而六千五百六十一而數周矣ㅣ니라

천지를 주체화하여[體] 지은 것이 곧 역의 상象이다. '상'이란 2에서 이룩되는 것으로 2는 짝수[偶]다. 그것은 상이 세워지는 이유로서 2 → 4 → 8의 논리가 형성되므로 8이란 8괘의 형상이다. 8 × 8 = 64로부터 64 × 64 = 4,096개의 형상이 갖추어지는 것이다.

천지의 벼리를 빚어내는 것은 규범성을 갖는 수이다.[262] '수'란 1에서

---

262 여기서 말하는 '範之數'는 홍범사상에서 말하는 수의 조직을 가리킨다. 앞의 易象과 範數는 공간과 시간, 주역과 정역, 음양(2)과 3수 등 숱한 문제를 내포하고 있다.

비롯되는 것으로 1은 홀수[奇]이다. 홀수는 수가 베풀어지는 까닭으로 1 × 3 = 3과 3 × 3 =9의 논리가 형성되므로 9란 구주九疇의 수이며, 9 × 9 = 81과 81 × 81 = 6,561의 수가 골고루 갖추어지는 것이다.

譯註 인간이 천지 원리를 깨달아서 세운 것은 '상象'의 논리요, 천지가 스스로 기강을 세운 최고의 걸작은 '수'의 논리다. 전자는 『주역』의 방식이고, 후자는 『정역』의 방식이다. 주지하다시피 낙서는 아홉 개의 수로 구성되었고, 이를 바탕으로 천하를 다스리는 방법이 바로 홍범구주다. 김일부의 정역사상은 넓은 의미에서 『주역』의 음양관을 계승하는 한편 시종일관 3(1×3) → 9(3×3) → 81(9×9)의 논리를 고수한다. 그렇다면 상수학에서 말하는 '제곱(x^2 값)'은 무엇을 의미하는가? 자연의 본질적 전환(비약)은 아닐까? 그것은 자연의 혁명일 것이다.

천 지 지 변 화　　만 물 지 감 응
天地之變化와 萬物之感應과

고 금 지 인 혁　　개 불 출 호 도 서
古今之因革이 皆不出乎圖書 l라

유 천　　불 현 기 상　　불 형 기 기
惟天이 不見其象ᄒ고 不形其器 l면

인　　기 능 제 법 이 이 용 천 하
人이 豈能制法而利用天下리오

귀 신 출 입 지 정 상　　제 왕 입 치 지 법 의
鬼神出入之情狀과 帝王立治之法義 l

개 유 호 차
皆由乎此ᄒ니라

천지의 변화와 만물의 감응과 고금의 변혁이 모두 하도낙서[圖書]에서 벗어나지 않는다. 하늘이 오직 그 형상을 보여주지 않고 물건에 형태를 주지 않았다면 인간이 어떻게 법도를 만들어 천하에 이용할 수 있겠는가? 귀신이 출입하는 뜻과 형상, 제왕의 통치이법과 의리 등이 모두 여기에 말미암는다.

譯註 천지의 변화, 만물의 감응, 역사의 변혁 등 자연에서 일어나는 모든 것은 하도낙서 원리에서 벗어나지 않는다. 만약 하늘이 하도낙서를 내려 보내지 않았다면 인류는 문명 발전을 도모할 수 없었고, 심지어 눈에 보이지 않는 귀신의 세계를 비롯한 문물 제도의 정비도 불가능했을 것이다.

천 분 위 지　　지 분 위 만 물 이 삼 극 지 도　　불 가 분
天分爲地하고 地分爲萬物而三極之道는 不可分이라

급 기 종 야　　만 물　귀 지　　지 귀 천　　천 귀 도
及其終也하얀 萬物이 歸地하고 地歸天하고 天歸道라

기 도　　일 본 호 차
其道ㅣ一本乎此하니

개 유 의　　필 유 언　　유 언　　필 유 상
盖有意면 必有言이오 有言이면 必有象이오

유 상　　필 유 수
有象이면 必有數ㅣ니

수 립 즉 상 생　　상 생 즉 언 저　　언 저 즉 의 현
數立則象生하고 象生則言著하고 言著則意顯하나니

상 수 즉 전 제 야　　언 의 즉 어 토 야
象數則筌蹄也오 言意則魚兎也ㅣ라

득 어 토　　필 유 전 제
得魚兎ㅣ댄 必由筌蹄ㅣ니

사 전 제 이 구 어 토　미 견 기 득
舍筌蹄而求魚兔면 未見其得이니라

하늘이 나뉘어 땅이 되고, 땅이 나뉘어 만물이 되어도 3극의 도는 나
뉠 수 없다.[263] 그 궁극에 이르러서는 만물은 땅에 귀속되고, 땅은 하
늘에 귀속되고, 하늘은 도에 귀속되므로 도는 한결같이 이것에 근본
한다. 대개 뜻이 있으면 반드시 말이 있으며, 말이 있으면 반드시 형상
이 있으며, 형상이 있으면 반드시 수가 있는 것이다. 수가 확립하면 형
상이 생기고, 형상이 생기면 말이 드러나며, 말이 드러나면 의미가 드
러나므로 상수象數는 통발과 올무[筌蹄]요, 말과 의미는 물고기와 토
끼인 것이다.[264] 물고기와 토끼를 잡는 것은 반드시 통발과 올무에 말
미암는 것이므로 통발과 올무를 버리고 물고기와 토끼를 잡는다면
얻는 것을 볼 수 없을 것이다.[265]

譯註 천지는 3극을 근거로 형성되었고, 한편 장자莊子(BCE369~BCE289)
를 인용하면서 상수象數는 천지와 3극 원리를 알 수 있는 인식의 통로
라고 말했다.

---

263 무극과 황극과 태극의 3극은 三位一體로 존재하는 까닭에 논리적 분석은 가능하지만,
실제로는 떨어져 존재할 수 없다는 뜻이다. 어제는 무극으로, 오늘은 황극으로, 내일은 태
극으로 존재하는 것이 아니다. 이 삼자는 언제 어디서나[時空] 서로 맞물려 존재한다. 다만
그 역할과 위격이 다를 뿐이다.
264 고기를 잡는 통발과 토끼를 잡는 올무라는 뜻으로 목적을 달성하기 위한 방편을 가리
킨다.
265 『莊子』「雜篇」"外物", "통발은 물고기를 잡기 위해 있으며, 물고기를 잡고 나면 통발
따위는 잊혀지게 마련이다. 올가미는 토끼를 잡기 위해 필요하며, 토끼를 잡고 나면 올가미
는 잊혀지고 만다. 말은 뜻을 전하기 위해 있으며, 뜻을 알고 나면 말은 잊혀지고 만다.[筌
者所以在魚, 得魚而忘筌. 蹄者所以在兔, 得兔而忘蹄. 言者所以在意, 得意而忘言.]"

왈 도 왈 서
日圖日書는

천 지 대 역 지 기 이 혈 이 시 지　조 화 지 묘 지 신
天地大易之器而穴以示之는 造化至妙之神이라

신 지 덕　기 성 의 호
神之德이 其盛矣乎ㄴ져

개 무 상　불 이 명　무 수　불 이 지
盖无象이면 不以名이오 无數ㅣ면 不以知니

기 불 명 부 지 이 위 도 수 지 원 조 자
其不名不知而爲度數之原兆者는

기 숙 사 지 연 재　왈 상 제 야
其孰使之然哉아 曰上帝也ㅣ시니라

하도낙서라고 부르는 까닭은 천지가 크게 바뀌는 이치와 과정을 설명하는 도구이기 때문이요,[266] (벼루에 새겨진) 자국이 보여주는 것은 조화造化가 지극히 미묘한 신이다. 신의 덕이 풍성함이여! 대개 형상이 없으면 이름 붙일 수 없으며, 수가 없으면 알 수 있는 방법이 없다. 이름 붙일 수 없고 알 수 없는 것을 도수의 조짐으로 삼아 그렇게 빚은 이는 누구인가? 상제님이시다.

譯註 하도낙서에는 신비성과 합리성이 내재되어 있으며, 더욱이 벼룻판에 새겨진 웇의 구성은 조화의 극치를 보여준다. 그러므로 상수象數가 없으면 천지를 알 수 있는 수단이 없다는 뜻이다. 천지가 어떻게 움직이는가를 포착하는 방법이 상수라면, 천지의 존재 목적과 선

---

266 『주역』은 하늘이 내린 神物이 하도낙서라고 했다. 하지만 『정역』은 3극이 성인을 내려보낸 다음에 神物을 내렸는데, 신물이 곧 하도낙서라고 말한다. ①『주역』「계사전」상편 11장, "天生神物, 聖人則之, 天地變化, 聖人效之, 天垂象見吉凶, 聖人象之, 河出圖洛出書, 聖人則之." ②『정역』「십오일언」, "天地之理는 三元이니라 元降聖人하시고 示之神物하시니 乃圖乃書니라 圖書之理는 后天先天이요 天地之道는 旣濟未濟니라"

천이 후천으로 전환되는 이법을 밝힌 수학 방정식이 바로 도수度數다. 그러면 이 도수는 누가 만들었는가? 지은이는 상제上帝라고 자문자답했다. 한마디로 하늘의 원리가 땅에서 이루어진다는 의미의 도수는 최고신이 빚어낸 손길이라고 결론지었다. 김일부는 '상제(조화옹)의 의지'를 읽고 수학과 신학의 경계를 허물어 통합함으로써 19세기 최고 지성의 대열에 올랐다고 할 수 있다.

신의 생각! 인류가 낳은 천재, 아인슈타인(1879~1955)의 입에서 충격적인 단어가 튀어나왔다. "내가 알고 싶은 것은 신이 세상을 어떻게 창조했는지라네. 현상이나 원리 따위는 내 관심사가 아니지. 나는 그저 신의 생각이 알고 싶은 거라네."[267]

太清太和五化元始戊己日月開闢二十四年辛亥
九月九日 日忠 金大濟 奉。

태청태화 오화원시 무기일월개벽 24년 신해년(1911년) 9월 9일에 일충日忠 김대제金大濟[268]가 받들다

---

267 이고르 보그다노프, 그리슈카 보그다노프 지음/허보미 옮김, 『신의 생각』(서울: 푸르메, 2013), 10쪽.

268 이정호 박사는 김일부의 제자들의 업적과 고향 및 호 등을 상세하게 조사한 바 있다. 김대제는 을축년(1863년)에 태어났다. 호는 金火요, 본관은 慶州로 당시의 주소는 公州였다.(『正易과 一夫』 서울: 아세아문화사, 1985, 340쪽 참조)

河龜河龍說
하 귀 하 룡 설

– 거북과 용 무늬가 새겨진 벼루에 찍힌 자국들이 만들어낸 수의 질
서가 곧 옻의 원리

要旨 하상역이 만든 옻판의 논리는 『주역』과 『정역』에서 밝힌 하도
낙서의 신비성과 합리성에 버금간다는 것을 얘기하고 있다. 이것은
전통 역학 또는 동양철학에 대항하는 일종의 혁명에 다름아니다.

神哉라
신 재

貫夫河夫子之河龍河龜三元三極神物이시여
관 부 하 부 자 지 하 룡 하 귀 삼 원 삼 극 신 물

元降聖人흥스 乃圖乃書로다
원 강 성 인   내 도 내 서

地載天而方正흥니 體오
지 재 천 이 방 정   체

天包地而圓環흥니 影이시라
천 포 지 이 원 환   영

十이 便是太極이시니 一이라
십   변 시 태 극   일

一而无十흥면 无體오 十而无一흥면 无用이니 用是影이라
일 이 무 십   무 체   십 이 무 일   무 용   용 시 영

體影之道여 理氣囿焉이오
체 영 지 도   리 기 유 언

神明萃焉흥야 五行이 悉具흥고
신 명 췌 언   오 행   실 구

正易圖書

238

신묘하도다! 관부 하상역선생이 (벼룻돌을 손가락으로 찍어) 새긴 하귀하
룡河龜河龍[269]의 3원3극의 신물이여! 으뜸가는 3원에서 성인을 내려 보
내시고, (신물로 나타내 보이시니) 곧 하도와 낙서이다. 땅은 하늘을 싣고
서도 방정하므로 본체요, 하늘은 물샐틈없이 땅을 감싸 안고 둥그렇
게 도니 그림자[影]영[270]이다. 10이 곧 태극이므로 1이다. 1은 10이 없으
면 본체가 없는 것이요, 10은 1이 없으면 작용이 없는 것이므로 작용
이 곧 그림자이다. (위대하도다) 본체와 그림자의 도여! 리理와 기氣를 포
괄하고 신명[271]이 모여 있어[272] 5행이 모두 갖추어져 있고 선후천의 이
법을 하나로 헤아릴 수 있는 하도낙서[圖書]도서를 포함하고 있다.

譯註 하상역이 만든 윷의 질서가 『정역』의 3극 원리를 대변한다고 주
장한다. 그래서 『정역』 원문을 인용하여 윷판의 합리성과 신묘함을
드높이고 있다.

---

269 여기서의 '河龜河龍'는 洛水에서 나온 거북이와 河水에서 나온 龍馬가 아니라, 하상역
이 손가락으로 벼룻돌을 깊이 찍어 새긴 수학적 질서가 너무도 신령스러워 붙인 이름이다.

270 ①『正易』「十五一言」"金火五頌"에 "六水九金은 會而潤而律이니라 二火三木은 分而
影而呂니라" ②『正易』「十五一言」"先后天周回度數", "觀淡은 莫如水요 好德은 宜行仁을
影動天心月하니 勸君尋此眞하소"

271 權寧遠,『正易과 天文曆』(대전: 상생출판, 2013), 252쪽. "神明은 天地의 神靈을 가리킨다."

272『正易』「十五一言」"擧便無極. 十. 十便是太極. 一. 一而無十, 無體; 十而無一, 無用. 合,
土. 居中, 五, 皇極. 地, 載天而方正, 體. 天, 包地而圓環, 影. 大哉, 體影之道, 理氣圍焉, 神明
萃焉. 天地之理, 三元. 元降聖人, 示之神物, 乃圖乃書."

하 일　　천 일 지 점
下一은 天一之點이오

좌 일　　천 삼 지 점
左一은 天三之點이오

상 일　　지 이 지 점
上一은 地二之點이오

우 일　　지 사 지 점
右一은 地四之點이니

응 하 도 지 상 야
應河圖之象也오

10과 1을 결합하면 토가 만들어지는데[273] 황극이다. 아래의 1은 천일
天一의 점이요, 왼쪽의 1은 천삼天三의 점이요, 위의 1은 지이地二의 점
이요, 오른쪽의 1은 지사地四의 점이므로 이것은 하도의 양상에 부합
한다.

譯註 윷판 내부의 중앙에 있는 다섯 점의 황극을 중심으로 북방의
1, 동방의 3, 남방의 2, 서방의 4가 이루는 조직이 하도의 구성과 일치
한다고 보았다.

우 하 일　　역 천 일 지 상
又下一은 亦天一之象이오

좌 일　　역 천 삼 지 상
左一은 亦天三之象이오

상 일　　역 천 구 지 상
上一은 亦天九之象이오

---

273 한자 十과 一을 합하면 흙 土가 만들어진다.

우일　역천칠지상
右一은 亦天七之象이니

응 낙 서 지 리 야
應洛書之理也오

오　거극위이차이사점　사상지분위
五는 居極位而次以四點은 四象之分位오

차이십점　영성　기우지수야
次二十點은 影成이니 奇隅之數也라

또한 아래의 1 역시 천일天一의 상이요, 왼쪽의 1 역시 천삼天三의 상이요, 위의 1 역시 천구天九의 상이요, 오른쪽 1 역시 천칠天七의 상이므로 이것은 낙서의 이치에 부응한다. 5는 지극히 존귀한 자리에 위치하고 그 다음의 4점은 4상으로 나누어진 자리요, 다음의 20점은 그림자가 이룬 것으로 홀수와 짝수이다.

譯註 이 대목은 5황극을 중심으로 낙서의 구성을 설명한 다음에, 윷판 29점 역시 5황극을 중심으로 전개된다고 말한다.

원체삼점　영용이십구점
元體三點과 影用二十九點이

이 위 지 천 지 운
以爲地天之運하야

시 지 신 물 자
示之神物者는

십무극체위도수　기사정
十无極體位度數에 己巳政이라

무 진 지 위
戊辰之位가

정 위 이 십 구 수 이 용 정 즉 조 양 율 음 지 궁 야
正爲二十九數而用政則調陽律陰之宮也오

이 원 체 삼 수
以元體三數로

도 순 도 미 즉 황 극 지 도 삼 변 이 태 양 입 무 술
道順到未則皇極之度三變而太陽入戊戌하니

정 귀 체 지 도 야
正歸體之度也오

으뜸의 본체 세 점[元體三點^{원체삼점}]과 그림자를 뜻하는 스물 아홉 점을 지천地天으로 바뀌는 운수로 삼아 신물로 보여주는 것은 10무극 체위 도수의 기사궁이 펼치는 정사[己巳政^{기사정}][274]이다. 무진戊辰 자리[275]는 바로 29수[276]로 정사를 베풀어 양을 고르고 음을 조절하는 집이다. 으뜸의 본체 3수로 도道가 순행하여 미未에 도달하면 황극의 도수가 3변하여 태양이 무술戊戌에 닿으므로[277] 곧 본체로 돌아가는 도수[歸體之度^{귀체지도}]이다.

譯註 이 대목은 윷판 중심부에 있는 세로(또는 가로)의 세 점을 『정역』의 3극론과 결부시켜 6갑 조직의 변화가 일어나는 원천으로 설명하고 있다.

---

274 무극의 도수는 四柱 형식의 己巳 戊辰 己亥 戊戌이다. 황극의 도수는 戊戌 己亥 戊辰 己巳다. 무극과 황극은 서로 '교차하는 형식(X)'으로 이루어져 있다. 무극의 己巳는 선후천을 통틀어 '원래의 하늘이 시작하고 돌아가는 곳[原天]'이기 때문에 河圖宮으로 불린다.

275 戊辰은 천간 戊도 5土요, 지지 辰도 5土다. 5는 문왕팔괘도 또는 낙서의 중앙에 있는 황극을 상징한다.

276 북극성을 상징하는 중앙의 1과 28宿를 합하여 29로 표현한 것이다.

277 無極體位度數는 己巳 戊辰 己亥 戊戌인데, 만일 戊辰으로부터 시작할 경우는 戊午, 戊申을 거쳐[3變] 戊戌에 닿는다.

신 이 십 오 건 곤 궁 고
申爲十五乾坤宮故로

진 손 대 위　오 행 지 종　육 종 지 장
震巽이 對位하야 五行之宗이오 六宗之長이오

중 위 정 역 야 즉 신 물 지 체 삼 점
中位正易也則神物之體三點과

영 이 십 구 점　기 강 지 천 지 리 소 소 의
影二十九點이 紀綱地天之理昭昭矣로다

이 삼 연 성　하 도 육 팔 칠 구 지 수
以三衍成이 河圖六八七九之數오

이 이 십 구 점 지 영 지 영 성 이 십
以二十九點之影之影成二十은

낙 서 일 삼 구 칠 지 수
洛書一三九七之數라

체 영 유 합　이 수 삼 십 이　즉 황 극 체 위 지 도 야
體影有合하면 而數三十二는 卽皇極體位之度也라

신申은 십오건곤궁十五乾坤宮이기 때문에 진괘震卦와 손괘巽卦가 서로
짝으로 자리 잡는 5행의 종마루요, 나머지 여섯 괘의 으뜸이다. 새로
운 중도가 올바른 역으로 자리 잡으면[中位正易]²⁷⁸ 신물의 본체 세
점과 작용을 뜻하는 그림자 스물 아홉 점이 기강을 잡아 지천地天의
원리가 밝게 빛나도다. 3수 원리로 운행하여 완수하는 것은 하도의
6·7·8·9이며, 29점의 그림자가 20의 그림자(작용)를 완성하는 것은 낙
서의 1·3·9·7이다. 본체와 그림자가 결합하여 32수가 되는 것은 황극
체위도수이다.²⁷⁹

278 복희팔괘도는 乾坤이 天地否(䷋)의 형상이고, 문왕팔괘도는 乾坤이 서남쪽과 서북쪽
을 향해 기울어져 있다. 하지만 정역팔괘도는 건곤이 地天泰(䷊)의 모습으로 남북축을 이
루는 까닭에[中位] 온갖 변화가 정상 궤도로 바뀐다[正易]는 뜻이 담겨 있다. 中位가 절대
적이고 正位는 상대적 개념이듯이, 中이 體라면 正은 用이다.
279 하도의 成數를 합하면 6+7+8+9=30이고, 낙서의 生數와 成數의 합은 1+3+9+7=20

譯註 정역팔괘도와 하도낙서를 윷의 원리로 매듭지었고, 더 나아가 윷의 질서도 황극에서 무극으로의 전환과 함께 선후천 교역 문제를 담지한다는 것을 시사하였다.

주 천 열 요 삼 십 육 천   천 지 장 관 뇌 풍 궁
周天列曜三十六天이여 **天地壯觀雷風宮**이니
정 시 무 기 일 월 개 벽 지 도 서 야
正是戊己日月開闢之圖書也 ㅣ시이라

하늘을 돌고 도는 일월과 금목수화토의 별자리가 펼치는 36천이여![280] 천지가 펼치는 장엄한 경관은 뇌풍궁[天地壯觀雷風宮][281]이 만드는 것인데, 곧 무기일월의 개벽을 알려주는 도서圖書이다.

譯註 이 대목은 도교의 세계관을 수용하고 있다. 또한 무기戊己 토土의 작동으로 말미암아 물리적 변화를 몰고 오는 우레와 바람[雷風]의 거대한 힘을 통해 후천이 온다는 것을 말하고 있다.

이다. 20+30=50에서 50은 하도수 55와 낙서수 45의 합인 100을 음양(2)으로 나눈 것이다. 그것은 50[大衍之數]이 100과 1의 중심인 것처럼, 5황극 역시 10무극과 1태극의 중심에 있는 것을 상징한다. 황극체위도수(戊戌 己亥 戊辰 己巳)는 戊戌에서 시작한다. 이 戊戌[皇極宮]은 無極의 집[無極宮]을 향해 움직이는 까닭에 戊戌부터 己巳까지를 계산하면 32도이다.

280 周天列曜는 『大聖北斗延命經』에 나온다. 道敎는 天界가 欲界 六天(6), 色界 十八天(18), 無色界 四天(4), 上四天 또는 四梵天(4), 三淸境(3), 大羅天(1) 등 모두 36천의 구조로 이루어져 있다고 한다.

281 壯은 雷天大壯卦(䷡)를, 觀은 風地觀卦(䷓)를 가리킨다. 『正易』「十五一言」"一歲周天律呂度數"에 "日月은 大明乾坤宅이요 天地壯觀雷風宮을 誰識先天復上月이 正明金火日生宮가"라는 말이 나온다.

正易圖書

戊己日月正明易說

– 무기 토의 작동에 의해 일월이 새롭게 밝아지는 과정을 설명하는 이론

要旨 선천이 후천으로 바뀜에 따라 일월이 새롭게 솟아올라 새로운 시공질서가 수립된다는 것을 밝히고 있다.

대 저 조 력 지 법
大抵造曆之法이

선 촉 천 지 일 월 성 신 지 도 연 후　가 이 성 력
先燭天地日月星辰之度然后에 可以成曆ᄒ야

운 기 유 행　일 시 분 각　분 명 기 수 야
運氣流行과 日時分刻이 分明起數也라

십 오 분 일 각　사 각 일 점
十五分一刻이오 四刻一点이오

일 점 일 시　십 이 시 일 일
一点一時오 十二時一日이오

삼 십 일 일 월　십 이 월 일 기
三十日一月이오 十二月一朞오

삼 십 기 일 세　십 이 세 일 운
三十朞一世오 十二世一運이오

삼 십 운 일 회　십 이 회 일 원
三十運一會오 十二會一元인니

범 십 이 만 구 천 육 백 년
凡十二万九千六百年이오

일　적　사 천 육 백 육 십 오 만 육 천 일 야
日를 積ᄒ면 四千六百六十五万六千日也라

대저 책력을 만드는 방법은 가장 먼저 일월성신의 도수를 밝힌 뒤에 달력이 만들어지지만, 운기運氣[282]의 유행과 일시분각日時分角이 분명하게 수의 질서로 드러난다. 15분이 1각이요, 4각이 1점이요, 1점이 1시요, 12시가 하루요, 30일이 한달이요, 12달이 1년이요, 30년이 1세요, 12세가 1운이요, 30운이 1회요, 12회가 1원인데 무릇 129,600년[283]으로 하루를 쌓으면 4천6백6십5만6천일[284]이다.

譯註 역법의 메카니즘은 일월성신의 규칙적 운행을 바탕으로 성립된다. 여기서는 전통의 시간 계산법과 소강절(1011~1077)의 '원회운세설'을 결합하였다.

변 역 지 설　　수 시 변 역　　이 종 도 이 위 야
變易之說은 隨時變易ㅎ야 以從道而謂也로다

약 비 조 양 율 음 시 후 기 절
若非調陽律陰時候氣節

진 퇴 영 허 굴 신 소 장 현 망 회 삭
進退盈虛屈伸消長弦望晦朔

도 수 지 문 합　　기 왈 운 역　　기 운 력 설 야 재
度數之吻合이면 豈曰云易이며 豈云曆說也哉아

개 저 현 기 이 설 절　　이 사 성 안 지 감 정 이
槩著玄機而說節ㅎ야 以俟聖眼之鑒正爾라

---

282 "運氣란 氣가 운행하면서 변화하는 것으로 한의학에서 말하는 운기에는 '우주자연의 궁극적인 질서'라는 추상적인 개념 뿐만 아니라 '계절에 따른 기후변화의 질서'라는 실제적인 개념도 포함되어 있다. 運氣論이란 기에 의하여 변화하는 법칙적인 질서를 수학적 계산에 의해 추측함으로써 자연의 질서에 순응하는 방법을 모색했던 고대 동양의 자연관을 연구하는 분야라 할 수 있다."(權依經 저/김은하·권영규 譯, 『오운육기학설』, 서울: 법인문화사, 2000), 9쪽. 하지만 정역사상은 선천에는 五運 질서가 지배하지만, 후천에는 六氣의 질서로 바뀐다고 말한다.

283 이 대목은 소강절의 원회운세설을 도입하고 있다.

284 46,656,000 ÷ 129,600 = 360

'변역'이란 말은 시간의 흐름에 따라 변역하여 도를 따르는 것을 가리킨다. 만약 양을 고르게 하고 음을 조절하는 것이 시간과 기후와 기의 절도에 진퇴, 영허, 굴신, 소장, 회삭현망의 도수가 들어맞지 않는다면 어찌 역易이라 부를 수 있으며, 어찌 책력 이론[曆]이라 하겠는가? 이미 하늘의 현묘한 기틀[285]을 드러내고 시간의 마디를 설명함으로써 성인의 눈으로 올바르게 성찰할 수 있기를 기다린다.

譯註 '변역'이란 용어는 정이천程伊川(1033~1107)의 "시간의 흐름에 따라 변역하여 도를 따른다"는 말에서 비롯되었다. 달력 만드는 방법은 자연의 운행에 꼭 들어맞는 절도를 근거로 삼는 것에 있다. 역법의 구성 원리에 대한 깊은 성찰이 필요하다고 강조한다.

五運이 運하니 運本戊五오

六氣가 氣하니 氣本己六하야

十一歸不可思議功德이로다

5운이 기운을 쏟아내는 운의 근본은 '무오戊五'요, '6기'가 뿜어내는 기의 근본은 '기육己六'이다.[286] 10과 1이 (한 몸이 되므로/하나로) 돌아가

---

285 玄機는 시공간의 근원, 생명의 자궁을 뜻하는 용어다.

286 선천은 5토 중심[戊]으로 움직인다. 과거에는 戊5를 中으로 인식했다. 하지만 김일부는 戊5 다음의 己6(= 皇中), 즉 5와 6이 진정한 中이라는 사실을 발견하였다. 이 여섯 번 째에 닿은 己가 열 번 째 10土로 본질적 전환이 이루어지면 10己(= 皇心)가 된다. 이것은 곧 시공의 전환에 의해 자연의 혁명으로 나타나는 6갑 조직의 근본적 변화를 뜻한다.

는 공덕이 불가사의하구나.[287]

譯註 이 대목은『정역』의 주요 명제를 인용한 다음에 자신의 해석을 곁들이는 형식을 취하였다. 선천을 지배했던 '무토戊土'가 후천에는 '기토己土'로 바뀔 것을 얘기한다.

보 화 일 천 화 옹 심 분 부 정 녕 황 중 월
普化一天化翁心은分付丁寧皇中月이시니라

"한 하늘을 널리 조화하옵시는 조화옹[288]의 마음이
정녕코 황중달[289]을 분부하시옵나이다."[290]

譯註 선후천 전환은 달의 변화를 통해서 극명하게 드러난다고 얘기한다. 특히 조화옹의 분부를 경건한 마음으로 받들어 선후천 변화의 이법을 밝혔다는 김일부의 말을 그대로 실었다.

---

287 『正易』「十五一言」 "化翁親視監化事", "嗚呼라 五運이 運하고 六氣氣하여 十一歸體하니 功德无量이로다"

288 이정호,『원문대조국역주해 정역 正易』(서울: 아세아문화사, 1990), 41쪽, "화화옹, 조화옹, 화무옹, 화무상제. 만물을 창조하여 생장수장케 하는 오직 하나이신 原天火(己巳宮)의 하나님, 21도만에 반고인 地十己土(己丑宮)를 생함."

289 시공의 전환에 의해 새롭게 뜨는 달로 甲, 乙, 丙, 丁, 戊로 왼손 새끼손가락을 굽히고 펴면 己가 된다. 이 己가 왼손 엄지손가락으로 옮겨가는 현상에 의해 후천이 시작된다는 것이다. 이것이 바로 선후천의 전환이다. 선천에는 甲에서 시작하던 것이 후천에는 己로 시작하는 것이 곧 6갑 메카니즘의 전환이다. 즉 '황중달'은 癸未를 초하루로 삼는 후천 정역의 달을 가리킨다.

290 『正易』「十五一言」 "化无上帝言", "普化一天化翁心이 丁寧分付皇中月이로소이다" 이는 이정호의 현토를 옮긴 것이다.(이정호,『정역, 원문대조국역주해』, 서울: 아세아문화사, 1990), 41쪽.

248

圖成度己戊皇无

无皇戊己度成圖

무 황 무 기 도 성 도

– 황극을 뜻하는 선천의 무戊가 후천에는 기己 중심의 도수로 전환한
다는 이론

要旨 12지지에 각각 무기戊己를 배당한 다음에 후천의 간지는 '기축
己丑' 시스템으로 움직인다는 것을 밝힌 도표다. 그리고 북방 자子 외
부의 기사己巳가 선후천을 통일한 하도의 집이라면, 기축己丑(천간과
지지가 모두 음陰)은 땅 중심의 후천이 시작하는 기준점을 뜻한다.
도표에 나타난 바와 같이, '기사' 바깥의 간지 구성에서 아래의 지지
는 축丑이 공통이지만, 위의 천간은 각각 다르다.

무 극 황 극 체 위 도 수 합 성 도 십 일 귀 체 공 덕 무 량
无極皇極體位度數合成圖十一歸體功德无量이

기 십　행 정 어 자 위 즉 대 일 원 지 삼 백
己十이 行政於子位則大一元之三百이

주 행 오 십 건 곤
周行十五乾坤흥야

대 일 회 십 이 만 구 천 육 백 지 수
大一會十二万九千六百之數가

온 재 어 인 오 술 화 국 야
蘊在於寅午戌火局也이라

무극과 황극의 체위도수가 결합하여 10과 1이 한 몸이 되는 공덕이
무량한 그림에서 기십己十이 자위子位에 정사를 행하면 대일원大一元

正易圖書

300이 십오건곤十五乾坤[291] 사이를 두루 돌고 돌아 대주기인 129,600 수가 인오술寅午戌[292]의 불의 판국[火局]에 간직되어 있다.

譯註 이 글은 『정역』의 이론과 소강절의 원회운세설과 명리 이론을 하나로 통합한 형태의 6갑 조직을 설명한 것이다.

선 천 무 기　　팔 중 존 위
先天戊己는 八中尊位오

후 선 천 즉 기 무 행 도　　즉 체 용
后先天則己戊行度ᄒ야 卽體用이니

기 사 일 궁 정　　일 입 술　　정 십 일 귀 체
己巳日宮政으로 日入戌ᄒ면 正十一歸體니

지 천 해 시　　부 모 친 정 야
地天亥時오 父母親政也ㅣ시니라

선천의 무기戊己는 중앙 8이 존귀한 자리에 있으며,[293] 선천의 뒤(후천)에는 기무己戊의 도수[294]로 실행하는 본체와 작용이므로[295] 태양이

---

291 정역팔괘도의 남북의 地天泰를 뜻한다. 북에 10이, 남에 5가 위치하여 天地否의 형상인 복희팔괘도와 정반대의 모습이다.

292 명리학 용어인 寅午戌 火局은 寅午戌 三合이라고도 불린다. 寅은 生地, 午는 旺地, 戌은 庫地가 되어 合을 이룬다. 生地 寅의 불은 旺地 午의 불을 생한다. 즉 寅에 잠겨 있던 불기운이 활활 타올라 旺地 午火에 이르고, 마침내 불 창고인 戌로 숨는 형세를 寅午戌 三合이라 일컫는다. 결국 三合은 寅과 戌의 火도 旺地 5火의 불 기운에 동화되어 하나로 통합되는 것을 가리킨다.

293 선천은 1에서 9까지의 중심이 5이지만, 후천에서 15의 중심이 8이다. 이것을 이해하는 방법에는 두 가지가 있다. 손도수와 정역팔괘도로 보는 방식이 그것이다. 이 대목은 아마도 5를 8로 잘못 쓴 것으로 보인다.

294 선천의 중심[中]이 陽인 戊였다면, 후천은 陰인 己로 시작한다는 뜻이다.

295 선천은 甲, 乙, 丙, 丁, 戊의 戊5가 본체였다면, 후천은 손가락을 모두 굽혔던 무에서 다시 펴기 시작한 새끼손가락의 己가 시공의 전환에 의해 왼손 엄지손가락으로 옮겨 간다.

기사궁己巳宮[296]에서 새롭게 시작하는 정사로서 술戌에 들어가면[297] 곧 10과 1이 한몸되어 본체로 돌아가는 지천地天의 해亥의 시간으로 부모가 직접 친히 정사를 베푸는 것을 뜻한다.

譯註 이 대목은 시종일관 『정역』의 논리를 부연설명하고 있다. 5토 중심의 선천이 10토 중심의 후천으로 바뀜은 천지가 직접 정사를 베 푸는 사건이라고 말한다.

인 오 술 대 일 원 지 삼 백 위
寅午戌은 **大一元之三百位**라
화 생 토 지 리 이 응 십 오 건 곤 야
火生土之理여 **以應十五乾坤也**ㅣ니라

인오술寅午戌은 대일원大一元 300의 자리이다. 화가 토를 낳는 이법이 여![298] 그것은 십오건곤에 부합하도다.

譯註 불 에너지는 처음 인寅에서 생겨나 에너시가 극성한 오午를 향

이때 전환되기 시작하려는 시기의 '中'을 皇中이라 하며, 왼손 엄지손가락에서 다시 己, 庚, 辛, 壬, 癸, 甲, 乙, 丙, 丁, 戊로 돌아가는 시스템에서 새롭게 뜨는 후천달을 皇心月이라 부른다.
296 무술궁이 낙서의 집이라면, 기사궁은 하도의 집이다.
297 지지는 자, 축, 인, 묘, 진, 사, 오, 미, 신, 유, 술, 해로 한 바퀴 돌아간다. 終始論에 의하면 끝나는 자리에서 다시 시작하므로 亥에서 끝나는 왼손 둘째손가락부터 다시 반대로 돌아 가면 亥와 子를 꼽고 丑에서 다시 시작하는 것이 바로 후천이다. 천간의 己와 지지의 丑이 10자리에서 다시 꼽기 시작하므로 己丑宮이 후천의 시작이다. 축, 인, 묘, 진, 사, 오, 미, 신, 유, 술의 열 번째에 닿으면 1과 10이 한몸되므로 十一歸體가 되는 것이다.
298 '火生土'는 火가 직접 土를 낳는다는 것보다는 뜨거운 생명[火]이 항상 土의 주재력으 로 넘친다는 뜻으로 새겨야 좋다. '생명의 불꽃으로 살아 있는 土'라는 것이다. 왜냐하면 己는 土요, 巳는 火이기 때문이다. 己巳宮은 곧 조화옹이 영성의 불덩이 형상으로 머무는 신성한 공간을 뜻한다.

하고, 다시 극성기를 지난 불 기운은 술戌로 숨는다. 만물을 성장시키는 동력인 불을 '인오술'의 집에 각각 100을 배당하면 전체 300이 이루어진다고 했다.

무 극 체 위 도 수　　이 수 육 십 일
无極體位度數는 而數六十一이시오

황 극 체 위 도 수　　이 수 삼 십 이
皇極體位度數는 而數三十二이시라

무극체위도수는 수가 61이다.
황극체위도수는 수가 32이다.[299]

譯註 선천은 황극이 무극을 지향하는 세상이다. 황극체위도수는 '戊戌 己亥 戊辰 己巳'인데, 무술戊戌 황극궁皇極宮에서 기사己巳 무극궁无極宮까지는 32도라는 것이다. 무극체위도수는 '己巳 戊辰 己亥 戊戌'인데, 무극은 우주창조의 본원인 동시에 창조의 목적이 완성되는 귀향처를 뜻하기 때문에 기사己巳에서 시작하여 한 바퀴 돌아 기사己巳에 닿으면 61도라는 것이다.

---

299 김일부는 『정역』 「십오일언」에서 "天地合德 三十二요 地天合道 六十一을"이라고 말했다. 그는 선천을 天地라 부르고, 후천은 地天이라 불렀다. 하늘이 땅으로 되는 과정은 天地이고, 땅이 하늘로 되는 과정은 地天이라 했다. 무극은 하늘이고, 황극은 땅이라는 것이 정역사상의 대전제다. 무극은 선천을 만든 시원이자 선천이 다시 귀향해야 할 생명의 고향이다. 황극의 지평은 선천이 후천 무극으로 귀향하는 과정에서 벌어지는 고난의 행군을 뜻한다. 무극이 상생과 상극을 머금은 생명의 원천이라면, 황극은 상극에서 상생으로 넘어가기 직전까지의 세상을 가리킨다.

기 위　도 역 이 도 순
己位는 道逆而度順하야

도 성 도 어 육 십 일 도 자
度成道於六十一度者는

이 십 위 도 즉 십 일 귀 체 혜
以十爲度則十一歸軆兮여

성 도 어 도 성 지 위
成度於道成之位하니

선 천 칠 화 팔 목 태 양 지 부
先天七火八木太陽之父신이라

기위己位는 도를 거스르고 간지는 순응하여[道逆而度順]³⁰⁰ 도수가
61도에서 성도하는 까닭은 10을 도수로 삼았기 때문이다. 십일귀체
여! 도가 이루어지는 위치에서 도수가 완성하므로 선천 7화8목의 태
양의 아버지다.

譯註 기위己位는 무극체위도수인 '기사 무진 기해 무술'의 기사己巳를
뜻한다. 기사궁은 곧 무극궁이다. '기사'는 순순(하도의 방식)의 방향으
로 가면 61도만에 다시 제자리로 돌아온다.

무 위　도 순 이 도 역
戊位는 道順而度逆하야

도 성 도 어 삼 십 삼 도 자
度成度於三十三度者는

---

300 道는 진리 또는 이념, 度는 천지일월의 운행에 근거한 6갑 조직으로 번역할 수 있다.
이들은 順逆 관계로 움직인다. 무극의 진리는 미래에서 현재를 거쳐 과거로 향하고, 현실
의 도수는 과거에서 출발하여 현재를 거쳐 미래로 향한다는 뜻이다. 한마디로 道逆度順은
이념과 현실이 서로 맞물리면서 둥글어간다는 뜻이다.

이 오 위 도 즉 사 팔 용 정 혜
以五爲道則四八用政兮여

성 도 어 도 성 지 위
成度於度成之位하니

후 천 일 수 사 금 태 음 지 모
后天一水四金太陰之母신이라

무위戊位는 도를 순응하고 간지는 거슬러서[道順而度逆] 도수가 33
도에서 성도하는 것[301]은 5를 도로 삼았기 때문이다. 4와 8을 정사로
사용함이여! 도수가 이루어지는 위치에서 도수가 완성하므로 후천 1
수4금의 태음의 어머니다.[302]

譯註 무위戊位는 황극체위도수인 '무술 기해 무진 기사'의 무술戊戌
을 뜻한다. 무술궁은 곧 황극궁이다. '무술'은 역逆(낙서의 방식)의 방향
으로 32도를 가면 기사궁에 닿는다.

기 위　거 자 도 량　기 사 정
己位를 去子度量하면 己巳政이라

육 기 지 기　도 역 즉 자 위 기 사 지 용 정 위
六氣之己로 道逆則子爲己巳之用政位라

기 사 위 도 순 행 즉 삼 십 일 도 기 해
己巳爲度順行則三十一度己亥오

---

301 『正易』원문에는 32도로 나온다. 33도는 잘못 인쇄된 것으로 보인다. 32도가 옳다.
302 『正易』「十五一言」"戊位는 道逆而度順하여 度成道於三十二度하니 后天水金太陰之
母시니라" 1923년 遯巖書院에서 발간한 판본에는 '기위'와 '무위'의 운동방식이 다르게 표
현되어 있다. "戊位는 度順而道逆하여 度成道於三十二度하니 后天水金太陰之母시니라 己
位는 度逆而道順하여 度成道於六十一道하니 先天火木太陽之夫시니라" 이는 『정역도서』
가 옳은지, 돈암서원본이 옳은지는 연구자들의 깊은 성찰이 필요하다. 아니면 해석상의 차
이일 뿐인가는 앞으로의 연구 대상이다.

육 십 일 도 기 사　환 도 자 위 야
六十一度己巳가 還到子位也라

사 기　태 음 삼 십 도 성 지 궁 이 기 해
巳己는 太陰三十度成之宮而己亥는

태 음 육 십 도 성 지 궁 야
太陰六十度成之宮也라

기위를 자子 중심의 방법에서 벗어나 헤아리면[303] 기사己巳의 정사이
다. 6기의 기己[304]로 도를 거슬리면 자子는 기사의 정사를 실행하는
위치가 되는 것이다. 기사는 도수가 순행順行하므로 31도는 기해己亥
요, 61도 기사는 돌아서 자위子位에 도달한다는 것이다. 기사[305]는 태
음 30도가 이루어지는 집이고, 기해는 태음 60도가 이루어지는 집이다.

譯註 무극체위도수가 '기사'에서 출발하여 '무진'을 거친 '기해'는 31
도이며, 다시 출발점으로 돌아오면 61도이다. '기사'는 태양의 근원이
요 태음이 완수되는 최종 목적지다. 왜냐하면 '기사궁'은 선천이 시작
되는 최초의 자궁이자 새롭게 후천이 시작되는 영원회귀의 고향이기
때문이다.

이 무 무 육 십 수　언 지 즉 기 사 육 십 도　무 진 야
以无无六十數로 言之則己巳六十度는 戊辰也오

기 해 육 십 도　무 술 야
己亥六十度는 戊戌也라

---

303 천간이 '己位'라면, 지지는 丑이어야 후천이 시작된다(기와 축은 둘 모두 음陰)는 뜻
이다.
304 6기의 운동이 선천은 甲에서 시작했다면, 후천은 근로부터 시작한다는 뜻이다.
305 원문은 巳己로 표기되어 있는데, 己巳가 옳다.

무 극 체 위 이 수 육 십 일 지 위 야
无極體位而數六十一之謂也시로다

이것을 무무위无无位 60수로 말하면, 기사의 60도는 무진戊辰이요, 기
해의 60도는 무술戊戌이다. 이것은 무극체위의 수가 61도인 것을 가리
킨다.

譯註 천간지지의 결합으로 만들어진 60진법은 하늘이 걷는 10 마디
와 땅이 걷는 12 마디를 하나의 주기로 계산한 것이다. 10과 12를 최소
공배수로 계산한 60진법은 6갑 운용 체계의 근간이다.

천 근 월 굴　　간 상 호 도
天根月窟리 **間相互度**흐야
십 오 건 곤　　삼 오 이 변 역
十五乾坤이 **三五以變易**흐고
구 이 착 종　　이 십 오 천 도　　정 중
九二錯綜에 **二十五天度**가 **正中**흐니
금 화 지 정 역　　정 화 용 정
金火之正易은 **丁火用政**이라

천 근 월 굴
하늘의 뿌리와 달의 집[天根月窟][306] 사이에 서로 도수를 바꾸어 건
곤의 10과 5가 3과 5의 법칙으로 변화하고, 9와 2가 착종하여[307] 25라
는 하늘의 도수가 올바르게 중용의 법도에 들어맞으므로 금화정역
은 정화丁火의 정사가 작용한 것이다.

---

306 '天根月窟'은 소강절의 詩에 나온다.
307 둘째손가락에 2火와 9金이 닿기 때문에 金火交易을 상징한다.

无皇戊己度成圖

譯註 『주역』에 나오는 선천의 '삼오착종'과 『정역』에 나오는 후천의 '구이착종'을 비교하였다. 그 결과를 금화교역金火交易의 필연성과 당위성으로 매듭지었다.

태 음 지 모 위　기 정 유 순 도 즉 무 술
太陰之母位에 起丁酉順度則戊戌이

역 도 태 음 지 정 위 신 궁
亦到太陰之政位申宮하니

천 개 어 무 자　　지 벽 어 기 축
天開於戊子하고 地闢於己丑하야

태 양 삼 십 육 도　종 어 계 해 고　구 이 착 종 오 원 수
太陽三十六度가 終於癸亥故로 九二錯綜五元數라

태음의 어머니 자리에서 정유丁酉[308]가 일어나 도수에 순응하면 무술戊戌이 역시 태음의 신申의 집[309]에 이르러 정사하므로 하늘은 무자戊子에서 열리고, 땅은 기축근丑에서 열려 태양 36도가 계해癸亥에서 마치기 때문에 구이착종오원수九二錯綜五元數라 하는 것이다.

譯註 이 대목은 정역사상을 확대 해석한 것이다.

---

308 『주역』 18번 山風蠱卦(☶) 「단전」에 '先甲三日, 後甲三日'이 나오고, 58번 重風巽卦(☴) 5 효에 '先庚三日, 後庚三日'이 나온다. 전자는 甲子를 중심으로 앞은 辛酉 壬戌 癸亥이고, 뒤는 乙丑 丙寅 丁卯이다. 후자는 庚子를 중심으로 앞은 丁酉 戊戌 己亥이고, 뒤는 辛丑 壬寅 癸卯이다. 전자는 甲子 중심이고, 후자는 庚子 중심이다. 원칙론의 입장에서 보면 전자는 선천이고, 후자는 후천이다. 왜냐하면 선천의 시작점인 甲을 바꾼다는 의미의 바꿀 '庚'과 지지의 첫 번째인 '子'를 결합했기 때문이다. 그런데 『정역』 연구자들은 辛酉를 洛書宮, 丁酉를 河圖宮이라 부른다. 辛酉에서 丁酉로 비약하는 것이 곧 金火交易이고, 금화교역에 의해 실제로 선후천이 교체되는 것이라 하겠다.

309 『정역』 「십오일언」 "化翁親視監化事"에 나오는 '月極體位度數'는 庚子, 戊申, 壬子, 庚申, 己巳다. 태음의 달은 庚子에서 시작하여 두 군데의 申(戊申, 庚申)을 거친다는 뜻이다.

기 갑 야 반　　생 계 해　　정 묘 두
己甲夜半에 生癸亥하고 丁卯頭라

이 정 묘 순 포 즉 갑 술 병 술 무 술
以丁卯順布則甲戌丙戌戊戌이

역 도 어 정 위
亦到於政位하고

기 묘 신 묘 계 묘 을 묘 정 묘
己卯辛卯癸卯乙卯丁卯이

차 제 도 어 모 위
次第到於母位하니

삼 묘 합 덕　　신 묘　용 사 인 궁　　계 묘　귀 동
三卯合德하며 辛卯는 用事寅宮하고 癸卯는 歸東하야

정 합 금 화 정 역 계 입 중 귀 동 자 즉 후 천 사 정 지 위
正合金火正易癸入中歸東者則后天四正之位를

유 시 이 정 칠 수 야
由是而定七宿也라

후천의 기년과 기일, 갑년과 갑일 사이의 야반에는 각각 계해월과 계

해시가 생겨나므로 정묘丁卯를 으뜸으로 삼는다.[310] 정묘에 순응하여

베풀면 갑술, 병술, 무술[311]이 또한 정사를 베푸는 자리에 도달한다.

기묘, 신묘, 계묘, 을묘, 정묘가 차례로 어머니 자리[母位]에 도달하여

세 묘가 합덕한다. 신묘는 인궁寅宮에서 일을 하고, 계묘는 동쪽으로

돌아가 금화정역에 올바르게 부합하여 계癸가 중에 들어가고 동쪽으

로 돌아가[癸入中歸東者][312] 후천 4정위가 이로 말미암아 7수宿로 정

---

310 『正易』「十一一言」"九二錯綜五元數", "己甲夜半에 生癸亥하니 丁卯頭니라" 왼손 둘
째손가락에서 계해로 끝나는 곳에서 다시 시작하므로 손가락을 펴면서 계해, 갑자, 을축
(손가락을 꼽으면서), 병인, 정묘까지가 5도이므로 이것을 5원수라 부르는 것이다.

311 甲戌의 甲은 木, 丙戌의 丙은 火, 戊戌의 戊는 土다. 즉 木(동쪽) → 火(남쪽) → 土(중
앙)라는 상생의 순서로 돌아가는 것을 뜻한다.

312 '癸入中歸東者'는 '계'에서 끝난 자리에서 다시 시작하는 첫째손가락이 새롭게 형성된

해지는 것이다.

譯註 선천의 인월세수寅月歲首 대신에 후천은 묘월卯月로 세수가 바뀐다는 것을 전제하였다. 이러한 역법 시스템은 28수宿와 부합한다는 것을 밝히고 있다.

기 사 십 정 삼 변 기 축　　위 월 생 신 궁
己巳十政三變己丑이 爲月生申宮이니

팔 괘 오 행 변 음 양 지 문 이 기 지 정 령 고
八卦五行變陰陽之門而己之政令故로

기 정　계 운　　계 정　정 운　　정 정　신 운
己政에 癸運이오 癸政에 丁運이오 丁政에 辛運이

삼 변 즉 정 위 운 지 중 위
三變則丁爲運之中位라

정 묘　지 삼 십 이 도　　무 술
丁卯로 至三十二度하면 戊戌이오

유 시 천 근 지 시 생　　금 화 착 종 지 수 군
酉是天根之始生이오 金火錯綜之首君이라

신 유 정 유 계 유　중 위 지 정 유　지 삼 십 이 도
辛酉丁酉癸酉에 中位之丁酉로 至三十二度하면

무 진　종 성 어 모 위　　즉 황 중 월 지 도
戊辰이 終成於母位하니 即皇中月之度라

기사궁 10수의 정사가 세 번 변한[三變] 기축己丑[313]에서 달이 신궁申宮을 낳으므로 8괘 5행은 음양을 변화시키는 문인 동시에 기己의 정령政令인 까닭에 '기'의 정사는 계癸의 운수[314]요, '계'의 정사는 정丁

中이고, 그것은 정역팔괘로는 艮에 해당하는 동방이라는 뜻이다.

313 己巳를 포함하여 11번 째 己卯가 2변, 21번 째 己丑이 3변이다.

314 인간의 힘으로는 어쩔 수 없는 하늘의 운명[天運]을 음양오행으로 표현하는 수의 법칙

의 운수요, '정'의 정사는 신辛의 운수가 세 번 변하므로 '정'은 운수
의 중심에 있는 자리다.[315] 정묘로부터 32도를 세면 무술이요, '유酉'
는 하늘의 뿌리가 처음으로 생기는 곳이요,[316] 금화가 착종하는 으뜸
가는 주권자[首君]이다. 신유·정유·계유[317] 중에서 중심의 위치[中位]
인 정유로부터 32도를 세면 무진이 마침내 어머니 자리에서 이루어지
는 것이 바로 황중월皇中月의 도수이다.[318]

譯註 무극체위도수는 '기사 무진 기해 무술'이다. 기사와 무진은 맞
물려 있다. 선천은 무진 다음에 기사이지만[逆], 후천은 기사 다음에
무진을 거쳐 기해의 순서로 나아간다[順]. 이처럼 '순역' 논리 속에는
선후천 전환의 원리가 내포되어 있다는 것을 달 변화로 설명하였다.

[氣數]을 가리킨다.

315 이는 A와 B 사이의 중심을 찾는 방법이다. 천간 己(土)의 중심은 5번 째 癸(水)에 있고,
계의 중심은 丁(火)에 있다는 것이다. 이를 숫자에 따른 5행으로 정리하면 土水火金木의
순서로 진행한다. 아래의 도표를 참고하면 좋다.

1己	2庚	3辛	4壬	5癸	6甲	7乙	8丙	9丁	10戊

316 辛酉가 낙서궁이라면, 丁酉는 하도궁이다. 辛金이 丁火로 바뀌는 것이 금화교역이요,
낙서가 하도로 바뀌는 것이 곧 선후천 교체다. 왜 '酉'인가? '닭[酉]'은 시간을 알리는 동물
[鷄]이다. 이를테면 鷄龍은 시간을 뜻하는 鷄와 온갖 조화를 부리는 龍의 합성어다. 아무
리 조화를 잘 부리는 용일지라도 시간의 계시가 없으면 雜龍에 불과하고, 설령 시간이 있
더라도 조화 능력이 뛰어난 용이 없으면 세상의 변화는 이루어질 수 없다. 한마디로 계룡
은 하늘이 부여한 절대 타이밍의 시간에 陸海空에서 두루 조화부리는 용의 능력을 뜻한다.

317 이정호는 금화교역이 이루어지는 '至變干支圖'라는 도표를 만들었고, 권영원은 '乾坤
橋'라고 명칭을 바꾼 바 있다. 두 분 모두 辛酉를 洛書宮, 丁酉를 河圖宮, 癸酉를 天根宮이
라 불렀다.

318 선천의 중심축인 戊辰은 천간과 지지 모두 5土이고, 辰은 龍이다. 그래서 『주역』에는
龍의 얘기가 많은 것이다. 하지만 후천의 중심은 己巳의 無極宮이다. 물론 6갑 조직에서 戊
辰 다음은 己巳가 이어받지만, 戊辰 선천이 후천으로 바뀌면 그 으뜸은 10土 신분의 己巳
로 새롭게 태어난다. 수지도수로 보면 戊辰 다음의 기사가 皇中月이라면, 이것이 후천으로
전환되면 皇中月이 皇心月로 바뀌는 까닭에 (16일과 30일 관계에서) 皇心月(후천 보름=선
천 30일)을 기준으로 보면 반대편은 皇中月(후천 초하루=선천 16일)된다고 하겠다.

无皇戊己度成圖

월혼　생신
月魂이 生申하고

도서지리　지십기토　생천구신금
圖書之理에 地十己土이 生天九辛金하고

천오무토　생지사신금
天五戊土이 生地四辛金하니

토생금금생수수생목
土生金金生水水生木에

목시상생지삼변즉삼변성역지리
木是相生之三變則三變成易之理에

신시운지삼변이상생지수
辛是運之三變而相生之首오

묘시상생지삼변이운지중고　신묘
卯是相生之三變而運之中故로 辛卯이

위년건지두
爲年建之頭오

신지화신　음양양음지수변고
辛之化辛이 陰陽陽陰之首變故로

수지십삼이묘지화묘　상생삼변지묘즉삼묘
數止十三而卯之化卯는 相生三變之卯則三卯오

지정오운지묘즉오묘
地政五運之卯則五卯。

기사궁정　기축　거삼십지위
己巳宮政에 己丑이 居三十之位로

무기호용　삼변기축　우무지도성득묘
戊己互用하야 三變己丑이 遇戊之道成得卯

즉정각삼묘오묘십묘삼십삼묘건곤궁야
則正覺三卯五卯十卯三十三卯乾坤宮也라

달의 혼이 신申에서 생기므로[319] 하도낙서의 원리에서 지십地十을 뜻

---

[319] 『正易』「十五一言」“金火五頌”, “五度而月魂生申하니 初三日이요 月弦上亥하니 初八日

하는 기토己土가 천구天九의 신금辛金을 낳고, 천오天五를 뜻하는 무토戊土가 지사地四의 신금辛金을 낳으므로[320] 토는 금을 낳고 금은 수를 낳고 수는 목을 낳는다. 여기서 목은 상생의 삼변三變으로서 세 번 크게 변하여 역을 완성하는 원리에서 신辛[321]은 운수가 크게 세 번 변하는 상생의 으뜸이요, 묘卯[322]는 상생이 크게 세 번 변하는 운수의 중심이므로 신묘辛卯가 첫 해를 만드는 머리[建頭]요, 신辛이 신辛으로 조화되는 까닭은 음이 양으로 변하고 양이 음으로 변하는 최초의 변화이기 때문에 수는 13에 그치는 것이다. 묘卯가 묘卯로 조화되는 까닭은 상생으로 크게 변하는 묘卯가 세 묘이기 때문이다. 땅의 정사에 나타나는 오운五運[323]의 '묘'는 다섯 묘이며, 기사궁의 정사에서 기

이요 月魄成午하니 十五日이 떹이니 先天이니라" 한 달의 28일을 가리키는 '月窟于辰'의 戊辰에서 己巳, 庚午, 辛未, 壬申에 닿는 5도를 가리킨다. 왜 '辰'에서 시작하는가? 선천은 龍(辰)이 변화를 주도하는 까닭에 달 변화의 시작을 辰을 으뜸으로 삼는 것이다. 『주역』乾卦는 初爻부터 上爻까지 潛龍, 現龍, 君子, 躍龍, 飛龍, 亢龍으로 설정하였다. 김일부는 선천의 龍(辰) 중심의 세상은 물러나고, 후천은 午(丑) 중심의 세상이 들어설 것을 얘기하고 있다.

320 『正易』「十五一言」"日極體位度數", "化翁은 无位시고 原天火시니 生地十己土니라 己巳宮은 先天而后天이니라 地十己土는 生天九辛金하고 天九辛金은 生地六癸水하고 … 戊戌宮은 后天而先天이니라 天五戊土는 生地四庚金하고"

321 ① 1변은 己巳宮에 계시는 조화옹의 손길, 2변은 조화옹이 처음으로 낳은 己土, 3변은 이 己土가 낳은 '辛'金을 가리키는 것으로 보인다. ② 6갑 조직에 辛이 6개 있다. 辛未, 辛巳, 辛卯, 辛丑, 辛亥, 辛酉가 그것이다. 천간의 丁卯를 출발점으로 辛이 3번 째에 닿는다. ③ 『正易』「十一一言」"九二錯綜五元數"의 "辛丙夜半에 生丁亥하니 辛卯頭니라"의 '辛卯'를 으뜸으로 삼은 것이다. 이는 김일부가 '丁卯頭'를 으뜸으로 삼은 것과는 다르다.

322 6갑 조직에서 卯가 5개 있다. '계묘, 을묘, 정묘, 기묘, 신묘'의 5원에서 '정묘'를 중심으로 3번 째에 '신묘'가 닿기 때문에 중요하다.

323 五行이 木을 중심으로 만물을 낳는 기본법칙이라면, 五運은 土에서 시작하여 左旋하면서 土金水木火의 순서로 相生한다. 즉 甲己土가 生乙庚金하고 乙庚金이 生丙辛水하고 丙辛水가 生丁壬木하고 丁壬이 生戊癸火하고 戊癸火가 다시 甲己土를 생하면서 순환하는 것이다. 五運의 운행은 天道가 생하는 順에 의하지만, 運의 현상은 반대로 나타난다. 넓은 의미에서 '運'이란 우주가 자기를 형성하는 모습(self-organization)이고, 좁은 의미에서 보면 일종의 '土火作用'이라 할 수 있다.(한동석, 『우주변화의 원리』서울: 행림출판, 1998, 93-95쪽 참조)

축은 30의 위치로부터 무戊와 기己가 서로 작용하여 크게 세 번 변하여 기축己丑이 '무'의 도가 완성하는 과정에서 만나 얻은 '묘'는 3묘, 5묘, 10묘, 33묘가 건곤궁乾坤宮이라는 사실을 알 수 있다.

譯註 이 대목은 매우 난해한 내용이다. 6갑의 변용 이론을 말한 것으로 보이나, 왜 신묘辛卯가 세수歲首인가의 문제를 비롯한 몇몇 견해에 대해서는 많은 논의가 필요하다.

고   신 묘 년 월 일 시
故로 辛卯年月日時에

일 월 정 팔 팔 육 십 사 각 팔 시
日月政八八六十四刻八時오

월 일 정 사 팔 삼 십 이 각 사 시
月日政四八三十二刻四時니

합 구 십 육 각 정 십 이 시 일 일 야
合九十六刻正十二時一日也라

금 화 정 역 계 정 임 병 입 중   공 합 차 리 호 재
金火正易癸丁壬丙入中이 恐合此理乎哉ㄴ져

그러므로 신묘辛卯의 연월일시에서 일월日月의 정사는 8 × 8 = 64각刻의 8시時요, 월일月日의 정사는 4 × 8 = 32각刻의 4시時인데, 이 둘을 합한 96각이 곧 12시인 하루가 되는 것이다. 금화정역金火正易의 계癸, 정丁, 임壬, 병丙이 중앙을 차지하는 것[324]은 아마도 이런 이치에 부합할 것이다.

___

324 『正易』「十五一言」"金火正易圖" 도표 참조

譯註 '신묘년 신묘월 신묘일 신묘시'에 일월의 정사가 똑바로 이뤄지는가에 대한 문제는 『정역』과 비교를 통해 세밀한 검토가 필요하다.

무위 거자도량 무진정
戊位를 去子度量하면 戊辰政이라

오운지무 도순즉신위무진지용정위
五運之戊로 道順則申爲戊辰之用政位라

무진위도역행즉삼십이도기해
戊辰爲度逆行則三十二度己亥에

무술 성도자 월극지초초일도
戊戌이 成度者는 月極之初初一度이

유이무지리야
有而无之理也오

육십 준도즉기해
六十을 准度則己亥오

비례즉삼십이도기사 무진야
比例則三十二度己巳에 戊辰也오

육십 준도즉기사 지어태음지모위
六十를 准度則己巳이 止於太陰之母位하니

즉건곤일월합궁야
卽乾坤日月合宮也라

도위지무술 도순즉일월동궁유무지
到位之戊戌노 道順則日月同宮有无地오

월일동도후선천
月日同度后先天이라

'무위戊位'를 자子 중심의 논리에서 벗어나 헤아리면 무진戊辰의 정사이다. 5운을 일으키는 '무'로부터 도의 길을 순응방식[道順]으로 헤아리면 신申이 '무진'의 작용을 베푸는 자리이다. 무진에서 도수를 역행逆行하면 32도 '기해'에서[325] '무술'이 도수를 완성하는 것은 월극月極[326]의 초초일도初初一度가 있어도 없는[有而无] 원리이기 때문이다.[327] 60의 도수를 준거로 삼으면[准度] 기해己亥요, 비례比例[328]하면 32도는 기사己巳가 무진戊辰에 닿는다. 60을 준거로 삼으면 기사는 태음의 어머니 자리에 멈추므로 곧 건곤일월이 합덕하는 집이다. (기사가) 도달하는 무술戊戌로부터 도의 길에 순응방식으로 헤아리면 "해는 달과 집을 같이하지만[329] 없는 땅이 있고,[330] 달은 해와 도수를 같이하지만[331] 후천을 먼저 하도다."[332]

譯註 『정역』에 근거하여 무극과 황극, 즉 천지와 일월이 통일된 도수로 움직인다는 것을 설명하고 있다.

---

325 『正易』「十五一言」"无極體位度數라 己巳 戊辰 己亥 戊戌이니라 度는 逆하고 道는 順하니라 而數는 六十一이니라 皇極體位度數라 戊戌 己亥 戊辰 己巳니라 度는 順하고 道는 逆하니라 而數는 三十이니라 月極體位度數라 庚子 戊申 壬子 庚申 己巳니라 初初一度는 有而无니라 五日而侯니라 而數는 三十二니라 日極體位度數라 丙午 甲寅 戊午 丙寅 壬寅 辛亥니라 初初一度는 无而有니라 七日而復이니라 而數는 三十六이니라"

326 무극체위도수와 황극체위도수가 '年·月·日·時'라는 인간의 四柱와 비슷한 구조로 이루어졌다면, 월극체위도수와 일극체위도수는 생명이 태어나 성숙하는 과정인 '胞·胎·養·生·成'의 구조로 이루어져 있다.

327 무위가 도를 완성하는 달, 즉 己亥를 계산에 넣지 않는다는 뜻이다.

328 比는 견주다, 모방하다, 따르다는 뜻이다. 例는 법식 또는 본보기라는 뜻이다. 比例는 ① 어떤 수나 양의 변화에 따라 다른 수나 양이 변화하는 것, ② 예를 들어 비교함, ③ 두 양의 비가 같은 일 또는 그 관계의 양을 다루는 산법, ④ 각 부분 상호 또는 전체와 부분 간의 量的 관계를 뜻한다.

329 태양 역시 달처럼 庚子를 胞宮으로 삼는 初一度로 간주한다는 뜻.

330 初一度인 庚子로부터 7度인 丙午까지의 사이를 가리킨다.

331 성숙하는(자라나는) 도수가 같다는 뜻이다.

332 『正易』「十五一言」"天地合德 三十二요 地天合道 六十一을 日月同宮 有无地요 月日同度 先后天을 三十六宮 先天月이 大明后天 三十日을"

무 진   도 술 이 차 이 비 례 행 도 즉 무 술   도 미
戊辰이 到戌而次以比例行度則戊戌이 到未ᄒ고

무 진   환 도 월 굴   정 어 신 궁   즉 무 오 지 성 도
戊辰이 還到月窟ᄒ야 政於申宮ᄒ니 卽戊五之成度라

이 응 천 지 시 야
以應天之時也오

황 중 월 체 성 지 도 이 천 근 월 굴 한 래 왕 자 야
皇中月體成之度而天根月窟閒來往者也라

무진이 '술'에 이르러 차례로 도수를 운행하면 무술[333]은 미未에 닿고, 무진이 한바퀴 돌아 달집[月窟]에 닿아 신궁申宮에서 정사하므로 무오戊五의 도수가 완성하여 하늘의 시간에 부응하는 것이요, 황중월皇中月이 본체를 이루는 도수로서 하늘의 뿌리와 달집이 한가롭게 왕래하는 것을 가리킨다.[334]

譯註 무진과 무술이 서로 대응하는 것처럼, 달집[月窟]과 하늘의 뿌리[天根] 역시 대응하면서 상반상성相反相成의 관계로 존재한다. 이는 음양의 균형이 이루어지는 자연계가 꿈꾸는 이상적인 세상이다.

일 궁 기 사   입 술   십 수 행 정 야
日宮己巳이 入戌ᄒ면 十數行政也라

---

333 무진에서 무술까지는 한 달을 뜻하는 30度다. 지지 辰과 戌은 서로 짝을 형성하는 구조로 이루어져 있다.

334 이는 소강절의 詩에 나온다. "눈과 귀가 총명한 남자의 몸을, 조물주께서 내려주시니 궁색하지 않네. 월굴을 탐색한 후에야 만물을 알 것이니, 천근을 밟지 아니하면 어찌 사람을 알리오. 건(☰)이 손(☴)을 만날 때(☳) 월굴을 보고, 땅(☷)이 우레(☳)를 만나는 곳(☳)에서 천근을 보네. 천근과 월굴이 한가롭게 왕래하니, 삼십육궁이 모두 늘 봄이로다.[耳目聰明男子身은 洪鈞賦與不爲貧이라 須探月窟方知物이니 未躡天根豈識人이리오 乾遇巽時觀月窟이요 地逢雷處見天根이라 天根月窟閑往來하니 三十六宮都是春이라]"

고　　기사지삼십도
故로 己巳之三十度에

삼십육궁선천월　대명후천삼십일
三十六宮先天月이 大明后天三十日을

일월월일정　유이무　무이유
日月月日政이 有而无하고 无而有하야

천지지천합덕
天地地天合德하야

황극지도무술　용정어신궁
皇極之度戊戌이 用政於申宮하야

순이용육즉묘혜귀축술의신
順而用六則卯兮歸丑戌依申이라

태양의 집 기사己巳가 '술'[335]에 들어가면 10수 정사를 베푸는 것이기 때문에 기사의 30도에 "36궁[336]의 선천달[337]이 크게 후천 30일[338]의 해를 밝히도다."[339] 일월과 월일의 정사는 있어도 없고, 없어도 있는[340] 까닭에 하늘이 땅과 덕을 합하고, 땅이 하늘과 도를 합하여 황극

---

335 황극체위도수의 무술, 기해, 무진, 기사의 무'술'을 뜻한다.

336 태양이 도수를 완성하는 辛亥宮을 가리킨다. 『正易』「十五一言」"日極體位度數","丙午 甲寅 戊午 丙寅 壬寅 辛亥, 初初一度, 无而有, 七日而復, 而數三十六."

337 선천 16일에 뜨는 달로서 이것이 후천 초하루에 해당한다. 논리적으로 보면 15일이 우주의 시공간에서 无化되는 대격변의 사건을 가리킨다. 김일부선생은 이를 수리철학적으로 밝히고 있으나, 이를 현실에 적용한다면 엄청난 혼란이 온다는 종말론이 연상된다.

338 태음이 도수를 완성하는 己巳宮을 가리킨다. 선천 30일, 즉 후천 15일의 해를 뜻한다. 선천의 16일 달이 시공의 전환(中의 전환에 의한 새로운 時中이 드러나는 경계)에 의하여 30일에 보름달로 뜨는 사태를 일컫는다.

339 『正易』「十五一言」"天地合德三十二요 地天合道六十一을 日月同宮有无地요 月日同度先后天을 三十六宮先天月이 大明后天三十日을"

340 『正易』「十五一言」"月極體位度數, 庚子 戊申 壬子 庚申 己巳, 初初一度有而无, 五日而候, 而數三十. 日極體位度數, 丙午 甲寅 戊午 丙寅 壬寅 辛亥, 初初一度, 无而有, 七日而復, 而數三十六." 戊位 즉 황극이 도수를 완성하는 '달'인 己亥는 계산에 넣지 않으며[有而无], 또한 己位 즉 무극이 도수를 완성하는 '날'인 己亥를 계산하지 않는다는 뜻이다.

의 도수인 무술戊戌이 신궁申宮[341]에서 정사를 작용하여 (후천은 하도의 법도에) 순응하고, 6을 사용하면[342] 묘卯에 축丑이 돌아오므로 술戌은 신申이 의지하는 것이다.[343]

譯註 김일부는 6갑 조직의 열쇠는 '기사궁'에 있다고 강조하였다. 이 기사궁 안에 선후천 변화의 역법 질서가 프로그램화되어 있다는 것이다. 이러한 프로그램은 자연의 수학화를 뜻한다. 서양철학은 피타고라스의 수학에 빚지고 있다고 해도 과언이 아니다. "자연의 수학화는 피타고라스 학파의 '수가 하늘과 자연을 만들어낸다'라는 우주론과, '인간이 인식할 수 있는 모든 것들은 수를 지니고 있다'라는 인식론에 두 발로 딛고 서 있다. 요컨대 수가 우주와 인간의 정신을 이어주는 튼튼한 교량인 셈이다."[344]

순 도 즉 계 묘 을 묘 정 묘 삼 묘
順度則癸卯乙卯丁卯三元이오

기 묘 신 묘   오 원
己卯辛卯이 **五元**이라

도 태 음 지 모 위   삼 오 이 변 역
到太陰之母位하야 **三五以變易**으로

---

341 이정호,『정역, 원문대조 국역주해』(서울: 아세아문화사, 1990), 77쪽. "天地設位 때의 丁'卯' 자리에 用九 때의 乙'丑'이 닿고, 天地設位 때의 甲'戌'이 用六 때의 壬'申'이 닿음."

342 『正易』「十一一言」 "四正七宿用中數", "선천은 (낙서의 방식으로) 5에서 9로 나아가므로 거슬리는 방법으로 8을 쓰니 어긋나기 때문에 윤역에 맞춘다. 후천은 (하도의 방식으로) 10에서 5로 나아가므로 순응하는 방법으로 6을 쓰니 합당하기 때문에 정역으로 맞춘다.[先天은 五九니 逆而用八하니 錯이라 閏中이니라 后天은 十五니 順而用六하니 合이라 正中이니라]

343 『正易』「十一一言」 "十一歸體詩", "地十爲天天五地요 卯兮歸丑戌依申을"

344 김용규,『생각의 시대』(서울: 살림, 2016), 339쪽.

삼묘오묘합덕　　합정중야
三卯五卯合德하야 合正中也라

도수가 가는 방향으로 순응하면 계묘·을묘·정묘가 3원元이요, 기묘·
신묘는 5원이다.[345] 태음의 어머니 자리에 이르러 3과 5의 수리법칙으
로 변역함으로써 3묘와 5묘가 덕을 합하는 것이 음양이 균형 잡힌 책
력과 올바르게 부합[合正中]할 수 있다.

譯註 이 대목은 앞으로 태양력과 태음력이 하나로 통일된 책력이 수
립될 것을 역법과 6갑의 결합으로 설명하고 있다. 왜 3묘인가? 계묘 을
묘 정묘가 3원인 이유는 경자庚子에 있다. 그것은 『주역』 58번 중풍
손괘重風巽卦(☴) 5효 '先庚三日, 後庚三日'의 논리에 근거한다. 경자
庚子를 중심으로 앞은 '丁酉 戊戌 己亥'이고, 뒤는 '辛丑 壬寅 癸卯'이
다. 신축과 임인을 거친 3원의 '계묘'가 역법 계산의 첫머리가 된다는
것이다. 6갑 조직에서 '묘'는 5개가 있다. 즉 계묘, 을묘, 정묘, 기묘, 신
묘가 바로 그것이다. 5원의 중심에 '정묘'가 있다.

정 역 지 정 묘　　삼 원 이 오 원 야
正易之丁卯는 三元而五元也오
황 중 지 신 묘　　오 원 이 삼 원 야
皇中之辛卯는 五元而三元也라
연 이 신 묘 용 사 어 인 궁
然以辛卯用事於寅宮하고

正易圖書

---

345 6갑 조직은 천간이 6번 씩, 지지가 5번 씩으로 구성되어 있다. 천간은 10진법이고, 지
지는 12진법이기 때문이다. 또한 선천은 천간 중심에다 지지가 뒤따라가는 구조로 이루어
졌다면, 후천은 지지 중심에다 천간이 뒤따라가는 조직인 까닭에 지지가 5번 등장하는 것이다.

축궁 득왕 자궁 퇴위
丑宮이 得旺에 子宮이 退位하고
묘궁 용사 인궁 사위
卯宮이 用事에 寅宮이 謝位라

『정역』에서 말하는 정묘丁卯는 3원이면서 5원이요,[346] 황중皇中의 신묘辛卯는 5원이면서 3원이다.[347] 그러나 신묘는 인궁寅宮에서 작용하고, "축궁丑宮이 왕성한 기운을 얻어 자궁子宮은 제자리에서 물러나고 묘궁卯宮이 작용하므로 인궁寅宮이 그 자리를 양보하는 것이다."[348]

譯註 이 글은 『주역』의 논리에 근거하여 6갑 조직의 변화를 설명한 것이다. '甲子'(갑자) 중심의 선천과 '庚子'(경자) 중심의 후천을 비교하여 각각 3원과 5원으로 대비하였다. 과거에는 5가 만물의 중심 척도[中]였다면, 후천은 하도와 낙서를 통합하는 5와 6이 중中이라고 밝힘으로써 중국역학을 극복하고 한국역학의 독창성을 정립하는 새로운 토대를 마련하였던 것이다.

태양 삼변이개벽 오변이득도
太陽은 三變而開闢하고 五變而得度하며

---

346 丁卯의 근거는 『주역』 18번 山風蠱卦(☶) 「단전」에 '先甲三日, 後甲三日'에 나온다. 즉 甲子를 중심으로 앞은 辛酉 壬戌 癸亥이고, 뒤는 乙丑 丙寅 丁卯의 '정묘'를 가리킨다. '三元而五元'은 선천의 3원이 후천 5원으로 전환되어야 한다는 필연성과 당위성을 지적한 것이다.

347 皇中은 김일부가 발견한 새로운 역법 용어(선천 16일이 곧 후천 초하루를 뜻한다. 따라서 우주의 時空에서 15일이 無化되어 사라진다는 것이다)인 동시에 수 5와 6[包五舍六]이 中이라는 뜻이다.

348 『正易』「十五一言」 "化翁親視監化事", "嗚呼라 金火正易하니 否往泰來로다 嗚呼라 己位親政하니 无位尊空이로다 嗚呼라 丑宮得旺하니 子宮退位로다 嗚呼라 卯宮用事하니 寅宮이 謝位로다 嗚呼라 五運이 運하고 六氣氣하여 十一歸體하니 功德无量이로다"

◉无皇戊己度成圖 ┊┊

태음 재변이성도 오변이득굴
太陰은 再變而成度호고 五變而得窟호야

유시 경자언위일월지일도즉역지위력
由是로 庚子焉爲日月之一度則易之爲曆이

유호일월지정명야
由乎日月之正明也로다

태양은 세 번 변하여 개벽하고, 다섯 번 변하여 도수를 얻는다. 태음은 두 번 변하여 도수를 완성하고, 다섯 번 변하여 집을 얻는다. 이로 말미암아 경자庚子가 이에 하루[日]와 한 달[月]의 1도가 되어[349] 역에서 말하는 책력이 '하루[日]'과 '한 달[月]'이 올바르게 밝혀지는 것에서 비롯되는 것이다.

譯註 김일부는 책력 구성의 방법인 선천의 삼오착종三五錯綜과 후천의 구이착종九二錯綜을 말했다. 여기서는 태양의 3과 5, 태음의 2와 5의 논리로 분류하였다. 그리고 역법에서 '경자'를 어떻게 처리해야 하는가를 고민하고 있다.

선천즉임자개벽 갑자 상원
先天則壬子開闢에 甲子이 上元이오

후천즉무자개벽 경자 상원
后天則戊子開闢에 庚子이 上元이라

---

349 아래의 도표에 나타나듯이, 무극체위도수 己亥(日) 앞의 庚子와, 황극체위도수 己亥(月) 다음의 庚子를 계산에 넣느냐 그렇지 않는가가 결정된다.

	體位度數			
无極	己巳	戊辰	己亥	戊戌
皇極	戊戌	己亥	戊辰	己巳

선 후 규 일 지 법　　불 외 호 차 야
先后揆一之法이 不外乎此也로다

천 지 지 천 지 리　　중 기 필 용 정
天地地天之理에 中氣必用故로

임 자 갑 자 병 자　　이 용 갑 자
壬子甲子丙子에 以用甲子하고

무 자 경 자 임 자　　이 용 경 자
戊子庚子壬子에 以用庚子는

이 소 불 역 지 리 야
移所不易之理也니이라

선천은 임자壬子[350] 개벽이므로 갑자가 최고 으뜸[上元]이고, 후천은
무자戊子[351] 개벽이므로 경자가 최고 으뜸이다. 선천과 후천을 하나의
법도로 헤아리는 것은 여기서 벗어나지 않는다. 선천의 천지와 후천
의 지천 원리에 반드시 중기中氣가 사용되기 때문에 임자·갑자·병자
에 갑자를 쓰고, 무자·경자·임자에는 경자를 쓰는 것은 바뀔 수 없는
보편법칙인 것이다.[352]

譯註 개벽 논리를 『정역』보다는 『주역』에서 찾고 있다. 이 대목에서
김일부의 정역사상보다는 몇 천년 동안 권위를 지켜왔던 『주역』에
의존하려 했던 당시 정역계의 분위기를 엿볼 수 있다. 심지어 지금도

---

350 선천의 열림은 어두운 북방 水에서 시작한다고 보아 천간 壬과 지지 子가 결합된 壬子
가 개벽의 시초라고 말했다.
351 정역사상은 土 중심 사유의 결정체다. 김일부는 4象을 중시한 소강절과는 전혀 다르
게 5행의 土를 중시하는 체계를 구축하였다. 그래서 戊土와 子水의 결합이 후천의 열림이
라고 표현한 것이다. 조선조 말기 김일부의 제자를 포함한 개벽사상가들은 '戊子 己丑年'
을 후천개벽의 실질적인 시발점으로 인식하였다.
352 임자·갑자·병자의 중심은 갑자이고, 무자·경자·임자의 중심은 '경자'다. 지은이는
中氣法으로 개벽의 시발점을 언급함으로써 논리의 비약을 일으키고 있다.

『정역』을 『주역』의 연장선에서 과거 학술을 비판적으로 극복한 학문으로만 인식하려는 경향이 많다. 이는 『정역』의 독창성과 보편성을 과소평가한 것일 뿐만 아니라, 한국역학의 범위로 축소시키는 오류를 범하는 것이라 하겠다.

"책력 만드는 방법"

책력을 만들려면 반드시 6갑이 필요하다. 금년 달력을 만들려면 9년 전의 달력을 기준으로 금년 12달의 초하루를 먼저 정해야 한다. 정월 초하루는 일진日辰이 무엇이고, 2월 초하루의 일진이 무엇인가는 9년 전의 책력을 보고 정한다. 초하루가 정해지면 그 달의 날 수를 세서 30일이면 큰 달[大月]이고, 29일이면 작은 달[小月]이 된다. 책력 만들 때는 항상 초하루가 기점이 되는 것이다.

큰 달일 경우는 '간오지구干五支九'를 더한다. 예를 들면 9년 전의 정월 초하루의 일진이 '병인丙寅'였다면 금년 정월 초하루의 일진은 '병丙'에다 5를 더하면 '경庚'이 되고, '인寅'에다 9를 더하면 '술戌'이므로 경술庚戌이 되는 것이다. 작은 달일 경우는 '간자지팔干四支八'의 원칙이 적용된다. 9년 전 2월 초하루의 일진이 '갑자甲子'였다면 금면 2월 초하루의 일진은 '갑甲'에다 4를 더하면 '정丁'이 되고, '자子'에다 8을 더하면 '미未'이므로 정미丁未가 되는 것이다.

24절기 정하는 방법은 '간삼지칠干三支七'이다. 9년 전의 입춘立春이 '을축乙丑'였다면 '을乙'에다 3을 더하면 '정丁'이고, '축丑'에다 7을 더하면 '미未'이므로 금년 입춘은 '정미丁未'가 되는 것이다.

윤월閏月은 3년에 1번, 5년에 2번, 19년에 7번이 온다. 24절기의 간지는 9년 전의 책력을 기준으로 '간삼지칠干三支七'을 기준으로 모두 정할 수 있는 것이다. 24절기에서 입춘立春·입하立夏·입추立秋·입동立冬을 '사립四立'이라 하고, 춘분春分·하지夏至·추분秋分·동지冬至를 '이분이지二分二至'라 한다. 이 '사립四立'과 '이분이지二分二至'가 1년 24절기의

无皇戊己度成圖

표준이 되는 것이다. 또한 24절기에는 절節과 중中이 있다. 정월에서 입춘立春은 정월절正月'節'이라 하고, 우수雨水는 정월중正月'中'이라고 한다. 매월의 표준을 '중中'이라 하고, 이제 들어오기 시작하는 것을 '절節'이라 하는 것이다.

24절기節氣의 절후節侯와 중기中氣

계절	절기	달	계절	절기	달
봄	立春	正月節	가을	立秋	七月節
	雨水	正月中		處暑	七月中
	驚蟄	二月節		白露	八月節
	春分	二月中		秋分	八月中
	清明	三月節		寒露	九月節
	穀雨	三月中		霜降	九月中
여름	立夏	四月節	겨울	立冬	十月節
	小滿	四月中		小雪	十月中
	芒種	五月節		大雪	十一月節
	夏至	五月中		冬至	十一月中
	小暑	六月節		小寒	十二月節
	大暑	六月中		大寒	十二月中

24절후에서 절節은 모두 절후節候라 하고, 중中은 중기中氣라고 부른다. 그런데 중中이 없는 달이 생기게 마련이다. 그것을 '공달'이라 하는데, 절節만 있고 중中이 없는 것을 '윤閏'이라 하는 것이다. 이처럼 윤월閏月이 생길 때를 윤년閏年이라 한다. 이런 방법으로 책력을 만들기 때문에 '간오지구干五支九', '간사지팔干四支八', '간삼지칠干三支七'를 알면 수 백 년이 지나도 다 책력을 만들 수 있는 것이다. (권영원, 『正易과 天文曆』(대전: 상생출판, 2013), 258-260쪽.)

三五錯綜三元數[353]

- 인월을 세수로 삼는 이유를 밝힌 이론

要旨 이 대목은 선천 책력을 만드는 방법으로 『천기대요天機大要』의 내용과 동일하다. 천간지지의 출발점인 갑자에서 병인까지의 도수가 3이기 때문에 '삼원수'라 부르는 것이다.

갑 기 야 반 생 갑 자 병 인 두
甲己夜半生甲子丙寅頭

을 경 야 반 생 병 자 무 인 두
乙庚夜半生丙子戊寅頭

병 신 야 반 생 무 자 경 인 두
丙辛夜半生戊子庚寅頭[354]

정 임 야 반 생 경 자 임 인 두
丁壬夜半生庚子壬寅頭

무 계 야 반 생 임 자 갑 인 두
戊癸夜半生壬子甲寅頭

갑기 사이의 한 밤중에[355] 갑자가 생기니 병인으로 머리한다.

---

353 원문의 三五錯綻三元數에서 綻은 綜으로 바뀌어야 옳다.

354 원문의 丙辛夜半生庚子庚寅頭에서 庚子가 아니라 戊子가 옳다.

355 날짜 변경선을 뜻하는 '야반夜半'은 주周 나라 때 정해진 제도이다. "하夏 나라 때에는 인시寅時로 했는데, 세성歲星(목성)을 기준으로 세성이 넘어갈 때까지를 하루라고 했다. 날이 새고 밝아져도 세성이 완전히 없어져야 날짜가 바뀌는 것으로 보았다. 별을 기준으로 날짜 변경선을 정했던 것이다. 은殷 나라에서는 축시丑時에 닭이 우는 것을 날짜 변경선의 기준으로 삼았는데, 이것을 '계명축시鷄鳴丑時'라고 한다. 닭이 울기 전에 제사를 지내야

을경 사이의 한 밤중에 병자가 생기니 무인으로 머리한다.
병신 사이의 한 밤중에 무자가 생기니 경인으로 머리한다.
정임 사이의 한 밤중에 경자가 생기니 임인으로 머리한다.
무계 사이의 한 밤중에 임자가 생기니 갑인으로 머리한다.

譯註 서양의 캘린더 제작은 부활절 날짜가 언제인가를 계산하는 것에 초점이 맞춰져 발전해왔다. 반면에 동양의 역법 개정의 역사는 천문학과 맞물려 전개되었다. 지금도 하夏나라의 역법이 사용될 만큼 역법은 천문에 대한 정밀한 측정과 계산을 바탕으로 정치 문물의 제도에 많은 영향을 끼쳤다. 특히 동양 역법은 세수歲首 정하는 방법을 중시했다. 이에 대한 큰 줄거리를 정리하면 다음과 같다.

時代	歲首
夏	寅月
殷	丑月
周	子月
秦	亥月
漢(武帝)	寅月
正易	卯月(예정)

"삼오착종오원수"는 선천 달력을 만드는 방법이다. 그것은 갑진甲辰이 무진戊辰으로 변하는 것, 즉 갑삼甲三이 무오戊五로 변하는 선천의 3

___
한다는 풍습이 여기에 기원한 것이다. 그러다가 주周 나라에 와서야 야반夜半 자시子時를 날짜 변경선으로 삼았던 것이다.(권영원, 앞의 책, 551쪽 참조.)

원을 뜻한다. 이를 『주역』은 '삼오이변參伍以變'이라고 은근하게 표현했던 것이다. 특별히 갑자甲子에서 (을축乙丑 다음의) 병인丙寅까지의 도수가 3도이기 때문에 '삼원수三元數'라 규정하였다.

九二錯綜五元數

구 이 착 종 오 원 수

– 세수가 바뀌어 시공질서의 재편성을 시사하는 내용

要旨 '삼오착종삼원수'가 선천 책력의 구성원리를 설명한 것이라면, 이 대목은 후천 책력의 구성원리를 얘기하고 있다. 선천이 '인월세수寅月歲首'라면, 후천은 '묘월세수卯月歲首'가 되는 이치를 밝히고 있다. 특히 계해에서 시작하여 갑자, 을축, 병인을 거쳐 정묘까지는 5도이므로 '오원두五元頭'라 부른다. 마찬가지로 을해, 병자, 정축, 무인, 기묘에서는 기묘가 세수다. 정해, 병자, 기축, 병인, 신묘에서는 신묘가 세수다. 기해, 경자, 신축, 임인, 계묘에서는 계묘가 세수다. 신해, 임자, 계축, 갑인, 을묘에서는 을묘가 세수라는 것이다.

己甲夜半生癸亥丁卯頭
기 갑 야 반 생 계 해 정 묘 두

庚乙夜半生乙亥己卯頭
경 을 야 반 생 을 해 기 묘 두

辛丙夜半生丁亥辛卯頭
신 병 야 반 생 정 해 신 묘 두

壬丁夜半生己亥癸卯頭
임 정 야 반 생 기 해 계 묘 두

癸戊夜半生辛亥乙卯頭
계 무 야 반 생 신 해 을 묘 두

기갑 사이의 한 밤중에 계해가 생기니 정묘로 머리한다.

경을 사이의 한 밤중에 을해가 생기니 기묘로 머리한다.
신병 사이의 한 밤중에 정해가 생기니 신묘로 머리한다.
임정 사이의 한 밤중에 기해가 생기니 계묘로 머리한다.
계무 사이의 한 밤중에 신해가 생기니 을묘로 머리한다.

譯註 후천의 야반(밤 12시)은 자시子時가 해시亥時로 바뀌기 때문에 묘월卯月을 세수로 삼는다는 것이다. 예컨대 "己甲夜半에 生癸亥하니 丁卯頭니라"에서 기일己日과 갑일甲日의 야반은 계해시癸亥時이며, 기년己年과 갑년甲年의 월건月建은 정묘월丁卯月이 된다는 뜻이다.

오 원 삼 원 변 역 수
五元三元變易數

– 5원이 다시 3원으로 변한다는 내용

要旨 머지않아 후천이 된 다음에 다시 선천으로 되돌아갈 경우의 세수를 미리 계산한 것이다. 이 대목은 『정역』 원문에는 없다. 글쓴이가 자신의 견해를 나타낸 것이다.

경 을 야 반 생 경 자 임 인 두
庚乙夜半生庚子壬寅頭

신 병 야 반 생 임 자 갑 인 두
辛丙夜半生壬子甲寅頭

임 정 야 반 생 갑 자 병 인 두
壬丁夜半生甲子丙寅頭

계 무 야 반 생 병 자 무 인 두
癸戊夜半生丙子戊寅頭

기 갑 야 반 생 무 자 경 인 두
己甲夜半生戊子庚寅頭

경을 사이의 한 밤중에 경자가 생기니 임인으로 머리한다.
신병 사이의 한 밤중에 임자가 생기니 갑인으로 머리한다.
임정 사이의 한 밤중에 갑자가 생기니 병인으로 머리한다.
계무 사이의 한 밤중에 병자가 생기니 무인으로 머리한다.
기갑 사이의 한 밤중에 무자가 생기니 경인으로 머리한다.

譯註 그렇다면 선후천의 교체는 일정한 시기마다 바뀌는 주기적인 사건인가? 아니면 선천이 후천으로 바뀌는 사건, 즉 1년 365¼이 360일 바뀌는 사건은 빅뱅 이후 단 한 번의 혁신인가의 물음은 매우 중대한 문제다. 왜냐하면 전자라면 끔찍한 종말현상도 일정한 시기마다 재현된다는 순환론적 반복형 시간관 혹은 자연관이라 할 수 있기 때문이다.

十干度數運頭

십 간 도 수 운 두

– 십간도수에 의해 세수가 만들어지는 법칙

要旨 김일부의 십간원도수十干原度數에 의거한 새로운 운두법運頭法
이다.

地四辛金 ⎫
地六癸水 ⎬ 戊運甲頭
地八乙木 ⎭

天九庚金 ⎫
天一壬水 ⎬ 壬運戊頭
天三甲木 ⎭

地四庚金 ⎫
地八甲木 ⎬ 丁運癸頭

地十己土 ⎫
天七丙火 ⎬ 庚運丙頭

天九辛金 ⎫
天三乙木 ⎬ 癸運己頭

地二丁火丙運壬頭
天五戊土甲運庚頭
地二丙火乙運辛頭
天七丁火辛運丁頭
己運則乙頭地政會

285

譯註 이 대목은 정령政令과 율려律呂 및 역법의 세수歲首 문제와 연관된 것으로 추측할 수 있을뿐, 구체적인 내용은 알기가 매우 어렵다. 이에 대한 해석은 관련 자료의 검토 및 많은 공부가 뒷받침되어야 할 것으로 판단한다.

后先天子會上元日月生旺行度
후 선 천 자 회 상 원 일 월 생 왕 행 도

– 선천『주역』의 논리에 근거하여 후천 6갑의 질서가 바뀌는 이치를
도표로 그림

要旨 경자를 출발점으로 삼아 60갑자 시스템을 한 달 30일로 맞추
어 조정한다는 내용이다.

太淸太和五化元始戊己日月開闢二十一年己酉
태 청 태 화 오 화 원 시 무 기 일 월 개 벽 이 십 일 년 기 유
六月十九日 今齋 李 皐 奉較
유 월 십 구 일 금 제 이 엽 봉 교

태청태화 오화원시 무기일월개벽 21년 기유년(1909년) 6월 19일 금제 이
엽이 받들어 비교하여 드러내다

譯註 '경자'를 중심으로『정역』「십오일언」"월극체위도수"와 "일극
체위도수"에 등장하는 도수를 모두 실어 한 눈에 알아볼 수 있도록
만든 도표다.

庚子
月一度
日一度

辛丑
日二十七度

壬寅
十五度

癸卯

甲辰

乙巳

丙午
日七度

丁未
十九度

戊申
日九度

己酉

庚戌

辛亥
日三十六度

壬子
月十三度

癸丑
二十七度

甲寅
二十七度

乙卯

丙辰

丁巳

戊午
日七度

己未

庚申
月二十一度

辛酉

壬戌

癸亥
日三十六度

甲子

乙丑
十五度

丙寅
日二十七度

丁卯

戊辰

己巳
月三十度

庚午
日十九度
七度

辛未

壬申

癸酉

甲戌
日三十六度

乙亥

丙子
十五度

丁丑

戊寅
月九度
十五度

己卯

庚辰

辛巳

壬午
日七度

癸未
十九度

甲申
十五度

乙酉

丙戌
日三十六度

丁亥

戊子
開闢

己丑

庚寅
月二十五度
二十七度

辛卯

壬辰

癸巳

甲午
日十九度
七度

乙未

丙申
十九度

丁酉

戊戌
太陽三變而
戊戌

己亥
月三十度
日三十六度

感奉訣
_{감 봉 결}

-『정역』을 읽고 느낀 일종의 신앙체험의 고백

要旨 『정역』을 가슴에 사무치게 새겨 받든다는 깨우침을 꼬리물기 문법으로 서술하였다. 『정역』 원문을 조각조각 결합시켜 후천이 오는 이치를 감탄하고 읊은 심정을 실었다.

오 호   화 옹   유 언
嗚呼라 化翁이 有言이샤

성 인   수 도   금 화 조 판
聖人이 垂道ᄒᆞ야 金火肇判ᄒᆞ니

무 기 당 권   자 축 용 사
戊己當權에 子丑用使ᄒᆞ고

간 토 수 출   토 이 생 화
艮土首出에 土而生火ᄒᆞ니

화 기 염 상   금 입 화 향 화 입 금
火氣炎上에 金入火鄕火入金ᄒᆞ야

금 수 성 기   광 화 천 지
金水成器ᄒᆞ니 光華天地로다

아아! 화옹께서 말씀이 계셨다. 성인이 도를 내리셔 금화가 처음으로 판가름나 무기戊己가 권능을 맡음에 자子와 축丑을 작용으로 사용하고, 간토艮土가 으뜸되어[356] 나타남에 토가 불을 낳으므로[357] 불기운은 타올라 위로 올라감에 금이 화의 집에 들어가고 화가 금의 집에 들어가[358] 금수金水가 세상을 완성하여 빛이 환하게 빛나는 천지로구나.

譯註 『정역』은 조화옹의 가르침에서 비롯되었다고 말한다. 조화옹의 가르침에 근거하여 성인의 도가 베풀어졌다는 사실을 종교의 그윽한 경지에서 말하고 있다. 그리고 '금화교역'에 의해 펼쳐지는 광명한 천지를 애기한다.

천 지 지 천 혜　　지 천 합 도
天地地天兮여 地天合道ᄒ고

천 지 합 덕 혜　　일 월 광 화
天地合德兮여 日月光華로다

일 월 합 명 혜　　음 양 덕 분
日月合明兮여 陰陽德分이로다

---

356 '艮'은 정역팔괘도에서 8간이다. 8간은 15의 중심으로서 동방에서 후천이 새롭게 출발하는 것을 상징한다. 8艮은 手指度數로는 10의 위치에 닿기 때문에 土라 지칭한 것이다.

357 『正易』「十一一言」, "易은 逆也니 極則反하느니라 土極하면 生水하고 水極하면 生火하고 火極하면 生金하고 金極하면 生木하고 木極하면 生土하니 土而生火하느니라 金火互宅은 倒逆之理니라" '10土는 火에서 생기는 것이다[土而生火]'는 명제는 5행론의 시각보다는 생명의 불덩어리로 존재하는 조화옹의 성령 또는 의지로 읽어야 마땅하다. 왜냐하면 김일부는 「十一一言」 "日極體位度數"에서 "화옹께서는 일정한 자리가 없으시고 원천의 불꽃이시니 땅이 10이 되는 기토를 낳으신다[化翁은 无位시고 原天火시니 生地十己土니라]"고 말하여 우주 자체의 자율 운동으로 후천이 세워지는 것이 아니라, 우주를 주재하는 조화옹(상제)의 의지가 선천을 후천으로 바꾼다고 하여 우주의 조직 구성과 최고신의 합작에 의해 천지가 재창조된다고 말했다. '原天火, 生地十己土'에 담긴 콘텐츠는 일종의 '우주신학'이라 할 수 있다.

358 『正易』「十一一言」, "十一歸體詩", "火入金鄕金入火요 金入火鄕火入金을 火金金火原天道라 誰遣龍華歲月今고"

음 양 덕 분 혜　　율 려 작 법
陰陽德分兮여 律呂作法이로다

율 려 작 법 혜　　임 정 성 기
律呂作法兮여 壬丁成器로다

심 월 황　당 천 심 월　　월 중 생 계
心月皇이 當天心月하니 月中生桂하고

목 극　　생 토　　토 극　　생 수
木極이면 生土하고 土極이면 生水하고

수 극　　생 화　　화 극　　생 금
水極이면 生火하고 火極이면 生金하고

금 극　　생 목　　목 극　　생 토　　토 이 생 화
金極이면 生木하고 木極이면 生土하고 土而生火하니

화 생 토　토 생 금　금 생 수　수 생 목　목 생 화
火生土, 土生金, 金生水, 水生木, 木生火,

오 행　토 금 수 목 화
五行은 土金水木火오

구 구 생 십　　일 이 삼 사 오 육 칠 팔 구
九九生十하니 一二三四五六七八九라

천지가 지천으로 변화함이여![359] 땅이 하늘과 도를 합하고, 하늘이 땅
과 덕을 합함이여! 해와 달이 빛나도다. 해와 달이 합하여 밝음이여!
음양의 덕분[360]이로다. 음양의 덕분이여! 율려의 법도가 정해지는구
나. 율려의 법도가 정해짐이여! 임壬과 정丁이 (물과 불) 만물을 이루는

---

359 『正易』「十一一言」, "天地地天하니 后天先天이니라 先天之易은 交易之易이니라 后天
之易은 變易之易이니라 易易九宮하고 易易八卦니라" 여기서 말하는 '천지가 지천된다[天
地地天]'는 것은 선천의 天地否와 후천의 地天泰를 뜻한다. 선천이 하늘 위주의 세상이라
면, 후천은 땅 위주의 세상이라는 것이다.

360 德分은 베풀어준 은혜나 도움을 뜻하는 덕택이라는 도덕적 의미가 아니다. 김일부는
하늘과 땅이 결합하는 것을 '德'으로, 천지가 만물에게 생명을 골고루 베푸는 것을 '생명
의 나눔[分]'이라고 표현하였다.

도구와 수단을 이루도다. 황심월皇心月[361]이 천심월天心月[362]에 닿으므로 달이 중심에 도달하여 월계수나무를 생한다. 목이 극한에 이르면 토를 생하고, 토가 극한에 이르면 수를 생하고, 수가 극한에 이르면 화를 생하고, 화가 극한에 이르면 금을 생하고, 금이 극한에 이르면 목을 생하고, 목이 극한에 이르면 토를 생하고, 토는 화에서 생겨난다. 그래서 화는 토를 생하고, 토는 금을 생하고, 금은 수를 생하고, 수는 목을 생하고, 목은 화를 생하는 것이다. 5행은 토금수목화土金水木火[363]요, 九九[364]는 무극대도의 10을 생하므로 1, 2, 3, 4, 5, 6, 7, 8, 9의 순서로 진행한다.

譯註 『정역』 원문을 인용하여 천지가 지천으로 바뀐다는 것을 얘기한다. 특히 음양의 속살인 율려가 작동함으로써 역법의 구성에 본질적 변화가 일어나며, 상극을 넘어 상생이 온다는 논리[極]를 밝히고 있다.

---

361 원문의 心月皇은 皇心月로 바뀌어야 옳다.

362 『正易』에는 天心月과 皇心月, 皇中月이 있다. 천심월은 선천에 뜨는 달이고, 황중월은 선천이 후천으로 바뀌기 직전의 상황 즉 왼손 손가락이 모두 굽혀진(닫힌 세상을 상징) 상태를 뜻하는 새끼손가락 戊가 선천의 中였던 것이 새끼손가락을 펴면 후천의 中인 己를 김일부는 특별히 새로운 중용이라는 의미에서 皇中이라 불렀다. 이 황중[己]이 시공의 질서 재편에 의해 엄지손가락으로 이동한 상태를 皇心月이라 부른다. 말하자면 천심월이 선천의 15일이라면, 황중월은 시공 질서의 전환에 의해 선천의 16일이 후천의 초하루로 바뀌는 달(15일이라는 시간은 无化되는 것)을 가리킨다. 한마디로 정역사상은 孔子가 얘기한 時中의 속살을 벗겨내 시간론적인 中의 역동성을 발견한 업적이 있다고 할 수 있다. 그러니까 '황심월'은 선천을 기준으로 볼 때, 30일에 뜨는 후천의 보름달(선천 16일이 후천의 초하루이므로 결국은 후천의 보름)을 가리킨다.

363 무극[己巳宮]과 황극[戊戌宮]이 각각 律呂와 政令을 낳는[生] 방식이 '토금수목화'다.

364 九九法은 이미 先秦時代의 문헌에 등장한다. "管子對曰 虙戲作, 造六法, 以迎陰陽, 作九九之數以合天道, 而天下化之. 神農作, 樹五穀淇山之陽, 九州之民乃知穀食, 而天下化之. 燧人作, 鑽燧生火, 以熟葷臊, 民食之无玆胃之病, 天下化之. 黃帝之王, 童山竭澤. 有虞之王, 燒曾薮, 斬群害, 以爲民利, 封土爲社, 置木爲閭, 始民知禮也. 當是其時, 民无慍惡不服, 而天下化之."(『管子』「輕重 戊84」) 여기서의 '6법'은 8괘 혹은 6氣를 뜻한다.

십 수 중   오 원 오 극 성 존   용 화 세
十數中에 五元五極聖尊, 龍華世,

오 주 오 행 성 존   봉 화 세   삼 원 삼 극 황 화 세
五主五行聖尊, 鳳華世, 三元三極皇華世,

금 화 청 명 이 십 구 점 소 소   유 리 무 량
金火淸明二十九點昭昭하야 琉璃无量이로다

삼 산 반 락 청 천 외   이 수 중 분 백 경 주
三山半落靑天外에 二水中分白鷺洲라

십 일 귀 체 공 덕 무 량   십 십 교 통
十一歸體功德无量하야 十十交通이로다

10수 중에서 오원오극성존五元五極聖尊은 용화세龍華世요, 오주오행성
존五主五行聖尊은 봉화세鳳華世요, 삼원삼극三元三極은 황화세皇華世
다. 금화가 맑고 맑아 29점[365]이 환하게 빛나는 유리세계가 무량하도
다. 삼산三山이 푸른 하늘 바깥으로 반쯤 기울어 2수二水 가운데 나뉜
흰 해오라기 섬이로구나. 10무극과 1태극이 한 몸이 되는 공덕이 무량
하여 10과 10이 서로 교통하는 세상이로다.

譯註 자연의 10수 체계에는 용이 지배하는 용화세상, 봉황이 지배하
는 봉화세상, 그리고 3극이 지배하는 황화세상의 꿈이 내포되어 있다
고 말한다. 마지막으로 윷판 29점의 질서에 10수 무극대도의 열림이
서려 있다고 결론짓는다.

태 청 태 화 오 화 원 시 무 기 일 월 개 궐 이 십 삼 년 경 무
太淸太和五化元始戊己日月開闢二十三年庚戌

---

365 29점은 윷판 내부 9점과 외부 20점을 가리킨다.

感奉訣

유 월 이 십 이 일 전 계 심 봉
六月二十二日 全桂心 奉

태청태화 오화원시 무기일월개벽 23년 경술년(1910년)³⁶⁶ 6월 22일에 전
계심全桂心이 받들다.

正易圖書 終

---

366 원문에서 開闢은 開闢이 옳으며, 庚戌는 庚戌로 바뀌어야 한다.

찾아보기

正易圖書

原文

正易圖書
정역도서

• 저자—하상역 외

상생출판

万化万明万合易

无極日月、龍華无量。

无極化、无極无位、土人十、无量我聖、明明日月光華、己丑无量、

莫无量。

无極明明、龍華瑞鳳、无量三才五行八卦、日月太極陽陰、一二

三四五六七八九十、十一、十二、十三、十四、十五、十六、十七、十八、十

九、二十、二十一、二十二、二十三、二十四、二十五、二十六、二十七、二十

八、二十九、三十、三十一、三十二、三十三、三十四、三十五、三十六宮

度數曲、「ㄱㄴㄷㄹㅁㅂㅅㅡ○⊙法數成度、无量傳、北極道人

龍華月、ㅡㅣㅣㅣ旭桂月數、三人母人人月、三才五行八卦數、

无量旭桂太極月。

甲子寅月日時、己巳己丑日月卯、戊己甲子、度數例、无量太極、

陽陰日月、己丑明无量傳。

歲在光緒十三年丁亥三月十一日在青陽清水洞、奉書。

河龍河龜緣起說 <ruby>하룡하귀연기설</ruby>

太清太和五化元始戊己日月開闢元年戊子三月丙辰十三日甲

子、在全羅北道高山郡、仙冶洞、設古天竺會上、以二盂水、左

右互換、日月之政、右手指揮打、八稜硯而硯底現穴、二十九

点、如同儒板、左手指揮打四稜硯而現穴三点、如三角形、命

名曰此三十三天、二十八宿、周天列曜、度數都數、三十六天也、

來人正覺。

天地地天天河龍河龜

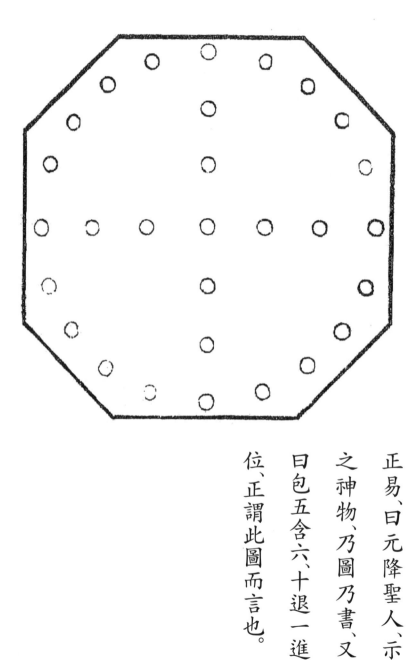

正易、曰元降聖人、示
之神物、乃圖乃書、又
曰包五含六、十退一進
位、正謂此圖而言也。

三元三極圖

明天上之三光、化人間之五福、大明天地別乾坤。

造化無量蓮華世。

万化万成無量德、與天地而無窮化、三清三界一大成。

普濟眾生万國寧。

太清太和、五化元始、戊己日月、龍華鳳華、无量易

調陽律陰、時侯節氣、進退盈虛、屈伸消長、弦望晦朔、度數不紊、

萬國咸寧、丁寧分付、當皇世、日月度數、分明起。

乙丙丁戊己地天、庚辛壬癸甲天地、合十一天地地天、日月月

日曆、正正方方。

壬癸甲、三奇三天、乙丙兩地、丁戊己三寶三地、庚辛兩天、先

后天、乙丙丁戊己日、庚辛壬癸甲月、日月合天、十地十天、十

天十地、庚先爲主、寅日、乙巳月、十五宮中、丙后爲主、午月辛

酉日、十六宮中、五六合宮、五運六氣節候分明。

一元數、日月易正位、三十日一月、合十二月、三百六十日。

上和下睦、男忠如節、國泰民安、家給人足、太平无量、度數曲、

詠昌詠歌、大道德、哦羅哩哦羅陀。

太清太和五化元始戊己日月開闢二年己丑九月十六日在青蓮寺　奉書。

先天三天兩地、后天三地兩天、天開於戊子、地關於己丑、天

四地六、天五地五、地四天六、合十地十天。

无太皇三極、一合然后、方可爲之人矣。

戊癸一六己甲二七、庚乙三八辛丙四九、丁壬五十。

戊己庚辛壬癸甲乙丙丁 土金水木火金水木火土。

一二三四五六七八九十

三二一十四五九宮四乾五坤四五二十天十地十。

六七八九 사오구궁사건오곤사오이십천십지십

戊己金庚水辛木壬火癸甲金乙水丙木丁火。 火土

后天先天

先天后天

甲土、乙金、丙水、丁木、戊火

戊土、己金、庚水、辛木、壬火

己土、庚金、辛水、壬木、癸火

癸土、甲金、乙水、丙木、丁火

四天兩儀、四象人卦、變五行、變陰陽

合十五地天法、日月合宮象、三十三天、二十八宿、生成度數、

戊己合天、子丑合地、戊十己一、子一丑十、十一合土、一十合

土、天地戊己、子丑合宮、土土、正土宮中、天干十數、天地合

德、八卦用政、地支十二數、日月合德、十數用政、十數則、天

五地五止十則一、用事、十一歸體、无量功德。

天地人三才、日月合其德五元、五元三元八元、八卦、應天三

光、備人五行、五行則五倫、三光則三綱、三綱則天地日月星

辰故、人則仁義禮智、元元正正方方、儒家大聖、孔子淵源行

道、后生不肖不行、各幷起率、佛家大聖、釋迦牟尼佛、日月燃

燈光明、證明佛祖師、我與授記分明、善知識、行善勿惡、皆是

聖賢菩薩衆、仙則人、小天地之法日月之政、五行用事之文、

知、修德然后、方可謂之仁義故、仙老子、智慧法王子、第次子、

无不三教之法行、一切一合相、用心。

若此當來之世、昌善爲主、忠孝節義、仁智慧、正覺成、好好无

極无位之說、法行者、小子明聽吾、一言。

太清太和五化元始戊己日月開闢二年己丑九月二十日在靑蓮寺大衆

會上奉書。

戊、无極、己、太極、庚、三才、辛、四象、壬、五行、五天。

癸、无極、甲、太極、乙、三才、丙、四象、丁、五行、五地。

五十坤十五乾、乾坤配合、三十數、日月正明、三十日、日月時

刻分、積上十二朞、正吾夫子當朞三百六十日、天上一日、人

間一年、周回度數。

寅卯辰巳午未申酉戌亥子丑、一切度數日月之政、天陽地陰地

陽天陰。

去子度量、上天丑、寅下天、辛卯天中天故、太陽宮中、政事辛

卯年辛卯月辛卯日辛卯時、日月政、六十四刻八時、月日政、

三十二刻四時、長短晝夜、時刻分明、合九十六刻、正十二時、

先天、甲子乙丑丙寅、三才數用政、戊戌宮、日月合宮、丁卯

戊辰五元。

先后天、三五宮、日入戌、十一歸軆故、地天亥時、后天、己丑

庚寅辛卯、三才數用政、己巳宮日月合宮、壬辰癸巳後五、先三、

日入戌十數用政、己亥庚子辛丑壬寅四地天、癸卯甲辰乙巳

丙午丁未戊申己酉七天、畫夜十一天、庚戌辛亥壬子癸丑甲寅

五地天、乙卯丙辰丁巳戊午己未庚申辛酉壬戌八天、合十三天

故、癸亥時地天用政、后日時分、乙亥、先天子宮政、后天亥宮

政、天地親政、日月用事、丑日政、寅日政、卯時卯事正覺、三
卯則五卯、十卯三十三卯、乾坤宮也、乾、卯辰巳、坤、午未申、日、
酉戌亥、子丑寅、月、日時爲序、四象變、八卦、乾坤日月、月日坤乾、
水陸變化、万人生、天宮地宮、日宮月宮、三十三天、兜率天宮、
二十八宿、星辰功德、二十八日、二日尊空、先一日、日月宮、
后一日、戊己宮、合政稟事、一日政、不可思議功德。

太清太和五化元始戊己日月開闢二年己丑九月二十日　桂月河旭

奉書。

三極說

正易、曰皇極而无極、五十、无極而太極、十一、學之大、莫大乎道、道之貴、莫貴乎性命也、无極而皇極者、性命對待之體、皇極而无極者、性命變化之道、无極而太極者、性命流行之理、太極而无極者、性命歸宿處也、何謂之性、元始真如一靈烱澈、是也、何謂之命、先天至精一氣、氤氳流行、是也、然、有性、便有命、有命、便有性、性無命、不立、命無性、不存、性命之理、渾然合一、原不可分也、何、謂之无極、天地无形之始、渾然一

理、包含万象而冲漠、無眹是也、何謂之太極、天地有形之初、

至精一氣、包含万理而藹然始生、是也、何謂之皇極、五行質

具而調和天地陰陽變化之極功、是也、太極、無无極、無體、

无極、無太極、無用、无極太極、無、皇極、不成、皇極、無无極太

極、不立、三極之理、亦渾然合一、原不可分也、強而名分曰三

極也、語其人則心性情、語其德則智仁勇、語其行則誠敬信、語

其數則十五一也、三才之理、三道之教、由此而分焉、由此而

合焉、万殊之象、亦由此而成焉、然、其本、一无極也、通此則爲聖、

知此則爲賢、不通不知、猶未免鄕人、來之君子潛心玩索焉。

二十九点无量圖書說

正易曰、舉便无極、十、十便是太極、一、居中、五、皇極、又曰

天包地而圓環、影、地載天而方正、體、大哉、三極之道、天地

位而體影分、日月、宮而易曆成、理氣囿而萬物繁、神明、萃而

情僞出、象數備而萬緒、起、故神以明之、以定天下之吉凶、以

通天下之至變、劃以圖之、以定天下之象數、以通天下之至

理、夫圖書、天地之道、備而萬物之理、現、萬事之能、畢矣、天

地未判之初、全一氣而混沌、具衆理而含万象、然、未嘗有數

而不可以命名天下之象矣、至於圖出然後、可得以言天下古

今之理也、故聖人、觀天地之文、察人物之情、統神明之化、劃

而象之、先天下而開其物、後天下而成其務、以明天地日月星

辰之道、以正帝王臣民之法、所以天降聖人而示之神物、乃圖

乃書、圖書之理、后天先天、天地之道旣濟未濟、隨時變易、以

從道也、伏羲之德、上達于天而天降其祥、通於天者河而龍之

化、至神至變、故神龍、負圖而出河、夏禹之德、下配于地而中

於地者、洛而龜之德、至靈至明、故、靈龜負書而出洛、伏羲見

圖而卦之契之、以代結繩之政、大禹見書而州之井之、以正洪

範之度、文王、變易而九宮、孔子、晚喜而十翼、邵子、程子、朱

子、演而說之、克發先聖之旨而統明先后天之理矣、當我戊己

開闢无量丑會之運、天地之大道、根我大東而德我良嶽、故惟

吾夫子金一夫、首出於丑會之上元、祖述天地、憲章聖神、繼

義文之統而正易成卦、始用十數、以明天時、統合三極、通行

三道、立言著書、以詔後世、儘我无量翁之无量化夫、貫夫河

先生、乙酉春、始贄于夫子之門庭而越三年戊子三月丙辰建

十三日甲子修道于高山仙治洞、時適丁開闢之會、天地易位

而正后天、日月、交宮而光華、神明萃而存化、河先生忽然感

應、以二盃水、互換天地日月變易之政、左手指、三合而揮打

四稜硯、三点成圖、以應三極之度、右手指五合而揮打八稜硯、

二十九点成圖、以應天地之度也、二十九者、天度也、除以四象

則二十五、地度成位而三十三天、三十六宮、二十八宿、周天

列曜、律呂度數、造化功用、立矣、故兩儀、四象五行、八卦、九宮、

十數干支之度、元亨利貞、春夏秋冬之運、成位以行先后天、

甲乙會、易曆之道、帝堯之朞、三百有六旬、六日之政、帝舜之

朞、三百六十五度、四分度之一之政、中位而影也、夫子之朞、

三百七十五而大明、四象分體度三百、一元推衍數七十五、合

度而十五、尊空、三百六十當朞而正、二十四節、當日而復、后

天丑會之曆、无量正明矣、且夫兼包河洛圖書之理數而能盡、

天地生成變化之道、其下一点、天一之象也、其上一点、地二

之象也、其左一点、天三之象也、其右一点、地四之象也、其

中一点、天五之象也、河圖生生左旋之度也、其下一点、亦天

一之象也、其左一点、亦天三之象也、其中一点、亦天五之象

也、其右一点、亦天七之象也、其上一点、亦天九之象也、洛

書成成右旋之度也、二七、入中宮之中位而成化、九宮用政、

四五圓環而无量、天十地十、成位而四極、出地上三十六度、

地球成睦而五百四十萬里開陌、地平天成、人物明化也、五大

洲分部而各具一河圖而通化、正易所謂包五含六、十退一進

之位、是也、分而在理則有万殊而應万物之數、合而在道則無

二致而成太極、時哉時哉、无量聖世、孔夫子嘗歎曰河不出圖、

鳳鳥不至、吾已矣、后生可畏、信今日而然歎、此圖象數已具

而傳之久矣、世謂儒板而會無有知者、物各有主而天工、待其

時、待其人而然歎、指此謂后天无量圖書則孰可信哉、然特

有發明之大矣、自古多有圖書、而皆有主、此獨无主、天地神

明、暗藏於俗累而命時命人也、時至命明而先生成此圖、兼負

三十三天兜率天之圖、三時倒立於水中、口呼龍華出世而赤

行三百餘里、豈非時乎命耶、三極合道地天合德、人物共樂仁

壽之域、萬邦咸寧、无量之世、大哉后天、萬化萬明萬合之聖

明也夫、余年二十甲午冬、亦始贄于、夫子之門庭而學先后天

變易之道矣、越五年戊戌春、夫子命余受后天之化於河桂月

桂月貫夫先生初號
一夫夫子所賜也

故越九年丙午冬、從河先生、講道於四明山、右

圖書之理、畧通矣、不顧是非、敢說天地變易之道、罪先罪后、無

所逃也、然時乎命也夫。

太清太和五化元始戊己日月開闢二十一年戊申九月初五日 謹奉較。

書圖明大量死天后

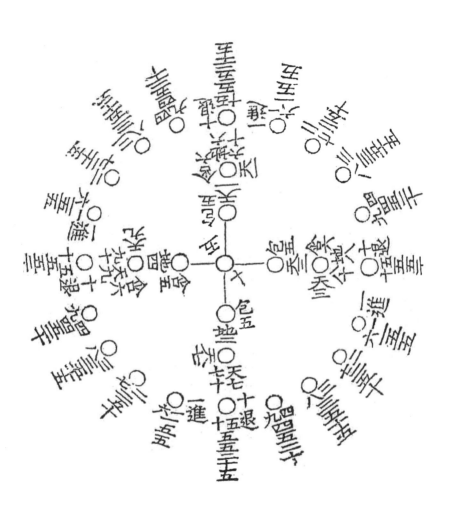

正易、曰舉便无極、十、十便是太極、一、居中、皇極、五、大哉、

三極之度、十五一之正之易。

十土一水、天地之分、中位明曆、故正易、曰地載天而方正、體、

天包地而圓環、影。

大哉、體影之分、理氣囿而數象備焉、神明萃而變化、无窮。

夫理氣、象數者、萬物生成、万事終始之基礎也、故理、无位而

囿无相而大、浩然而生氣、氣、無聲而感、無影而動、潑然而生

陰陽、陰陽分而成象、象以奇偶、奇偶、進而成數也。

數之變化、無方無體、至神至明、天地之度、位焉、万物之類、

宅焉、故聖人、俯仰天地而開物成務、天地之大業、成而易曆、

位乎其中矣。

故正易、曰包五含六、十退一進之位、后天之無量圖書也。

立之爲天、球而五極、各具一五行、橫之爲地球而五大洲、各

具一河圖也。

帝堯之朞、三百有六旬有六日。

帝舜之朞、三百六十五度、四分度之一。

而政、中位而影也。 _{이정 중위이영야}

故易曰大衍之數五十、其用四十九。 _{고역왈대연지수오십기용사십구}

夫子之朞、三百七十五度、十五尊空、當朞三百六十也。 _{부자지기삼백칠십오도십오존공당기삼백육십야}

四象分體度、三百、一元推衍數、七十五、后天之无量正易。 _{사상분체도삼백일원추연수칠십오후천지무량정역}

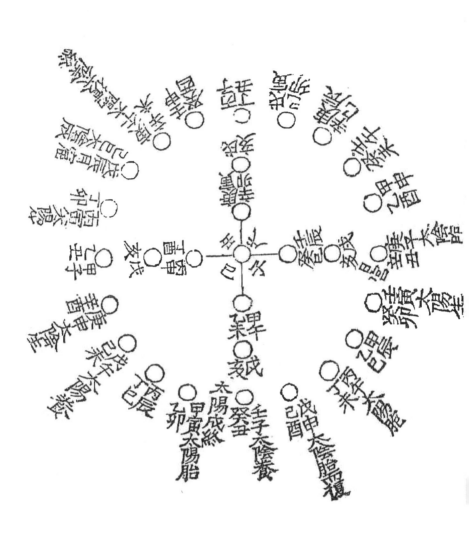

嗚呼、天地、混沌、於壬子癸丑、開闢於丙子丁丑、位於甲子乙丑、

政於戊子己丑也。

嗚呼、先天、主政於天故、子宮得旺、丑宮、虛位、后天、主政

於地故、丑宮、得旺 子宮退位。

是故、天政、終於戊子、地政、始於己丑而會於乙丑。

先天、五元三元、丙甲戊三子之宮、后天、三元五元、己乙丁三
丑之宮也。

太陰、政於先天故、胞於庚子、窟於戊辰、終於庚午、復於戊甲、

太陽、政於后天故、胞於午、生於丙寅、化於壬寅、成於辛亥、是故、

太陰、度成道於三十、太陽、度成道於三十六。

先后天變易用政圖

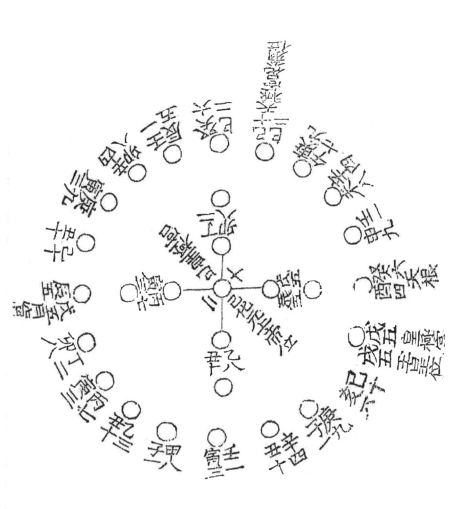

鳴呼、先后天之變易、度數所止、度數所止、政令所由、政令所由、

理氣所運。

己巳宮、化翁之尊位而躡天根、三才之首君、天數三十、地數

三十而入於无无位、无極之无極。

戊戌宮、玉皇之尊位而政於壬寅、五行之首君、降盤古於壬寅而

紀元、天數二十九、地數二十五而實記有象之后、太極之皇極、

先天之先天。

甲子宮、太陰之位而政於戊辰、天地之度、交易而天數、二十五、

地數二十七、閏生焉。

黃帝建斗而造曆皇極之太極、先天之后天。

丁未十二月十五日

嗚呼、天地三變而正位、運、己丑、天數三十而皇中月體成度、

三光　李泰　奉書

地數二十八而星宿正位、會乙丑、皇極、己己、化翁、親政、朞、六十、

无極之皇極、后天之无量。

此圖二十九点者、戊己庚辛壬、天度也、四象分張則二十五点、

戌亥子丑寅、地數也、天地之初、太乙之氣、始於戊戊宮、五化

壬寅而陽陰分判、萬物資生、故、天地之數只在於此也、夫中

宮之九点、四九二七、交易錯綜、火入金、金入火之无量正易、

經所謂包五、含六、十退一進之位、原原天地、數起乎五、中五

爲主而四点、次第衍五因而重之河圖之五十五点、昭昭、九宮、

分單衍五、合而計之、洛書之四十五点、斑斑、統中乘九、后天

大衍之數、八十一也、外宮二十、以一乘五、爲己獨百而成十

數之象、四正除之、純用太陽九十六刻也、三百六十、當朞之

日、五位一營、一乘單五、二乘一十、三乘十五、四乘二十、五
乘二十五、合七十五、疊成四營、大一元三百數、還計一營、
十五尊空、无无位六十數也、初一度、起於外角圓環、三十日
一月、二十四節、當日而復、二十八宿倒起、中五之下一点外
出橫布、翼角同宮、七政度數之正明也、大哉、此圖十一歸體、
五居中位、包含三極、大化无量、土人十、桂古成度、日月光華、
上帝照臨、龍華出世、萬國咸寧也。

丁未四月十五日

清灘　金永坤　奉書

始生太極章

嗚呼大哉、大化翁之大造化、難形難軆而書不盡言、言不盡意、

初無天地之形軆而空空無位、先有理氣、以五行之理、生水火

雷風之氣、氣而成形、理亦賦焉故、五行、相生、生土塊一點、

成天地之形軆、以天地合德之理、輕清之氣、合爲日月、運行

四時、生成萬物、人生於天地之間而萬物之中、最靈最貴、此時、

天地始判、万物、始生故、人亦不知三綱五倫禮樂射御書數之理、

此時、名曰混沌太極胞胎之時也。

太極生兩儀章

兩儀者、一分爲二、陰陽始判之時也、雖然、無天命、誰能知之、

雖天地高厚、非日月、天地、亦爲空殼、日月、雖明、非至人、日

月、亦爲虛影、故、夫縱神聖、依人而明天地人三才万物之政、

伏羲氏首出、以爲結繩之政、以天地神靈造化之氣、龍馬負圖

出河水而顯象故、伏羲氏始畫八卦、定天地之度而分兩儀五

行之數、乾南坤北離東坎西、數始於一乾而數終於八坤、以卦

象、觀之則爲天地否火水未濟之卦也、以數觀之則一含八二含
七三含六四含五以影相照、以爲影九、此、天地人政、皆胎生
之時也。

兩儀生三才四象章

四象者、二分爲四而定東西南北春夏秋冬、天地長養用政之時
也、天有生長成三變之理故、天地始生時、天出神物河圖、長
養之運、豈無此理、故、夏禹氏治洪水、神龜負書而出洛水、
顯象神物、文王、演九宮、定四象八卦、离南坎北震東兌西、

乾退西、坤退西南、艮在東北、巽在東南、數起一坎而止於九

离則一連九二連八三連七四連六己成用九之政未成本體

十數、一九相連、以影爲十、此、天地長養之時也、然、以卦觀

之則老陰少陽少陰老陽陰陽不均、未得成終也。

四象生五行成八卦章

四象、生八卦、四分爲八之理也、己爲生長兩儀四象之政則又

有長成之理、天地人政五行八卦之理未成、可知矣、一天之下、

東西洋之人、路不相通、禮不同立、書不同文、以先天八卦觀

之則陰陽、不均、以數論之、一二三四五、生數、六七八九十、成

數、一生六成、二生七成、三生八成、四生九成、五生十成也、

兩儀卦、用八而九為影、四象八卦則用九而十為影、未得終成、

又有三變圖書與三變成易八卦之理、可知、故、孔子、以天縱

之大聖、首出、通貫天地人三才之道、天之元亨利貞、地之春

夏秋冬、人之仁義禮智、通合、明如日月之光、豈不知三變卦

圖、天時未及、未有天地之顯象神物則雖聖人、不敢畫之象之

故、孔子曰鳳鳥不至、河不出圖、吾已矣、又曰吾道始於艮、終

於艮、魯國、東洋之艮故、孔子誕降于魯、明德於天下、大東、

天下之艮故、天運、循圜金一夫大先生、生于朝鮮忠淸道連山

南面談谷、鄰於生知、奉定天地陰陽五行八卦无極本體成度正

易八卦圖、明无極皇極太極三極生長成三變之理、坤南乾北艮

東兌西震西北巽東南坎東北离西南定位而二天七地十乾五坤

一巽六震三兌八艮四坎九离乾坤正位、長男長女中男中女小

男小女相合、東西南北中央、各具五行成度、五極合成故、天

氣自動、道生東西南北學、會有三十六會、此、即八卦三十六

畫成度、東西洋天下万國、相通往來、万國、咸寧故、說卦傳、

日水火相逮、雷風不相悖、山澤通氣然後、能成變化、旣成萬

物、此言、一夫先生卦圖之意也、以无極之政言之、天地先后

天統合曰无極、然、以數言之則一爲太極、五爲皇極、十爲无

極、一變爲十、十反爲一太極无極、无極太極、又分而言之、先

天、无象之无太極、后天、有象之无太極也、先天、天地、未顯、

五行萬物、只有理氣已而、未成其形、卦與書數、皆是不得成形、

是謂無象无太極之時也、后天、東西洋地球成陸、萬物、成質、

禮樂射御書數之文、通行天下、明如日月、以正易卦偶數言之、

卦雖八卦、數則用十、十乾五坤正數、用其尊空無位之數、此、

有象之无太極顯象也、又分陰陽而論之、太陽、極於亥而生於子、

太陰極於巳而生於午未、當此運會則日到中天太陽成旺、

太陰之无極、太陰、太陽之皇極故、陰陽曆、合用、世人、

云太陽世界、稱、又有后天兩儀也。

先后河圖合成圖書說

先天河圖洛書、以神物、再顯生長之象、生長成三變之神物圖

書又出之理、照然、非天縱之聖、誰能知之、故、孔子、曰河不出圖、

吾、已矣、天運、循環、一夫夫子首出、奉正天地五行成度之卦、

以宮商角徵羽五音、爲詠歌舞蹈、養育人才、以人、顯其神物、

無他、以天地人三才、論之、包羲之時天政、文王之時、地政、

當今則天下萬國、車同軌、書同文、人化正明之時也、故、以人、顯

其神物、其圖則外成二十点而圓環、内成九点而成十字之形、

此圖亦東西南北中、四象五行、各成其道故、外環四五二十、

中五一五、合爲五五、二十五、加四方四象四點、合爲二十九点、

月之二十九日四百九十九分之度、當朞三百六十數、

三百七十五度本體成數、具合、與一夫先生主卦圖相合、此、

无極體用之圖也、以竹算計之、自一至九則爲二十九介而此、

天地本體用數一也、數、一二三四五六七八九合則如此也。

貫夫先生四稜硯三點圖論

八稜硯二十九点、先后天合德、无極成度之本體、只有无極之

體、無一太極之政、無用故、四稜硯三点、即乾坤本體也、洛

書用政數之本體也、此三点、卽洛書、何爲而洛書、一天二

地、天地始生之數、即一二也、故、一二合爲三、成天地人三

才、成乾坤之本體數、成洛書之本、一二三爲本故、一三三、成

三則二三六而爲坤之用六、三三九而爲乾之用九、成一九天

根則一九九　二九十八　三九二十七　四九三十六　六九五十四、

爲坤之策一百四十有四、五九四十五、文王卦位、五入中

宮、爲洛書數四十五点成度用政、七九六十三　八九七十二

九九八十一、爲乾之策二百十六、合爲乾坤之策三百六十當朞

之數、此三点、即天地之本也。

夫六十四卦、以先天兩儀卦成爻、爲八八六十四卦、后天又有兩儀卦圖則相爲交易、天地地天泰、未爲合德時、分而觀之則爲二卦、二各己爲后天兩儀交坼、合德而觀之則卦雖一卦、其卦名、否泰二卦、上爲天地否、下爲地天泰而餘皆放此、其中又有不變八卦、合爲三十六卦萬化萬成。

三十六卦成道歌 (삼십육괘성도가)

六十四卦合德兮、（육십사괘합덕혜）三十六宮成度兮、（삼십육궁성도혜）不變卦八入中兮、（불변괘팔입중혜）乾坤坎離中立兮。（건곤감리중립혜）

三十六宮成度、（삼십육궁성도혜）不變卦八入中、（불변괘팔입중혜）乾坤坎離中立、（건곤감리중립혜）否泰旣未達中。（비태기미달중）

否泰旣未達中兮、（비태기미달중혜）震巽艮兌化中兮、（진손간태화중혜）中小頤大中合兮、（중소이대중합혜）變化四卦合兮、（변화사괘합혜）

震巽艮兌化中、（진손간태화중）中小頤大中中合、（중소이대중중합）變化四卦合中、（변화사괘합중）十二卦位成中。（십이괘립성중）

十二卦位成中兮、（십이괘립성중혜）十二地數成道兮、（십이지수성도혜）二十四卦達外兮、（이십사괘달외혜）二十四節成序兮。（이십사절성서혜）

十二地數成道、（십이지수성도）二十四卦達外、（이십사괘달외）二十四節成序、（이십사절성서）十二二十四合成。（십이이십사합성）

十二二十四合兮、（십이이십사합혜）三十六宮大化兮、（삼십육궁대화혜）天地人政大明兮、（천지인정대명혜）三三三六成道兮。（삼삼삼육성도혜）

三十六宮大化成、 _{삼십육궁대화성}

天地人政大明、 _{천지인정대명}

三三三六成道時、 _{삼삼삼육성도시}

道德行化万邦。 _{도덕행화만방}

日 行 赤 圖

天干十數、行度必終始則成九道

日、以木火之氣、生成故、成赤氣也。

夫日、天地合德之氣、輕清和氣、合爲日之形光運行四時、生
成萬物、本無體根、以陰陽五行河圖之理、爲根而生焉故、
十五一言曰日、七火之氣、八木之體、陰陽五行、各有相生相
極屈伸之理、六水九金調其太陽故、太陽極於壬癸而生於壬
癸、以一年言之則冬至子半、日陽始生、一日觀之則子時日陽
始生、此、水生木木生火相生之理也、以此觀之則日極之根太

陰_음以_이木_목爲_위體_체、以_이火_화爲_위用_용、生_생於_어壬_임子_자癸_계丑_축、長_장於_어甲_갑寅_인乙_을卯_묘、成_성於_어

丙_병午_오丁_정未_미、成_성太_태陽_양之_지父_부而_이生_생成_성万_만物_물、運_운行_행四_사時_시、成_성赤_적氣_기行_행道_도、

雖_수五_오行_행之_지理_리生_생焉_언、以_이天_천干_간數_수壬_임癸_계甲_갑乙_을丙_병丁_정戊_무己_기庚_경辛_신、行_행之_지故_고、

乾_건元_원用_용九_구而_이一_일三_삼五_오七_칠九_구、成_성度_도、日_일用_용九_구百_백四_사十_십分_분而_이成_성乾_건健_건之_지道_도

也_야。

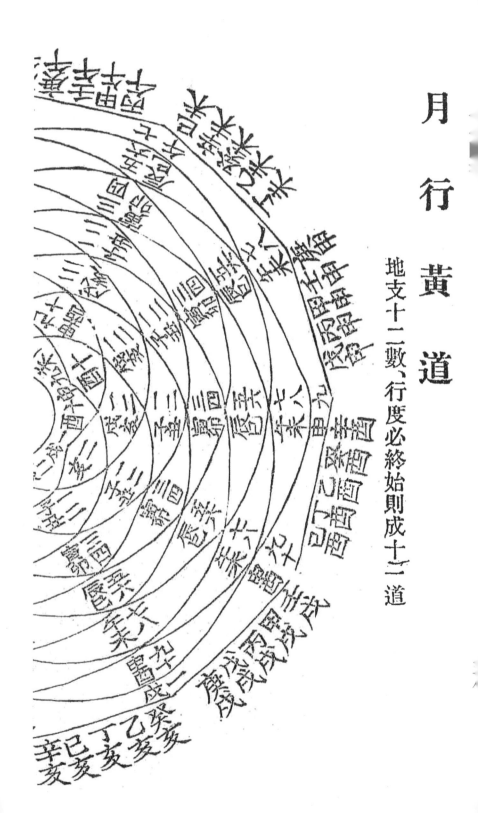

月 行 黄 道

地支十二數、行度必終始則成十二道

子 丑 寅 卯 辰 巳 午 未 申 酉 戌 亥

甲子 丙子 戊子 庚子 壬子

癸亥 辛酉 己未 丁巳 乙卯

子 一
丑 二
寅 三
卯 四
辰 五
巳 六
午 七
未 八
酉 九
戌 十
亥 十一

月、以金水之氣、生成故、成黃氣也。

夫月、亦天地五行合德之氣、清精之氣、上乘爲月之形光行

十二地支故、月行尤遲、不及天十三度十九分度之七、一月

三十日、日月同宮而相合、月行、日日不日度、日月、相退順逆、

三十日復合相分、成一年十二月而運行、月亦無軆無根、以河

圖五行之理、爲根而生焉故、正易、曰月、一水之魂、四金之魄、

故、二十八日、窟于辰、三十日胞於午而初一日初三日、月生

申酉二火三木調其太陰之政、月陰、極於午未、生於午未、此、

火生土土生金金生水、金水相生、六水九金、調陽爲律、二火

三木、調陰爲呂、成律呂度數、以此觀之則月極之根、太陽、以

金爲軆、以水爲用而子丑寅卯辰巳午未申酉戌亥行之故、

月行遲、不日度、日順月逆、晦朔合分、進退屈伸盈虛消長一

日十二時一年十二月成度故坤道成女、用其六數而二六十二、

爲十二時、十二月、四六二十四、爲二十四節、五六三十、爲

一月三十日、六六三十六、爲一年三十六氣數、爲太陰之母、

二^이四^사六^육八^팔十^십、成^성坤^곤順^도之^지德^덕也^야。

丙^병午^오三^삼月^월十^십五^오日^일　太^태忠^충　金^김元^원基^기

奉^봉書^서。

正易圖書說

易은 陰陽이니 陰陽은 晝夜라 晝夜者는 死生之道니 道無形體라 一陰一陽

之謂道니라

陰陽은 氣也니 氣有升降하고 道亦升降이라 有天地人之道하니 在天에 日

月이 代明하야 四時錯行하며 在地에 山川이 流峙하야 百物이 生育하며 在人에

孝悌忠信하야 日用常行이 無非道也라 易이 常行乎道之中而人不之

察焉이니라

易无一定이라 隨時變易이오 道는 一也라 一而无變者는 道也니 一故로

萬物이 无時不生이오 變則萬物이 无時可成이니라 易之變은 觀乎萬物이오

道之一은 觀乎四時니 四時ㅣ 本乎一이라 一故로 不忒이니라

數ㅣ 根於一이라 得一則數成호고 失一則數不成호느니 是故로 數有

一十百千萬億兆而一不動焉이니라

天이 得一以淸호고 地ㅣ 得一以寧호고 神이 得一以靈호며 谷이 得一以盈호고

萬物이 得一以生호며 侯王이 得一호야 以爲天下正호니라

天下ㅣ 統乎一而失一則天下ㅣ 亂호고 一國이 統乎一而失一則一國이

亂호고 一家ㅣ 統乎一而失一則一家ㅣ 亂호느니 一者는 何오 太極이 是也니라

太極_{태극}은 无形而寓於有形_{무형이우어유형}하야 爲天爲地_{위천위지}하야 始分爲二_{시분위이}하니 爲天爲地_{위천위지}에 有_유

動有静而太極_{동유정이태극}이고 固渾然_{고혼연}이라 无動无静_{무동무정}이 在天而一_{재천이일}하고 在地而一_{재지이일}하니라

太極中_{태극중}에 有陰陽_{유음양}하니 虛中噓氣_{허중허기}라 氣有變化故_{기유변화고}로 太極_{태극}이 隨氣而行_{수기이행}하나니

有動有静者_{유동유정자}는 陰陽也_{음양자}오 无動无静者_{무동무정자}는 太極_{태극}이라 天之變化_{천지변화}와 地之萬品_{지지만품}

人之事端_{인지사단}이 无非太極之流行_{무비태극지유행}이니 流行之中_{유행지중}에 陰陽_{음양}이 常相須_{상상수}하야 一而_{일이}

二_이하고 二而一焉_{이이일언}이라 易道_{역도}ㅣ 由太極而顯_{유태극이현}하고 太極_{태극}이 由易而著_{유역이저}니라

兩儀未判之前_{양의미판지전}앤 渾然一无極而已_{혼연일무극이이}러니 兩儀旣判之後_{양의기판지후}에 无極而有極_{무극이유극}

陰陽_{음양}이 始分_{시분}하야 輕清爲天_{경청위천}하고 重濁爲地_{중탁위지}하니 爲天爲地_{위천위지}에 只見有極而_{지견유극이}

生天生地者ㅣ是无極이니라

无極은易之根也오易之實處也ㅣ라雖无形可見이나旣名曰无極則謂

之物이可也니若曰无名은天地之始ㅣ라ㅎ면此는以虛无로爲宗ㅎ야不言

實處ㅣ니不知有生生之易也니라

自開闢而有易이로다人文이未開ㅎ야不知有易이러니

包犧氏ㅣ作에人文이始開ㅎ야始知有易ㅎ니不有聖人이면其何知易고天

生聖人ㅎ시고示之神物ㅎ시니龍馬ㅣ出河ㅎ고神龜ㅣ出洛ㅎ야天地之數ㅣ

備盡於圖書ㅎ니圖書之理ㅣ悉具於太極이라仰觀俯察ㅎ고近取遠取ㅣ

无非易也ㅣ라 於是에 始作八卦ㅎ야 以明易道ㅎ니라

易은 无極之變而以其有交易變易之義故로 名以易이니라

易은 先天地之渾然ㅎ고 後天地而渾然ㅎ니 指渾然而曰渾然則況惚

難象ㅎ야 人難測識故로 名之曰易이니라

无極이 一變而爲天爲地오 爲天爲地而天地ㅣ各具一无極이니라 變易

而爲兩儀ㅎ고 交易而爲四象ㅎ고 又交易而爲八卦ㅎ니 易之名이 以此

也ㅣ니라

八卦ㅣ 變易而爲六十四卦ㅎ고 交易而爲三百八十四爻ㅎ니 陰

陽變易交易之義가 盡矣니라

天地ᄂᆞᆫ 陰陽之成體者也ㅣ라 天地ㅣ旣以變易而成體ᄒᆞ니 凡天地間化

化生生之物이 莫非陰陽之所爲而物物이 亦莫非變易而成體者也

ㅣ라 天位乎上ᄒᆞ고 地位乎下ᄒᆞ야 窮高極廣而常體ㅣ 不易ᄒᆞ니 不易者는 一

也ㅣ고 一故로 能爲萬物之根焉이니라

聖人은 體天地者也ㅣ라 故로 仲尼ㅣ 曰吾道는 一以貫之라ᄒᆞ시니라

易數ㅣ 起於一ᄒᆞ니 一生二ᄒᆞ고 二生四ᄒᆞ고 四生八ᄒᆞ야 八八而爲六十四ᄒᆞ

六六而爲三百八十四而一不動焉ᄒᆞ니 一은 一而无變者也ㅣ라 故로

大衍之數ㅣ 五十에 其用이 四十九而一不用者는 不動不變故也ㅣ라

易三百八十四는 一言而蔽之曰懼以終始ㅎ야 其要无咎니라

聖人之作易ㅣ 欲人審微以知戒也ㅣ라 是以로 六十四卦三百八十四

爻ㅣ 莫不以人事推焉이니라

易之爲書ㅣ 廣大ㅣ 悉備ㅎ고 細微ㅣ 不遺ㅎ야 盈虛消息과 吉凶禍福과 進

退存亡義而已니라

易之爲道ㅣ 在乎人而不在乎書ㅣㄹ시니라

堯舜之兢兢業業과 文王之小心畏忌者는 知易故也ㅣㄹ시니라

孔子ㅣ曰五十而學易이면 可以无大過ㅣ라ᄒᆞ시니 其知戒深矣시니라 一陰一陽之說

聖人은不言天地之外ᄒᆞ고 惟言天地之內ᄒᆞ니 是易也ㅣ라

天地之情을 大可見矣니라

行然後에야

一晝一夜ᄂᆞᆫ一日之消息也ㅣ오 有朔有晦ᄂᆞᆫ一月之盈虛也오 春夏秋

冬은四時行而一歲ㅣ周也ㅣ라 天地之道ㅣ无窮極而循環往復ᄒᆞ야 万

古長如斯而已니라

人受天地之氣ᄒᆞ야 以生故로百歲之中에 有吉凶禍福盛衰存亡之不

可常焉이니라

天地開闢은 以理推之則當爲一時開闢ᄒᆞ야 必无先后니라

三才ㅣ旣立之後에 鴻荒无傳이 未知幾萬年而至于聖人出ᄒᆞ야 劃卦

造書後에 有星官之書ᄒᆞ야 十干十二支之名이 生焉이어ᄂᆞᆯ 逆推三才曰

天開於子ᄒᆞ고 地闢於丑ᄒᆞ고 人生於寅이라ᄒᆞ니 猶未信焉이로다

邵子ㅣ據易而推筭曰一會ㅣ一万八百年이오 十二會ㅣ

十二万九千六百年之數ㅣ窮則天地萬物이 亦有窮ᄒᆞ야 戌會에 消天ᄒᆞ

亥會에 消地消物ᄒᆞ고 子會에 又生天ᄒᆞ야 循環无窮은 何也오

天地ㅣ幷立이라 无天이면 无地오 无地ㅣ면 无天이어ᄂᆞᆯ 天地之生消ㅣ何其

一會之久乎아 恐無是理也ㅣ리라

包犧劃卦之後에 文王이 交易ᄒᆞ고 周公이 爻辭ᄒᆞ고 孔子ㅣ 作傳ᄒᆞ샤 易道ㅣ

大明ᄒᆞ니 天地ㅣ 果有終窮消盡之理則三聖이 當先言之矣시리라

天地之道ᄂᆞᆫ 可一言而盡也ㅣ라 陰陽消息盈虛而已ㄴᅵ 消息盈虛ᄂᆞᆫ 一

環而已오 一月而已오 一歲而已라 周而復始ᄒᆞ야 循環不窮이니라

天地ᄂᆞᆫ 一環而已라 人與物이 盈於兩間ᄒᆞ야 各得生生之性ᄒᆞ니 合而名

之曰易이시야 是也ㅣ니라

人이 能深於易則耳之所聽과 目之所見과 心之所思ㅣ 无非易也ㅣ라 觀

天而易ᄒᆞ고 察地而易ᄒᆞ야 則圖而無疑ᄒᆞ니 此ᄂᆞᆫ 易簡而天下之理ᅵ得矣

旣得天下之理則包犧而已ᄂᆞ니 无所事乎易矣ᄂᆞ라

天地之大ᄂᆞᆫ 陰陽이 自虛自實ᄒᆞ야 前无始后无終이라 所以造化萬物이

日新无敝ᄒᆞᄂᆞ니 其造化者ᄂᆞᆫ 自是生氣之終始라 有時混沌而開闢이니

非天地會壞ᅵ라 一氣ᅵ大息ᄒᆞ야 震蕩无垠ᄒᆞ고 山勃川湮ᄒᆞ며 海宇變動ᄒᆞ

混沌一番이 人物이 都盡ᄒᆞ고 一齊打合이 奮迹이 大滅ᄒᆞ니 此乃鴻荒之

世ᅵ니라

當此鴻荒ᄒᆞ야 天地之間에 雖有萬象之變이나 然天이 不以神物之示則

人인이豈긔能능知지其기然연哉재아 戊무子자三삼月월十십三삼日일에 河하心심夫부ㅣ 忽홀然연感감化화ᄒᆞ야 以이右우

手수指지로 五오合합而이打타八팔稜릉硯연이 二이十십九구穴혈이 穿천於어硯연底저ᄒᆞ고 以이左좌手수指지로 三삼合합

而이打타四사稜릉硯연이 三삼角각之지穴혈이 穿천於어硯연面면ᄒᆞ니 此차非비神신物물乎호아

時시에 李이一일守수同동㸴참이고 金김光광華화 金김桂계花화 金김龍용鳳봉이 從종師사同동研연ᄒᆞ야 贊찬化화極극功공이러

니 越월己긔丑축春춘에 廉렴三삼華화 崔최一일圓원 崔최法법夫부 崔최淸청一일 程정法법明명 成성一일省성이 大대覺각神신

圖도之지眞진理리ᄒᆞ고 逮체夫부甲갑午오夏하에 朴박一일觀관이 亦역悟오神신圖도之지理리ᄒᆞ고 越월丙병午오秋추에 金김一일

朋붕 全전道도忠충 鄭정義의忠충 南남明명忠충 金김一일蓮련 慶경辰진忠충 李이太태月월이 亦역按안圖도書서而이得득其기

奧오妙묘ᄒᆞ니 天천命명之지至지에 人인不부得득以이私사也야니라

硯底數象은 以二十點으로 圍一而圓之ᄒ고 以九點으로 象十而方之ᄒ니 地

天包地而圓環之象이오 硯面數象은 以三角之點으로 方而中正ᄒ니

載天而方正之象이니라

天地ㅣ所以變易成理와 萬物所以變易成氣가 特此兩象에 的然无疑

之示也ㅣ니 道開天下ㅣ 其聖知者ㅣ 誰乎아

使天地而能開闢者는 造化翁之自然而然也ㅣ니라

使人手而示圖書者는 天地神之無爲而爲也ㅣ니라

靈於萬物而能與天地로叅爲三才者라야亦可擬議ᄒᆞ야以發天機也ᅵ

八稜硯之二十九點은 舉其天體ᄒᆞ야 以示再造易數之象이니라

氣象之分이 二十八點은 乃二十八宿也오 居中一點이 是北極也ᅵ니라

理數之分이 點數二十九而其實은 天地之數ᅵ五十有五之象이니라

硯之八稜은 八卦方位之體也오 穴而有數는 天地變易之用也ᅵ니라 其

造成物이 乃河圖之變이니라

物之所以爲器는 乃神之所迹이오 點之所以爲象은 乃天之星體라

其形이 至圓無方ᄒ니 名其爲物이 謂之神圖ㅣ니라 圖上環列之點은 以

四五二十으로 圍一而外圓ᄒ고 其中縱橫之點은 以三三之九로 象十而

內方ᄒ니 天包地而圓環이오 地載天而方正이니라

天包一而數成二十者는 二五之氣ㅣ 氤氳造化이 理一而含十ᄒ고 體

十而用一之象이오 地包十而數成爲九者는 二五之運이 流行變化이

十而節之止之ᄒ고 九而通之行之之理ㅣ니라

數ㅣ 非十이면 不成이니 十者는 一之變成이니라 數ㅣ 已具而有體ᄒ니 五行之

叙也ㅣ라 十而體之而節之止故로 有體而无用은 其用藏也ㅣᆯ신니라

數ㅣ非九면不生이니九者는數之重八節之分이라生數ㅣ方發而未形은

變通之機也ㅣ라

九而究矣而通之行之故로未形而有形은變化見矣ㄹ신니라

數는本氣之用而一二三四五六七八九十은陰陽流行之序也오

五十有五는陰陽流行之細分이니라

數之九者는氣變之究也ㅣ라九九而一호고八九而二호고七九而三호

六九而四호고五九而五호고四九而六호고三九而七호고二九而八호고

一九而九호고十九而九十호니十者는氣之分限節度之體也오九者는

究而通氣ᄒᆞ야 以行節度之用也ᅵ라 故로 數之成이 乃九之變也ᅵ니라

初造ᅵ 易無形畔이라 易變而爲一ᄒᆞ고 一變而爲七ᄒᆞ고 七變而爲九ᄒᆞ니

九者ᄂᆞᆫ 氣變之究也ᅵ라 乃復變而爲一ᄒᆞ니 一者ᄂᆞᆫ 形變之始ᅵ라 淸輕者

ᅵ 上爲天ᄒᆞ야 陽一之理ᅵ 生焉ᄒᆞ고 重濁者ᅵ 下爲地ᄒᆞ야 陰二之氣成焉ᄒᆞ

니라

再造ᅵ 易有氣合이라 易變而化四ᄒᆞ고 四變而化八ᄒᆞ고 八變而化六ᄒᆞ니

六者ᄂᆞᆫ 氣變之合也ᅵ니라 乃合變而化四ᄒᆞ니 四者ᄂᆞᆫ 氣變之始ᅵ라 濁之精

者ᅵ 上合乎天ᄒᆞ야 陰十之理ᅵ 生焉ᄒᆞ고 淸之神者ᅵ 下行于地ᄒᆞ야 陽九之

氣ㅣ成焉하니라

神圖之點이 陰數二十으로 圓以象天하고 陽數之九로 方以成地하니라

天은圓而動하야 包乎地外하고 地는方而靜하야 囿乎天中하니 圓者는天道

之陰陽이오 方者는 地道之剛柔ㅣ니라

陰陽剛柔ㅣ 一氣而行故로 至以氣變之九로 究其二十九點則五十

有五之象이오 五十有三이 乃實焉이니라

天地合體而十五歸空하니 天之一과 地之一은 有象而无數오 无用而

有體니라

外圓象天은 以陽爲行이라 其性이 動故로 雖象其一而動必有靜호고 靜

必分二라 以二十數로 爲體而兩地호니 兩必有四ㅣ니라

一十이 分而爲七九之三과 三九之七호야 少陰少陽이 分焉호고 一十이 分

而爲六九之四와 四九之六호야 太陽太陰이 分焉호니 此는 天之四象이니라

内方象地는 以陰爲節이라 其性이 靜故로 雖象其十而靜必有動호고 動

必合一이라 以三三數로 爲用而三天호니 三必有四ㅣ니라

内之下六九之四호고 上七九之三호고 左八九之二호고 右九九之一호야

分太少剛柔호니 亦地之四象이니라

中爲十九之九十이라 亦无極之象이라 次下一九之九ᄒᆞ고 次上二九之八ᄒᆞ고 次左三九之七ᄒᆞ고 次右四九之六ᄒᆞ야 分太少陽陰ᄒᆞ니 亦天之四象이니라

合九而象十ᄒᆞ야 化无於中ᄒᆞ니 乃无極也오 五九之五ᄂᆞᆫ 分居方外ᄒᆞ야 象

天包地ᄂᆞᆫ 乃道一之義ᅵ니라

四稜硯之三角點은 特擧天地及之象ᄒᆞ야 示其函三爲一之理ᅵ니라

用數之分은 數ᅵ始於一이라 一而不能生故로 分而爲陰陽ᄒᆞ야 陰陽이 合

而生萬物이라 所以로 四時ᅵ以三爲節이니 三本三而末九라 極於五十

而其用이四十有九之象이니라

硯之四稜은亦象八卦四正四維之方也오穴之以三은亦示陰陽進退하야四時成節之理也라其造化成物이乃洛書之變이니라

物之所以成器는乃神之所爲也오數之所以爲三은乃三極之體라理具萬象之變하고形有至方無圓故로名其爲物이謂之神書니라

書之三點이造化上에推原來라一二三四五六七八九ㅣ皆具於三而象中者는十也오方以分之則四九三八二七一六之象이라以九究之

陰陽進退則六九之四ㅣ進於北하고七九之三이退乎西南하며八九

之二ㅣ進於東ㅎ고 九九之一이 退乎東南ㅎ야 分太少剛柔ㅎ며 十九之

九十이 進於中ㅎ니 乃无極也오 一九之九ㅣ退乎西北ㅎ고 二九之八이 進

於西ㅎ며 三九之七이 退乎東北ㅎ고 四九之六이 進於南ㅎ야 分太少陽陰

ㅎ니 五九之五ㅣ歸空者ᄂ 理一無二之致也ㅣ니라

神圖之位ᄂ 四九共宗而居北ㅎ고 三八이 爲朋而居南ㅎ고 二七이 同道

而居東ㅎ고 一六이 爲友而居西ㅎ고 十五ㅣ相守而居中ㅎ니 數ㅣ五十有

五之象이니라

神書之方은 前戴六後履四ㅎ고 左二右八ㅎ니 前左一前右三이 爲肩ㅎ고

後左七後右九ㅣ爲足ㅎ야 十體ㅣ居中ㅎ니 數ㅣ四十有九之象이니라

圖書之數與位ㅣ皆三同而二異ㅎ니 東北은陰始生之方이라 陰이不動ㅎ

西南은陰極盛之方이라 陰이互遷이니 盖陰不可易이오 陽可易이라 成數ㅣ

雖陰이나 固亦生之陽也ㅣㄹ시니라

陰陽以下는 皆麗乎形氣라 陰陽未動之前인 此理ㅣ 豈有物之可名也

ㅣ리오

天地之數는本備於圖書라 圖書未出之前에는 此數ㅣ 豈有變之可言

也ㅣ리오

无形无象之中에 萬理畢具하니 此豈非太極而无極乎아

有象有數之間에 萬變이 有理하니 孰不謂神圖神書ㅣ리오

鴻荒之世에 二氣之變이 雖各有象而未嘗見變數러니 至於神圖神書

之出然後에야 五十五와 四十九之數에 陰陽奇偶生成을 粲然可見하니

此其所以深發獨智오 又非泛然氣象之所可得而擬也니라

體天地之撰者는 易之象이라 象者는 成於二하니 二者는 偶也라 象之所以

立也ㅣ라 故로 二而四四而八하니 八者는 八卦之象이라 八而六十四而

四千九十六而象備矣니라

紀天地之撰者는 範之數오 數者는 始於一하니 一者는 奇也ㅣ라 奇者는

數之所以行也ㅣ라 故로 一而三三而九하니 九者는 九疇之數ㅣ라 九而

八十一하고 八十一而六千五百六十一而數周矣ㅣ니라

天地之變化와 萬物之感應과 古今之因革이 皆不出乎圖書ㅣ라 惟天

不見其象하고 不形其器ㅣ면 人이 豈能制法而利用天下ㅣ리오 鬼神出入

之情狀과 帝王立治之法義ㅣ 皆由乎此하니라

天分爲地하고 地分爲萬物而三極之道는 不可分이라 及其終也하얀 萬

物이 歸地하고 地歸天하고 天歸道ㅣ라 其道ㅣ 一本乎此하니 盖有意면 必有言

有言이면 必有象이오 有象이면 必有數ㅣ니 數立則象生하고 象生則言著

言著則意顯하나니 象數則筌蹄也오 言意則魚兎也ㅣ라 得魚兎ㅣ必

由筌蹄ㅣ니 舍筌蹄而求魚兎면 未見其得이니라

曰圖曰書는 天地大易之器而穴以示之는 造化至妙之神이라 神之德

其盛矣乎ㅣ져 盖无象이면 不以名이오 无數ㅣ면 不以知니 其不名不知而

爲度數之原兆者는 其孰使之然哉아 曰上帝也ㅣ시니라

太清太和五化元始戊己日月開闢二十四年辛亥九月九日日忠 金大濟奉。

河龜河龍說[하귀하룡설]

神哉[신재]라 貫夫[관부]河夫子之河龍河龜三元三極神物[자지하룡하귀삼원삼극신물]이시니 元降聖人[원강성인]ᅙᆞᆺ、

乃圖乃書[내도내서]로다 地載天而方正[지재천이방정]ᅙᆞ니 體[체]오 天包地而圓環[천포지이원환]ᅙᆞ니 影[영]이시라 十[십]이 便[변]

是太極[시태극]이시니 一[일]이라 一而无十[일이무십]ᅙᆞ면 无體[무체]오 十而无一[십이무일]ᅙᆞ면 无用[무용]이니 用是影[용시영]이라

體影之道[체영지도]여 理氣囿焉[리기유언]ᅙᆞ오 神明萃焉[신명췌언]ᅙᆞ야 五行[오행]이 悉具[실구]ᅙᆞ고 先后揆一[선후규일]ᅙᆞ야 包[포]

含之圖書也[함지도서야]라 十一[십일]을 合[합]ᅙᆞ면 土[토]라 皇極[황극]이시니 下一[하일]은 天一之點[천일지점]이오 左一[좌일]은 天

三之點[삼지점]이오 上一[상일]은 地二之點[지이지점]이오 右一[우일]은 地四之點[지사지점]이니 應河圖之象也[응하도지상야]오

又下一[우하일]은 亦天一之象[역천일지상]이오 左一[좌일]은 亦天三之象[역천삼지상]이오 上一[상일]은 亦天九之象[역천구지상]

右一은 亦天七之象이니 應洛書之理也오 五는 居極位而次以四點

四象之分位오 次二十點은 影成이니 奇隅之數也라 元體三點과 影用

二十九點이 以爲地天之運하야 示之神物者는 十无極體位度數에 己

巳政이라 戊辰之位가 正爲二十九數而用政則調陽律陰之宮也 以

元體三數로 道順到未則皇極之度三變而太陽入戊戌하니 正歸體

之度也오 申爲十五乾坤宮故로 震巽이 對位하야 五行之宗이오 六宗之

長이오 中位正易也則神物之體三點과 影二十九點이 紀綱地天之理

昭昭矣로다 以三衍成河圖六八七九之數오 以二十九點之影

之影成二十은洛書一三九七之數라體影有合ᄒ면而數三十二는

卽皇極體位之度也라周天列曜三十六天이여天地壯觀雷風宮이니

正是戊己日月開闢之圖書也ㅣ시이라

戊己日月正明易說

大抵造曆之法이先燭天地日月星辰之度然后에可以成曆ᄒ야運氣

流行과日時分刻이分明起數也라十五分一刻이오四刻一点이오一点

一時오十二時一日이오三十日一月이오十二月一朞오三十朞一世오

十二世一運이오三十運一會오十二會一元인니凡十二万九千六百

年이오 日를 積ᄒ면 四千六百六十五萬六千日也라 變易之說은 隨時變

易ᄒ야 以從道而謂也로다 若非調陽律陰時候氣節進退盈虛屈伸消

長弦望晦朔度數之吻合이면 豈曰云易이며 豈云曆說也哉아 槩著玄

機而說節ᄒ야 以俟聖眼之鑒正爾라

五運이運ᄒ니 運本戊五오 六氣氣ᄒ니 氣本己六이ᄒ야 十一歸不可思議

功德이로다

普化一天化翁心은 分付丁寧皇中月이시니라

圖成度己戊皇无

无極皇極體位度數合成圖十一歸體功德无量이기십이行政於子자

位則大一元之三百이며周行十五乾坤하야大一會十二万九千六百

之數가 蘊在於寅午戌火局也이다

先天戊己는八中尊位오后先天則己戊行度하야卽體用이니己巳日宮

政으로日入戌하면正十一歸體니地天亥時오父母親政也ㅣ시니라

寅午戌은大一元之三百位라火生土之理여以應十五乾坤也ㅣ니라

无極體位度數는而數六十一이시오

皇極體位度數는而數三十二이시라

己位는 道逆而度順호야 度成道於六十一度者는 以十爲度則十一歸

軆兮여 成度於道成之位호니 先天七火八木太陽之父신이라

戊位는 道順而度逆호야 度成度於三十三度者는 以五爲道則四八用

政兮여 成度於度成之位호니 后天一水四金太陰之母신이라

己位를 去子度量호면 己巳政이라 六氣之己로 道逆則子爲己巳之用政

位라 己巳爲度順行則三十一度己亥오 六十一度己巳이 還到子位

也라 己巳은 太陰三十度成之宮而己亥는 太陰六十度成之宮也라 以

无无六十數로 言之則己巳六十度는 戊辰也오 己亥六十度는 戊戌也

无極體位而數六十一之謂也시로다 天根月窟間相互度ᄒᆞ야 十五

在乾坤ᄒᆞ니 三五以變易ᄒᆞ고 九二錯綜에 二十五天度가 正中ᄒᆞ니 金火之

正易은 丁火用政이라 太陰之母位에 起丁酉順度則戊戌이 亦到太陰

之政位申宮ᄒᆞ니 天開於戊子ᄒᆞ고 地闢於己丑ᄒᆞ야 太陽三十六度가 終

於癸亥故로 九二錯綜五元數라 己甲夜半에 生癸亥ᄒᆞ고 丁卯頭라 以丁

卯順布則甲戌丙戌戊戌이 亦到於政位ᄒᆞ고 己卯辛卯癸卯乙卯丁

卯이 次第到於母位ᄒᆞ니 三卯合德ᄒᆞ며 辛卯은 用事寅宮ᄒᆞ고 癸卯은 歸東ᄒᆞ

야 正合金火正易癸入中歸東者則后天四正之位를 由是而定七宿

也라 己巳十政三變 己丑이 爲月生申宮이니 八卦五行變陰陽之門而

己之政令故로 己政예 癸運이오 癸政에 丁運이오 丁政에 辛運이 三變則 丁

爲運之中位라 丁卯로 至三十二度ᄒ면 戊戌이오 酉是天根之始生이오

金火錯綜之首君이라 辛酉丁酉癸酉에 中位之丁酉로 至三十二度ᄒ면

戊辰이 終成於母位ᄒ니 卽皇中月之度라 月魂이 生申ᄒ고 圖書之理에 地

十己土이 生天九辛金ᄒ고 天五戊土이 生地四辛金ᄒ니 土生金金生水

水生木에 木是相生之三變則 三變成易之理에 辛是運之三變而相

生之首오 卯是相生之三變而運之中故로 辛卯이 爲年建之頭오 辛之

化辛이陰陽陽陰之首變故로數止十三而卯之化卯는相生三變之

卯則三卯。地政五運之卯則五卯。己巳宮政에己丑이居三十之位

戊己互用하야三變己丑이遇戊之道成得卯則正覺三卯五卯十卯

三十三卯乾坤宮也라故로辛卯年月日時에日月政八八六十四刻

八時。月日政四八三十二刻四時니合九十六刻正十二時一日也

金火正易癸丁壬丙入中이恐合此理乎哉ㅣ쳐

戊位를去子度量하면戊辰政이라五運之戊道順則申爲戊辰之用政

位라戊辰爲度逆行則三十二度己亥에戊戌이成度者는月極之初初

一度이 有而无之理也오 六十을 准度則己巳 比例則三十二度己巳

戊辰也오 六十을 准度則己巳 止於太陰之母位흐니 卽乾坤日月合

宮也라 到位之戊戌 道順則日月同宮有无地오 月日同度后先天

戊辰이 到戌而次以比例行度則戊戌이 到未흐고 戊辰이 還到月窟흐

政於申宮흐니 卽戊五之成度라 以應天之時也오 皇中月體成之度

而天根月窟閒來往者也라 日宮己巳入戌흐면 十數行政也오 故己

巳之三十度에 三十六宮先天月이 大明后天三十日을 日月月日政

有而无흐고 无而有흐야 天地地天合德흐야 皇極之度戊戌이 用政於申

宮ᄒᆞ야 順而用六則卯兮歸丑戌依申이라 順度則癸卯乙卯丁卯三元

己卯辛卯이 五元이라 到太陰之母位ᄒᆞ야 三五以變易으로 三卯五卯

合德ᄒᆞ야 合正中也라 正易之丁卯은 三元而五元也오 皇中之辛卯은 五

元而三元也라 然以辛卯用事於寅宮ᄒᆞ고 丑宮이 得旺에 子宮이 退位ᄒᆞ

卯宮이 用事에 寅宮이 謝位라 太陽은 三變而開闢ᄒᆞ고 五變而得度ᄒᆞ며 太

陰은 再變而成度ᄒᆞ고 五變而得窟ᄒᆞ야 由是로 庚子焉爲日月之一度則

易之爲曆이니 由乎日月之正明也로다 先天則壬子開闢에 甲子이 上元이

后天則戊子開闢예 庚子이 上元이라 先后挨一之法이 不外乎此也로

天地地天之理에 中氣必用故로 壬子甲子丙子에 以用甲子호고 戊子

庚子壬子에 以用庚子는 移所不易之理也니라

三五錯綜三元數

甲己夜半生甲子丙寅頭

乙庚夜半生丙子戊寅頭

丙辛夜半生庚子庚寅頭

丁壬夜半生庚子壬寅頭

戊癸夜半生壬子甲寅頭

九二錯綜五元數 구이착종오원수

己甲夜半生癸亥丁卯頭 기갑야반생계해정묘두

庚乙夜半生乙亥己卯頭 경을야반생을해기묘두

辛丙夜半生丁亥辛卯頭 신병야반생정해신묘두

壬丁夜半生己亥癸卯頭 임정야반생기해계묘두

癸戊夜半生辛亥乙卯頭 계무야반생신해을묘두

오원삼원변역수

庚乙夜半生庚子壬寅頭
경을야반생경자임인두

辛丙夜半生壬子甲寅頭
신병야반생임자갑인두

壬丁夜半生甲子丙寅頭
임정야반생갑자병인두

癸戊夜半生丙子戊寅頭
계무야반생병자무인두

己甲夜半生戊子庚寅頭
기갑야반생무자경인두

十干度數運頭 _{십간도수운두}

天三甲木
天一壬水 ｝壬運戊頭
天九庚金
地八乙木
地六癸水 ｝戊運甲頭
地四辛金

天三乙木
天九辛金 ｝癸運己頭
天七丙火
地十己土 ｝庚運丙頭
地八甲木
地四庚金 ｝丁運癸頭

己運則乙頭地政會
天七丁火辛運丁頭
地二丙火乙運辛頭
天五戊土甲運庚頭
地二丁火丙運壬頭

后先天子會上元日月生旺行度
후선천자회상원일월생왕행도

庚子 月一度	庚戌	庚申 月二十一度	庚午 日十九度 七度	庚辰	庚寅 二十七度
辛丑 日一度	辛亥 日三十六度	辛酉	辛未	辛巳 月三十度	辛卯
壬寅 十五度	壬子 月十三度	壬戌	壬申	壬午 日七度	壬辰
癸卯 日二十七度	癸丑	癸亥 日三十六度	癸酉	癸未 十九度	癸巳
甲辰	甲寅 二十七度	甲子	甲戌	甲申	甲午 日十九度 七度
乙巳 日七度	乙卯 日十五度	乙丑	乙亥 日三十六度	乙酉	乙未 十九度
丙午 十九度	丙辰	丙寅	丙子 十五度	丙戌	丙申
丁未 日十九度	丁巳	丁卯	丁丑	丁亥 日三十六度	丁酉
戊申 日九度	戊午 日十九度	戊辰	戊寅 日二十七度	戊子 月九度 開闢	戊戌 太陽三變而
己酉	己未	己巳 月三十度	己卯	己丑	己亥 月三十度

太清太和五化元始戊己日月開闢二十一年己酉六月十九日 今齋 李 彝 奉較

嗚呼ㅣ라 化翁이 有言이샤 聖人이 垂道ᄒᆞ야 金火肇判ᄒᆞ니 戊己當權에 子

丑用使ᄒᆞ고 艮土首出에 土而生火ᄒᆞ니 火氣炎上에 金入火鄕火入金

金水成器ᄒᆞ니 光華天地로다 天地地天兮여 地天合道ᄒᆞ고 天地

合德兮여 日月光華로다 日月合明兮여 陰陽德分이로다 陰陽德分兮

律呂作法이로다 律呂作法兮여 壬丁成器로다 心月皇이 當天心月ᄒᆞ니

月中生桂ᄒᆞ고 木極이면 生土ᄒᆞ고 土極이면 生水ᄒᆞ고 水極이면 生火ᄒᆞ고 火極

生金 金極이면 生木흐고 木極이면 生土흐고 土而生火흐니 火生土、

土生金、金生水、水生木、木生火、五行은 土金水木火오。九九生十

一二三四五六七八九十 數中에 五元五極聖尊、龍華世、

五主五行聖尊、鳳華世、三元三極皇華世、金火清明二十九

點昭昭흐야 琉璃无量이로다 三山半落青天外에 二水中分白鷺洲라

十一歸體功德无量흐야 十十交通이로다

太清太和五化元始戊己日月開闢二十三年庚戌六月二十二日 全桂心 奉

正易圖書

終